古代歷史文化 研究輯刊

二十編

王明蓀 主編

第23冊

宋代書籍刊刻與書法研究

周勁松 著

國家圖書館出版品預行編目資料

宋代書籍刊刻與書法研究／周勁松 著 — 初版 — 新北市：花
木蘭文化事業有限公司，2018〔民107〕
目 8+204 面；19×26 公分
（古代歷史文化研究輯刊 二十編；第 23 冊）
ISBN 978-986-485-555-1（精裝）
1. 書法 2. 刻工 3. 宋代
618   107012008

ISBN-978-986-485-555-1

9 789864 855551

古代歷史文化研究輯刊
二十編　第二三冊　　　　　　　ISBN：978-986-485-555-1

宋代書籍刊刻與書法研究

作　　者	周勁松
主　　編	王明蓀
總 編 輯	杜潔祥
副總編輯	楊嘉樂
編　　輯	許郁翎、王筑　美術編輯　陳逸婷
出　　版	花木蘭文化事業有限公司
發 行 人	高小娟
聯絡地址	235 新北市中和區中安街七二號十三樓
	電話：02-2923-1455 ／傳真：02-2923-1452
網　　址	http://www.huamulan.tw 信箱 hml810518@gmail.com
印　　刷	普羅文化出版廣告事業
初　　版	2018 年 9 月
全書字數	141462 字
定　　價	二十編 25 冊（精裝）台幣 66,000 元

宋代書籍刊刻與書法研究

周勁松　著

作者簡介

周勁松，畢業於北京師範大學，先後獲得碩士和博士學位。現爲中國文聯出版社副編審、美術分社總監。書法以二王爲宗，旁涉篆隸，多次參加全國書法展覽，作品在韓國、日本等國家以及我國臺灣地區展出。2014 年，參加「筆墨圖騰——當代中國書畫名家邀請展」（呼和浩特）。2015 年，參加由北京師範大學藝術與傳媒學院和《中國書畫》雜誌社主辦的「三人行——京師三博士書法展」，分別在北京和山東成功舉辦。2016 年，在北京師範大學京師美術館舉辦「周勁松博士畢業書法彙報展」；參加「聚藝·江南——中國青年藝術家邀請展」（蘇州）。在專業刊物發表書法論文十多篇，多次參加藝術類教材編寫，並負責編輯中國文聯重點項目中國國粹藝術書籍二十多種。

提　要

該書對宋代書籍刊刻所使用的字體以及寫手、刻工進行研究，分析宋代書籍刊刻中不同時期、不同區域的字體特點，從字體書寫角度爲宋版書的版本鑒定提供參照；分析宋代書籍刊刻字體與名家書法之間的關係，探討書法史不曾關注的宋代底層寫手、刻工的書法造詣和他們的生存狀態。

該研究圍繞宋代刊刻書籍的原版書圖像和史料記載展開，運用篩選、歸納、比較、描寫等方法，將宋代書籍刊刻字體進行分類整理，建立宏觀與微觀、時間與空間的立體分析框架。書籍刊刻的正文有仿顏體、仿歐體、仿柳體、仿蘇軾體、仿瘦金體等楷書字體，這些字體具有明顯的地域差異，少數書籍的正文爲篆書和隸書。書中的序、跋，除了楷書、篆書、隸書之外，還有行草書。書籍的正文以楷書爲主，序、跋以行草書爲主。寫手們書寫正文時都模仿前朝或者當朝的書法家楷書，按照楷書的規範書寫，沒有形成程序化的「匠體」風格，他們的書寫雖然不屬於書法創作，但字體端莊嚴謹，楷法遒美，可以跟書法家的楷書作品相媲美。書中的序、跋一般請業內知名人士撰寫，有的直接將寫好的行草書手寫稿上版刊刻，這些序、跋除了實用之外，書法藝術性也很強。宋代書籍刊刻字體的整體風格沒有脫離「宋尚意」的範疇。

該書從藝術史的角度，探討書籍刊刻工藝對字體藝術性的影響，以及「宋體字」最終形成的主要原因。同時，還對宋代社會的文化、經濟等方面進行考察，分析當時書籍刊刻全面繁榮的原因及寫手、刻工的基本收入。書坊刊刻經營書籍的利潤很高，但寫手、刻工等工匠的收入低，他們屬於宋代社會的底層。

目

次

第一章　緒　論

第一節　選題的意義

　　書籍刊刻，是指將文字或者圖片反刻在木板上製成雕版，用紙鋪在刷好墨的雕版上刷印成書。《宋史・畢士安傳》說：「眞宗然之，遂命刊刻。」我國唐代就有「刻版」「鏤版」「開版」「雕版」等相關記載。版，古代指書寫用的木片。《管子・宙合》記載：「修業不息版。」尹知章注：「版，牘也。」東漢許愼《說文解字》將「版」釋爲「判也，從片，反聲」，將「牘」釋爲「書版也」。東漢王充《論衡・量知篇》：「斷木爲槧，析之爲版，力加刮削，乃成奏牘。」將木頭剖析成片狀即爲「版」，「版」與後來的「板」互爲通假，「雕版」也稱爲「雕板」。本書研究書版的書寫和雕刻兩個環節，本書暫用「書籍刊刻」，不用「雕版印刷」。

　　書籍刊刻水平的高低，關鍵在於雕版的寫刻質量。雕版的製作離不開毛筆書寫，先寫再刻的操作流程，凸顯著書寫是書籍刊刻的重要環節，書寫者書法水平的高低，直接影響書籍的刷印質量。宋代是我國書法發展的重要時期，書法名家輩出，社會文化底蘊厚實，同時也是雕版印刷的繁榮時期，書籍刊刻與書法的有效結合，是這一時期的突出特色。「雕版印刷讓手書與印刷發生密切聯繫，木刻的模版就是書法作品」[註1]人們平常所稱的印刷體「宋體字」，實際上到明代才基本定型。在宋代雕版印刷的書籍中，「宋體字」的

〔註 1〕〔法〕羅傑・夏蒂埃著，吳泓緲、張璐譯：《書籍的秩序》，商務印書館，2013年，第 18 頁。

特徵不明顯，呈現的還是書法的形態。當時，書版書寫者在薄紙上在完成書寫之後，將紙反貼於木板上，使筆劃在木板上顯現出來，刻工看到木板上的字形都是反字，只要刻工的技術水平過關，在雕刻過程中不走形，刷印出來的字體〔註2〕形態就具有手寫書法的特徵，特別是以行草和篆書、隸書寫的序、跋和牌記〔註3〕，有很多是當時著名書法家的親筆所寫，還有一些是頗有書法造詣的文化名人所寫，這些內容更能體現手寫書法的特點。因此，將這段時期的書籍刊刻納入書法研究的範疇很有必要。

書寫雕版的人稱為抄手、書手、寫手〔註4〕，書版在刷印之前由寫手將文字抄寫上版，他們不是書法家，文化素質不高，社會地位不高，大多數屬於在生活在溫飽線上的底層匠人，多數人連名字都沒有留下，在書法史上幾乎不會提到他們。當然，寫手寫版的過程不能稱為書法創作，書寫者只是奉命完成某種實用性的書寫。儘管這樣，他們還是需要不斷地提高書寫技能，精益求精地完成每塊書版，滿足雇主的要求，使刷印出來的書籍能滿足大眾的需要。刻工的雕刻和刷印工的協作也是非常關鍵的。這一系列的過程，每個環節都需要通力合作，任何一個環節出了問題，都會導致書籍刊刻的結果不理想。我們可以從書籍刊刻的流程瞭解每個環節的技術要素。

早期的圖書複製，主要靠抄寫完成，費時費力，還很容易產生訛誤，儘管抄書一直與雕版印刷並存，但就生產效率來說，遠遠比不上雕版印刷的複製速度。「寫本時代，因為受客觀條件的限制，除了部分詩文集定本外，流傳

〔註2〕字體，指不同的書寫者由各自的書寫習慣所形成的風格，如顏體、歐體、柳體、趙體等。書體，指漢字發展的不同歷史階段所呈現出來的文字形態，如篆書、隸書、楷書、行書、草書。在古代，字體和書體沒有被嚴格區分，在書法文獻中往往將二者通用。陳振濂在《楷書成形後書體演變史走向終結的歷史原因初探》中提到，古代實用的字體變遷等同於藝術的書體變遷，到了宋朝，作為字體的楷書形態完全定型以後，才有條件將「字體」和「書體」進行區分。為了方便，採用一個通用的稱呼，篆、隸、楷、行、草五體書是「書體」而不是「字體」，本書在分析用楷書刊刻的正文文字時用「字體」，以便與書法意義的「楷書」相區別。在分析序、跋、牌記中的行草書和篆隸書時，這些書體所承載的功能，除了表達文字內容外，還具有書法審美功能的表達，故將這部分刊刻的文字沿用「行書」「草書」「篆書」「隸書」等名詞。
〔註3〕牌記，又稱為墨圍、書牌、墨記等，標記刊刻人的齋號、刊刻地點、時間等信息，同時也有版權信息和防止別人盜版的警告語等。
〔註4〕在前人敘述中，曾有「寫手」「抄手」「書手」等名稱，本書將寫版、雕刻、刷印的人統一稱為「寫手」「刻工」「印工」。

更多更廣的是小規模相對短小、從形式到內容均無定式的傳抄本。」〔註5〕如果只完成一兩本書的複製，抄書可能比雕版印刷快，但要完成上規模的書籍複製，雕版印刷的優勢就很明顯，特別是成批量雕版印刷的書，攤派到每部書的成本比抄寫一部書的成本要低。葉德輝評價：「凡書市之中無刻本，則鈔本價十倍。刻本一出，則鈔本咸廢而不售矣。」〔註6〕抄本和刻本的市場差距由此可見一斑。但藏書家更加重視寫本，葉夢得也頗有感慨地說：「唐以前，凡書籍皆寫本，未有模印之法，人以藏書爲貴。人不多有，而藏者精於讎對，故往往皆有善本。學者以傳錄之艱，故其誦讀亦精詳。五代時，馮道始奏請官鏤《六經》板印行。國朝淳化中，復以《史記》《前後漢》付有司摹印，自是書籍刊鏤者益多，士大夫不復以藏書爲意。」〔註7〕姑且不論這段話是否準確，但說的意思很明瞭，士大夫一方面對解脫艱苦傳錄書籍感到很欣慰，不需要那麼費神去抄書，但對新出現的刻本質量也很擔憂。

　　北宋時期，畢昇發明了活字印刷，這是劃時代的技術革新，活字版比雕版更加方便，速度更快，但由於當時條件所限，很容易導致活字版高低不平，排字難以整齊劃一，刷印墨色不均勻，活字印刷在宋代的書籍刊刻中所佔比重很小。

　　歷史上每個時期的雕版印刷所採用的字體，有著明顯的時代特徵。宋以前的書籍，基本採用兩晉南北朝興起的類似寫經書法的風格，兩宋時期則模倣唐代的歐陽詢、顏眞卿、柳公權、蘇軾、宋徽宗等人以及魏晉南北朝時期的字體，有的還學一些碑誌上的字體。元朝的情況與宋朝大不一樣，沒有模倣前朝大名鼎鼎的蘇軾、黃庭堅、米芾、蔡襄「四大家」的字體，除了用顏、柳、歐的字體外，對同朝趙孟頫的字體也情有獨鍾，用趙孟頫的「松雪體」刊刻書籍成爲元朝的明顯特徵。明朝的書籍刊刻是書家手寫字體與整齊劃一的標準印刷體並行。一方面採用同朝備受皇上稱讚的沈度的字體，並且將他的「臺閣體」作爲宮廷版刻的主要字體，《永樂大典》的刊行使他的名聲更爲尊顯。同時，萬曆年間的印書採用了標準的宋體字，橫平豎直，橫輕豎重，並且有長、扁、粗、細等不同的形態特徵。清朝也是書法楷書字體和宋體字雙線並存，既採用厚實飽滿的「館閣體」作爲刊刻字體，也採用方正的宋體

〔註5〕　徐俊：《敦煌詩集殘卷輯考‧前言》，中華書局，2010年，第10頁。
〔註6〕　葉德輝著，李慶西標注：《書林清話》，復旦大學出版社，2008年。
〔註7〕　〔宋〕葉夢得：《石林燕語》（卷八），中華書局，1984年，第116頁。

字作爲刊行字體，武英殿的活字印刷就採用了宋體字。每個朝代採用何種字體，與當時的社會風氣和地域差異有很大的關係。特別是選擇哪位書法家的字體爲範本，與書法家的字體特徵和社會影響直接相關。

寫手選用書法家的字體進行學習並刊刻書籍，實際上也是對中國傳統書法的一種傳承，有利於擴大書法家的社會影響。寫手們學習這種字體所刊印的書籍得到大家認可後，這種字體會被大家所熟知，在社會上會形成廣泛學習這種字體的熱潮。從某種意義上講，寫手與書法家之間是潛在的依附與被依附的關係，儘管他們屬於不同朝代的人，但這種微妙的紐帶一直存在，寫手會根據社會的實際需要，不斷改造所學字體，使自己所寫字體更加整齊、美觀，雕刻省時省力，從而促進書籍刊刻的操作向流水作業的方向發展。寫手對書法家字體的改造，是將書法家比較細微的複雜筆劃進行簡化，曲線拉直，結體更爲寬博，這往往要將他熟悉的幾位書法家的書法特徵進行比較，再進行組合，最終將他們的風格進行融合，寫出來的字有時會出現好幾種書法字體的特徵。

書法創作追求抒寫個性和形態變化，讓人欣賞，藝術性是主要的；而書籍刊刻追求書寫規範和筆劃清晰，讓人容易識別，講求速度，實用性是主要的，這是二者的本質區別。書法作爲藝術作品，從筆法到章法都不可重複，每一件作品都有唯一的個性特徵；而作爲批量生產的書籍刊刻字體，寫手和刻工都追求刊刻方便，所寫筆劃都要有利於成批刷印，字體的藝術追求被弱化。在宋代刊刻的書籍中，很多序言、跋和牌記的書法特徵很明顯，充分顯示了書寫者的藝術造詣。

在書籍刊刻中，程序化的字形沒有固定下來之前，書版書寫與書法創作並不矛盾，只是在寫版的過程中弱化了書法創作的濃淡枯濕，揮灑的空間也有限制，只能在規範的共性書寫中追求些許個性，使規範性與藝術性得到統一。明清以後，在不斷的刊刻發展實踐中，人們逐步尋找書寫的共性，強化符合大眾閱讀審美要求的共性特徵，將筆劃和結字進行改造，使筆劃最終脫離個性，尋找更有規律的筆劃和結體，創造出結構嚴謹、棱角分明、筆劃排布均匀、易於雕刻、既醒目舒適又便於閱讀的新型印刷體，這實際上是不斷磨滅書法藝術個性的過程，追求高效率和使字體更加平穩是導致這種變化的主要原因。所以，明清以後的書法藝術與印刷字體發展是兩條完全不同的發展道路。

　　手寫書法直接進入書籍刊刻當中，宋代是黃金時期，這段時期體現了印刷技術與書法藝術的高度融合。儘管後來的書籍刊刻一直延續到 20 世紀中葉才逐漸消亡，但之後的字體，所含有的書法特徵遠沒有宋代充分。楷書、行草書、篆書、隸書在宋代書籍刊刻中都有使用，其正文以楷書爲主，這些字體寫得極爲精彩，藝術性非常高。明以後的工匠們所掌握的專門用於印刷的「宋體字」，表面上缺乏書法藝術的靈動與生機，畢竟還是手寫的，有學者堅持認爲程式化的印刷字體仍然屬於書法，但我們堅持認爲，這些字體與我們理解的書法還是有一定的差距。「（明代）許多版刻沒有奉行宋代確立的高標準。書法流派的傳統特徵往往無跡可尋，工匠把那種字體衍變爲所謂『匠體字』。由書法家或書法傳統所決定的宋版書的刻風往往一目了然，而匠體字缺乏風格。匠體字不同於機械複製的金屬字模，也屬於書法範疇」〔註 8〕將明清時期的標準印刷體作爲書法藝術的討論範疇有點勉強，但如果將明清時期與標準印刷體拉開距離的書家手寫字體，以及有關序言、跋、牌記的手寫字體納入書法討論範疇還是很有必要的。現代社會的電腦字庫建設蓬勃發展，很多書法家的字體都做成了字庫，但現代電腦排版印刷製作出來的書籍與宋代的手寫刊刻的書籍已經是不同的概念。

　　綜上，宋代書籍刊刻字體應該成爲書法研究的一部分，對其進行專門研究，有利於深入瞭解宋代民間對書法的傳承狀況，以及書法家的書法對社會大眾的影響，更全面地瞭解社會大眾的書法審美趣味，爲宋版書的版本鑒定提供參照。

第二節　文獻綜述

　　本書涉及出版史、刊刻印刷、書法等領域的相關問題，故將文獻資料分爲出版史、印刷技術、書法與書籍刊刻的關係幾大類型。

一、出版史

　　關於圖書出版的研究專著，葉昌熾的《藏書紀事詩》和葉德輝的《書林清話》開了先河，分別從藏書紀事和雕版源流方面進行了探討。2008 年，《中國出版通史》出版，該套書屬於國家社會科學基金重點項目，歷時 8 年完成，

〔註 8〕牟復禮、朱鴻林：《書法與古籍》，中國美術學院出版社，2010 年，第 14 頁。

在業內引起較大反響，從各個時期的出版歷史背景、圖書編撰、圖書流通等方面進行梳理。在其他相關的研究著作中，大多涉及宋代出版史、發行史、典籍史和書籍傳播。

中華再造善本工程編纂出版委員會於 2013 年編寫的《中華再造善本總目提要（唐宋編）》〔註9〕，介紹了分散於全國各地的宋代刊刻書籍 400 多種，收錄了每種書的作者和刊刻的主持人等相關信息，講述了歷代的書目著錄，考證版本源流，分析每種版本的優劣和每種版本的收藏脈絡。其中對書籍的刊刻經過、刻工姓名、避諱、刊刻的時間和地點等，分析比較透徹。

李致忠的《宋版書敘錄》〔註10〕，對宋代刊刻的 60 多種書進行了分析考證，從版本角度系統分析了這些書的刊刻過程、刊刻特色、收藏等相關問題。

葉德輝的《書林清話》〔註11〕，是一部學筆記性質的學術著作，一共分為 10 卷，總體上對古代書籍的歷史知識和出版史料作了考證與分析，講述了雕版的源流、官刻、坊刻和私刻的特點，分析抄書、書市、紙墨、古籍辨識的相關知識，運用邏輯推理和分類比較的方法，將全書分為 126 個主題分別講述。該書的卷三、卷四、卷六、卷七對宋代書籍進行了考論。卷六的《宋刻書之牌記》《宋刻本一人手書》《宋人抄書刻書之紙》《宋刻書行字之疏密》《宋元刻本歷朝之貴賤》等，對牌記、書籍字體、每行字數、宋元刻本的價格進行了分析。其中卷二的《刻書分宋元體字之始》，對書籍刊刻所採用的字體特徵做了一些分析。書中附錄了《書林餘話》，是作者的遺稿，共二卷，收集了自五代以來的書籍資料。此書的學術價值高，是研究中國出版史的必備書籍。

孫毓修撰寫的《中國雕版源流考》〔註12〕，用考據的方法論述了雕版印刷術的源流，是中國印刷史的研究專著。分析了官本、家塾本、坊刻本的一些基本情況。《刻印書籍工價》列舉了《大易粹言》《漢雋》《二俊文集》《王黃州小畜集》《通鑒記事本末》等書的書後相關費用記載。《紙》講述了歷代造紙的特點和方志中關於紙的記載。文中提出雕版始於隋朝的觀點，對宋代

〔註 9〕 中華再造善本工程編纂出版委員會：《中華再造善本總目提要（唐宋編）》，國家圖書館出版社，2013 年。

〔註10〕 李致忠：《宋版書敘錄》，北京圖書館出版社，1994 年。

〔註11〕 葉德輝著，李慶西校：《書林清話》，復旦大學出版社，2008 年。

〔註12〕 孫毓修、陳彬龢、查猛濟撰：《中國雕版源流考‧中國書史》，上海古籍出版社，2007 年。

的雕版印刷進行了分析，但不是很集中。陳彬龢、查猛濟的《中國書史》是近代來第一部以「書史」命名的通史性著作。書凡二十題，文中分別論述了「宋代刻書的題識」「宋代刻書的發達」「宋代刻書的特徵」「宋代刻書本的缺點」「宋代藏書家的歷史」。主要考論了「宋代刻書的發達」，關於題識、特徵、缺點、藏書家的論述十分簡略。

宿白的《唐宋時期的雕版印刷》〔註13〕，共收錄論文 5 篇，分別爲《唐五代時期雕版印刷手工業的發展》《北宋的版畫》《北宋汴梁雕版印刷考略》《南宋刻本書的激增和刊書地點的擴展》《南宋的雕版印刷》。書中附上南宋主要雕印地點的摺頁圖，比較詳細地標注了刊刻的集中地點。同時，將南宋時期的刻工以圖表的形式進行了比較分析。書後選登了近 80 頁的圖版，都附有文字說明，爲分析書籍刊刻的字體特點提供了翔實的圖片資料。

李致忠的《中國出版通史・宋遼西夏金元卷》〔註14〕，一共分爲九章，依次論述了出版事業勃興的社會背景、官方編修與繁榮的私人撰述、出版機構與出版概況、重要出版家及其出版事蹟、出版圖書的主要內容及出版思想、出版圖籍的裝幀藝術、發行流通概況、朝廷對圖籍出版流通與版權的管理等。

劉國鈞的《中國書史簡編》〔註15〕，共八章，第四章《從公元九世紀到十三世紀末葉的中國書》講述了唐末五代兩宋書籍出版的相關情況。第四節《兩宋時代的圖書和出版業》對宋代書籍出版作了分析。

周寶榮的《宋代出版史研究》〔註16〕，第二章《繁榮的圖書出版》分兩節講述了「官方出版」和「民間出版」。分析了舒州公使庫本《大易粹言》的相關費用。對《太平御覽》《太平廣記》《文苑英華》《冊府元龜》的成書過程進行了分析。對家刻、坊刻的刊刻質量進行了簡要說明。

顧志興的《浙江印刷出版史》〔註17〕，第二章、第三章以杭州爲中心，分別對北宋和南宋浙江的圖書出版印刷進行了分析，對兩浙路刻書機構，臨安府、建德府、湖州府、紹興府等刻書機構進行了詳細介紹。

田建平的博士論文《宋代書籍出版史研究》〔註18〕，對宋代書籍出版業

〔註13〕 宿白：《唐宋時期的雕版印刷》，文物出版社，1999 年。

〔註14〕 李致忠：《中國出版通史・宋遼西夏金元卷》，中國書籍出版社，2008 年。

〔註15〕 劉國鈞：《中國書史簡編》，書目文獻出版社，1982 年。

〔註16〕 周寶榮：《宋代出版史研究》，中州古籍出版社，2003 年。

〔註17〕 顧志興：《浙江印刷出版史》，杭州出版社，2011 年。

〔註18〕 田建平：《宋代書籍出版史研究》，河北大學歷史學博士論文，2012 年。

作了全面的歷史研究與解讀，揭示其物質、技術及社會、政治、經濟、教育、文化多層面的意義。主要基於現當代世界史學發展的新環境與新趨勢，借鑒史學理論及方法，對宋代的紙張、墨、書法、刻工、雕刻技術、刷印技術、作坊生產流程、書價、圖書發行、版權保護、圖書廣告等作了考察，從文化史角度分析了宋代的圖書刊刻過程。

二、印刷技術

在這些資料中，主要涉及刊刻技術、寫手、刻工的相關問題，包括刊刻的物質條件、刊刻流程、寫手和刻工的工資待遇等問題。張秀民的《中國印刷史》比較全面地講述了各個時代的出版和印刷相關問題，是一部兼有出版史性質的著作。蕭東發的《中國圖書出版印刷史論》，方曉陽、韓琦的《中國古代印刷工程技術史》，楊永德的《中國古代印刷裝幀》，錢存訓的《中國紙和印刷文化史》等書從刊刻角度進行了闡述。

張秀民的《中國印刷史》〔註19〕，以朝代為順序，論述從唐初貞觀到清末宣統年間共1300多年的印刷發展歷史。每個朝代按照總論、刻書地點、官私刻本的順序展開論述。分析了書籍的直接生產者寫手、刻工、印工、裝訂工的生活狀態，同時也分析了版木、刻刀、筆墨紙與印刷的產量、質量的關係。在第一章《雕版印刷的發明與發展》專設《宋代（960～1279）雕版印刷的黃金時代》和《元代（1271～1368）刻書的衰落》兩個小節。在這兩個部分中，闡述了刻書地點、刻本內容、宋版書和元版書的特色，在特色分析中舉例說明了字體、避諱、刊語與牌子、著者畫像及徵稿廣告等。分朝代講述了印刷物料、裝褙工藝，提到宋代蠟版的創始和元代套印的發明。在第三章中，作者分析了各朝代的寫手、刻工、印工和裝褙工。在書後附錄了《宋代刻工刊書考》，分析得出兩宋的專業刻工有數萬人，有姓名可考者約3000人，多為南宋刻工，北宋僅28人。將每位刻工刊刻的書籍進行了梳理。書後還附錄了《中國印刷史大事年表》，整理了每個時期的重要雕版和活版印刷書籍。

張秀民的《中國印刷術的發明及其影響》〔註20〕第一章《印刷術的起源》，分析了紙的發明與筆墨的改進。分析了雕版印刷起源的幾種重要觀點，即東漢說、東晉咸和說、六朝說、隋朝說、唐朝說、五代說、北宋說。

〔註19〕張秀民著，韓琦增訂：《中國印刷史》，浙江古籍出版社，2006年。
〔註20〕張秀民：《中國印刷術的發明及其影響》，上海世紀出版集團，2009年。

　　方曉陽、韓琦的《中國古代印刷工程技術史》〔註 21〕，全書分爲九章，第一章講述了雕版印刷的發明及技藝，就雕版印刷的起源問題進行了分析，雕版印刷發明的技術因素，除了受印章、石刻的影響之外，還介紹了紡織品的凸版印花的工藝對雕版印刷的啓發。其中第四章至第六章，重點闡述了兩宋至元代的雕版印刷文化和技術，分析了專業寫版群體的出現和印刷字體的變革、刻工家族的形成、專業印刷匠的出現，還分析了活字印刷的印刷技藝和翟金生泥活字印刷模擬實驗。書中專門分小節講述了書籍版式和裝幀設計。全書的主要特色在於雕版印刷的技術準備和印刷過程的技術問題。

　　蕭東發的《中國圖書出版印刷史論》〔註 22〕，全書分爲《導論》《源流篇》《系統篇》《流佈篇》四大部分。在《源流篇》中，作者考證出版印刷產生的幾個必要條件，分析了雕版印刷、活字印刷和套版印刷的起源和發展。在《系統篇》中，除了講述官刻、坊刻、私刻的刻書特點外，還講述了寺院刻書和書院刻書的主要特點。分析了官、私刻書的內容及圖書質量。分析了私家刻書注重質量的原因，即主要是揚名而不是爲了錢，校勘細緻，請名家寫版，雕刻和裝潢都很講究。

　　張樹棟、龐多益、鄭如斯的《簡明中華印刷通史》〔註 23〕，第三章的第二節講了《宋代的刻書事業》，對「官刻書」「私人刻書」「坊肆刻書」進行了分析，簡要概述了宋代刻書的特點和宋代刻書的影響。

　　楊永德的《中國古代印刷裝幀》〔註 24〕，探討了古代書籍裝幀與文化變遷，對書籍裝幀的歷史演變做了比較詳細的描述，從書籍裝幀的初期形態入手，逐步探討書籍裝幀的正規形態和書籍裝幀的審美文化，講述了與書籍有關筆、墨、紙的創造發明。第三章《書籍裝幀的冊頁形態》，闡述了梵莢裝、經摺裝、蝴蝶裝、包背裝、線裝的製作方法、發展變化和審美特性。第九章《雕版印刷》，分章節講述了雕版印刷的字體、版式、封面、牌記、刻工和印刷，同時也提到了中國古代的紙幣印刷。

　　錢存訓的《中國紙和印刷文化史》〔註 25〕，全書一共 10 章，其中第 2 章

〔註 21〕　方曉陽、韓琦：《中國古代印刷工程技術史》，山西教育出版社，2013 年。
〔註 22〕　蕭東發：《中國圖書出版印刷史論》，北京大學出版社，2001 年。
〔註 23〕　張樹棟、龐多益、鄭如斯：《簡明中華印刷通史》，廣西師範大學出版社，2004 年。
〔註 24〕　楊永德：《中國古代印刷裝幀》，人民美術出版社，2006 年。
〔註 25〕　錢存訓著，鄭如斯編訂：《中國紙和印刷文化史》，廣西師範大學出版社，2004 年。

講述了紙的性質和演變，最後有一部分分析了宋代及以後造紙術的進步。第 3
章對造紙的工序進行了詳細的介紹。第 5 章《中國印刷的起源與發展》對雕
版印刷的起源和宋代的書籍刊刻種類、規模、刊刻地點進行了介紹。

　　田建平的《書價革命：宋代書籍價格新考》〔註 26〕分析了已知的宋代雕
版書籍售價、書籍單位與一般價格公式、書籍的成本及其構成。

三、書法與書籍刊刻的關係

　　書法與書籍刊刻的關係涉及書法的風格、書法與書籍刊刻的關係、宋體
字的演變等方面。

　　（美）车復禮與朱鴻林合著的《書法與古籍》〔註 27〕，書的內容爲「書
法與古籍」展覽所做的解說，從《碑刻與傳統藝術》到《趙孟頫對元末暨明
代版刻之影響》，分析了中國古籍中的寫本及印本書跡，在解說的同時穿插了
大量的圖版，比較直觀地介紹了每個時期的刊刻特點。從字體角度分析了宋
代不同區域的特點，總結出歐體與顏體是宋朝版刻的主要字體，柳體在成都
頗受刻工喜愛，宋朝晚期的杭州和福建地區也偶有柳體刊刻的書。

　　祁小春的《中國古籍の板刻書法》（日語）〔註 28〕，書中選取了一些具有
代表性的宋、元、明、清四個朝代的版刻書頁，並做了一些介紹。該書側重
於圖錄，《宋代版刻書法》對《古文四聲韻》《翰墨大全》《古今絕句》《草窗
韻語》《注鶴山先生渠陽詩》《歷代故事》等幾部宋刻本進行了分析，對吳說、
周密等人的書法和刊刻的字體進行了介紹。

　　王立軍的《宋代雕版楷書構形系統研究》〔註 29〕，從漢字構形學角度對
宋代版刻楷書進行研究。第三章《宋代雕版楷書的書寫特徵》分析了楷書筆
劃的起源與發展、宋代雕版楷書基本筆劃的類型及其特點、基本筆劃的形成
對漢字形體的影響等進行來分析。分析了楷書書寫中的讓就原則和形變規律。

　　劉元堂的博士論文《宋代版刻書法研究》〔註 30〕，通過對《中華再造善

〔註 26〕　田建平：《書價革命：宋代書籍價格新考》，載《河北大學學報（哲學社會科
　　　　　學版）》，2013 年第 9 期。
〔註 27〕　〔美〕车復禮、朱鴻林著，畢斐譯：《書法與古籍》，中國美術學院出版社，
　　　　　2010 年。
〔註 28〕　祁小春：《中國古籍の板刻書法》，（東京）日本東方出版（株），1998 年。
〔註 29〕　王立軍：《宋代雕版楷書構形系統研究》，上海教育出版社，2003 年。
〔註 30〕　劉元堂：《宋代版刻書法研究》，南京藝術學院美術學（書法）博士論文，2012
　　　　　年。

本（唐宋編）》的宋代刊刻書籍及有關圖錄的歸納，對宋代書籍刊刻的書法風格等問題做了分析，認爲浙江刊刻的字體爲歐體，四川刊刻的爲顏體，福建刊刻的字體爲顏體和柳體，江淮湖廣地區的字體風格不明顯。北宋至南宋早期，主要沿襲了五代以來的刊刻傳統，以模倣唐楷名家爲主。南宋中期，地域風格逐漸彰顯。至南宋晚期，大都流於程序化。通過分析得出南宋早期兩浙地區刊刻的橫畫末端極少出現直角三角形，晚期則大量出現這種狀況。該書對宋代版刻書法做了不少基礎性的工作，但還可以做進一步的分析，比如浙江杭州地區除了歐體以外，還有用顏體的，顏體中還有《多寶塔碑》式飄逸的，也有《東方朔畫贊》《麻姑仙壇記》式筆劃厚重的。

尼志強的碩士論文《宋浙刻本對唐歐體書法的傳承與變異》〔註 31〕，則從宋代浙江刻本的歐體淵源、帶有歐體特徵的宋浙本地域分佈以及對歐體的繼承與變異的角度進行了探討。

王佩嬌的碩士論文《中國仿宋體發展歷史研究》〔註 32〕，對仿宋體的起源和發展進行了分析，歸納了一些仿宋字的特點。

念凡的碩士論文《漢字印刷字體的傳統瑰寶——以楷書爲主的書法，以及古代印刷字體的風格與形態解析》〔註 33〕，對古代的印刷字體進行了劃分，其中對宋代書籍刊刻的字體有所涉獵。

陳筱嬌的碩士論文《金陵刻經處雕版印刷技藝傳承研究》〔註 34〕，講述了金陵刻經處的創建和技藝傳承，其中第三章、第四章對雕版印刷的流程、刀法、技術傳授進行瞭解說。

趙子君的碩士論文《揚州雕版印刷技藝調查與研究》〔註 35〕，講述了揚州雕版印刷的沿革、印刷工藝等，對揚州廣陵古籍刻印社進行了調查研究，講述了刻印社的歷史和傳承現狀，分析了刊刻的流程。

〔註31〕尼志強：《宋浙刻本對唐歐體書法的傳承與變異》，河南大學中國古典文獻學碩士論文，2006 年。

〔註32〕王佩嬌：《中國仿宋體發展歷史研究》，湖南師範大學設計藝術碩士論文，2011年。

〔註33〕念凡：《漢字印刷字體的傳統瑰寶——以楷書爲主的書法，以及古代印刷字體的風格與形態解析》，中國美術學院平面設計碩士論文，2009 年。

〔註34〕陳筱嬌：《金陵刻經處雕版印刷技藝傳承研究》，南京藝術學院設計藝術學碩士論文，2011 年。

〔註35〕趙子君：《揚州雕版印刷技藝調查與研究》，南京師範大學設計藝術學碩士論文，2012 年。

　　陳振濂的《楷書成形後書體演進史走向終結歷史原因初探——書法與印刷術關係之研究》〔註36〕，分析了唐代楷書發展與印刷術的關係。

　　何朝暉的《試論中國傳統雕版書籍的印數及相關問題》〔註37〕，文中舉例說明雕版的印數和雕版印刷的生產週期，將中外文獻中對雕版印刷數量的記載進行對比分析，對雕版印刷的數量進行有益的探索。

第三節　本書擬解決的關鍵問題

　　本書擬解決以下幾個問題：

　　1. 對宋代書籍刊刻所使用的字體進行研究，結合版本信息，分析顏體、歐體、柳體以及其他字體在不同地域書籍刊刻中的具體形態；這些書法家的字體被選做書籍刊刻字體的主要原因；書籍刊刻刀法對書法家楷書的改造和藝術性的影響；書籍刊刻楷書字體對人們書寫的影響。

　　2. 分析宋體字筆劃的淵源、宋體字的構字原理以及宋體字為何能成為書籍刊刻字體的原因。

　　3. 分析宋代書籍刊刻中保留的序、跋作者的身世和他們的書寫特點。

　　4. 探討宋代書法名家參與書籍刊刻正文的書寫情況；分析宋代書籍刊刻的成本及利潤，寫手、刻工的生活狀況和技藝傳承。

第四節　研究方法

　　宋代刊刻書籍目前能見到的只有幾百種，這些書籍分藏於世界各地，除了中國以外，大部分藏於美國、日本、韓國各大圖書機構和大學圖書館，有的出版了相關的書籍。由於條件所限，筆者能接觸到的宋代刊刻書籍的資料大多數為國內收藏的圖書，其中大部分為複製品，一共有 460 多種共 4000 多冊。分析這些書中的字體與書法的關係，第一步是要有足夠的原書圖片資料，由於接觸到的資料不能概括兩宋全部，特別是北宋時期的書籍，能接觸到的數量不多，大部分書籍為南宋刻本。為了不出現太大的偏差，我採用以下方法進行研究。

〔註36〕陳振濂：《楷書成形後書體演進史走向終結歷史原因初探——書法與印刷術關係之研究》，載《書畫世界》，2001 年第 3 期。

〔註37〕何朝暉：《試論中國傳統雕版書籍的印數及相關問題》，載《浙江大學學報（人文社會科學版）》，2010 年第 1 期。

一、篩選法

　　宋代刊刻的書籍大部分書籍比較精良，但是有的書刊刻質量比較差，在考察時選擇刊刻相對清楚的書籍作爲研究對象，通過不斷地刷選，留下字體比較有特點的內容進一步分析。在留存至今的宋代刊刻書籍中，有的書卷數比較多，有的上百卷，參與刊刻的寫手、刻工很多，有的刊刻團隊達到 100多人，把一種書中的各種字體再進行篩選，選出幾種代表字體進一步研究。在正文的表述中，爲了更加嚴謹，不說一種書中都「是」某種字體，而是說這種書中「有」某種字體。

二、歸納法

　　歸納法一般指從很多的事實當中概括出一般性的原理，得到它們的共性。本書在研究時將篩選出來的書籍圖片進行分析，找出它們的共性，比如具有顏體特徵的，都有什麼樣的特點，然後再進行歸納，這些特點中哪些是共有的，哪些是獨特的，逐步進行歸納。

三、比較法

　　宋代書籍刊刻字體具有風格融合性，就是寫手在書寫時，往往帶有好幾種書法家字體的特徵。在分析時採用比較法，有歷時比較法和共時比較法。歷時比較法主要分析不同時期的書籍有哪些共同特點，或者依據刻工的名字，分別找出他們在不同時期所刊刻的書籍進行比較，得出他們動態的刊刻風格。共時比較法主要比較一定區域內相同時間段中書籍刊刻字體的特點。

四、描寫法

　　描寫是文學創作常用的手法之一，描寫包括對人、事、物、環境等進行描寫，本書主要對刊刻字體的筆劃和內部構造進行描寫，避免虛化的不切實的文學語言，盡可能地將風格簡明扼要地概括，以便將各自的主要特徵進行明確表述。

第二章　宋代書籍刊刻全面繁榮的原因

　　宋代書籍刊刻迅速發展的原因，書籍刊刻技術發展成熟是先決條件，每個時期科技的進步都會給人們的生活帶來很大的影響。同時，社會對圖書的需求量增大，抄寫書籍費時費力，跟不上社會需求節奏的時候，刊刻便很快成為書籍傳播的主要方式，抄書便退居其次。結合宋代的文化發展背景，將宋代書籍刊刻全面繁榮的原因歸納為三個方面：宋代書籍刊刻技術發展成熟、書籍刊刻需要的物質條件更加完備、圖書市場的繁榮促進書籍刊刻。

第一節　宋代書籍刊刻技術發展成熟

　　書籍刊刻的起源受到捶拓和印章的啓發，捶拓、印章技術的成熟促進書籍刊刻的起源和發展。

　　早在殷商時期，人們就能在龜甲上刻字，對雕版印刷有啓發的，還是後來在石頭上刻字並進行捶拓的技術。目前發現的早期石刻文字《石鼓文》，記載了秦襄公田獵活動的四言詩，一共有 10 個鼓，上面用大篆刻寫。兩漢時期的隸書碑刻，種類繁多，技術成熟，人們已經掌握了將碑刻上刻寫的文字通過捶拓技術進行複製。東漢靈帝熹平四年（175）至東漢光和六年（183），皇帝劉宏接受蔡邕的建議，花費 9 年時間，將《周易》《春秋》《尚書》《論語》《魯詩》《儀禮》《公羊傳》等 7 部儒家經典共 20 多萬字刻在 46 塊大石頭上，全文用隸書書寫，立於洛陽太學前，供人們作為讀經的範本。之後還有曹魏時期的《三體石經》，唐代的《開成石經》，五代的《蜀石經》，北宋的《嘉祐石經》和南宋的《御書石經》等。兩漢時期的《曹全碑》《張遷碑》《禮器碑》

《史晨碑》等，寫刻都非常精到，佛教和道教經典在唐代也比較盛行，這些都是受儒家的影響。北京的房山石經有 47000 多塊被保存下來。這些石刻大都刻成陰文正字，通過捶拓後，呈現在紙上的是黑底白字。

捶拓時，首先將要拓碑文上的雜質清洗乾淨，在碑文上噴灑一些熬好的白芨水，然後用一張紙平鋪在碑文上，在紙上灑水，使紙能與文字貼嚴實，然後用小棕刷在上面輕輕捶打，使紙進入筆劃的凹陷處，等紙快干時，用事先用棉花做好的撲子蘸墨撲打，這個捶拓的過程要根據紙張的乾濕調節，不能跑墨。拓完後，等紙張乾燥就可以揭下，有字的部分是白色的，沒字的部分就是黑色的。撲打的墨汁少，看上去比較晶瑩剔透，像蟬翼一樣薄，叫做「蟬翼拓」，撲打的墨汁多，整個烏黑髮亮，叫做「烏金拓」。這個過程與雕版印刷的刷印原理差不多，不同的是，拓撲的時候，在紙的上面上墨，而刷印書籍的時候，在紙的下面也就是直接在文字上刷墨，碑文的字大多是陰文，雕版印刷的字是陽文，並且是反字。

立體的器物也可以進行「全形拓」，這種拓法可以取得照相般的立體效果。做「全形拓」時，先將器物進行研究，包括器物的形狀、表面的凹凸、正面與背面的距離等，畫出一個大致的草圖，然後將草圖轉移到拓紙上。需要將不同的部分分別拓出，然後再組成一個整體。捶拓的方法與上述方法差不多，首先在器物表面撒上白芨水，將紙貼在上面，之後將紙濕潤、捶拓、上墨。唐代的國子監和秘書監等部門就有專門拓碑的拓書手，他們的地位與抄書、製筆的工匠等同。現存比較早的碑文拓片有唐代歐陽詢寫的《化度寺故僧邕禪師舍利塔銘》、唐太宗寫的《溫泉銘》和柳公權寫的《金剛經》，這三件拓本都曾收藏在敦煌石室。

雕版印刷反字的刻寫，與印章的反字雕刻相近。

印章的起源，也可以追溯到殷商時期，在甲骨文中，已有「印」字出現。秦漢時期的印章，使用的材料有青銅，也有玉石等其他材料。青銅印是鑄的，早期大多做成陽文，也有少數做成陰文的。漢印以陰文居多，漢以後的官印以陽文居多。印章最初蓋在陶土器皿上，或者蓋在簡冊的封泥上，後來才蓋在紙張或者縑帛上，起到印信的作用。

1925 年，曾熙（1861～1930）注意到了敦煌的南齊經卷後的捺印，這些捺印都是佛像印，他在佛像上寫了一些感想：「敦煌石室經卷，予見南齊書經，其背皆印千佛像，畫法亦同此卷，豈其同出一手耶？」從這些佛像是用一個

印模重複蘸墨多次捺印上去的。羅振玉在《敦煌石室秘錄》中記載，其印「上刻陽文佛像，長方形，上安木柄，如宋以來的官印，乃用以印象者，其餘朱尚存」。〔註1〕

雕刻印章時，先在印面上寫反字，再根據筆劃雕刻。在刻好的印面蘸上印泥，蓋在紙上就成了正字。這個打印泥的過程，與刷印的上墨是同樣的原理。捺印與雕版刊刻也很相似。操作不同的是，印章和捺印屬於鈐印，雕版印刷是上墨後敷紙刷印。

在長沙馬王堆漢墓中發現的綢帛圖案，有的是用漏版印刷的方式完成的。漏版一般用比較結實的材料製作，在上面畫好要印刷的圖案，然後沿著圖案花紋的線道用針刺空，形成間斷連續的針孔，通過針孔刷墨。在敦煌發現過刺有佛像的紙質漏版。唐宋時期，人們常用紙板和獸皮做成漏版進行印刷，這種漏版的技術，無疑也對雕版印刷有一定的促進作用。

寫版可以用平常寫字的筆，筆不能太大，要用細一點的筆，筆毛能出鋒，宋代的毛筆已經使用得很普遍。雕刻工具也是刊刻的一個重要方面，常用的刻刀有平口刀、打空刀、碾圈刀、拳刀等。刀鋒一般用鋼片打磨而成。在刻刀的使用過程中容易刻禿，需要及時磨刀，磨刀的石頭有青石、楊石和汕石等。

關於書籍刊刻的起源，有好幾種說法，有的說是東漢，有的說是五代，都舉出各自查閱的史料加以佐證，這幾種觀點之間相差好幾百年，現將關於印刷術起源的幾種觀點分列如下〔註2〕：

一、東漢說

認為印刷術起源於東漢的有元代王幼學、清代鄭機、當代劉盼遂、李致忠。《後漢書》中有「刊章捕掭」的記載，王幼學在《綱目集覽》中解釋為「刊章，印行之文，如今板榜」，鄭機同意王幼學的解釋。劉盼遂在《論衡集解・須頌》中認為，東漢時期如果某人的藥方經過檢驗有效，人們爭相刻寫，也就是說印刷術是從刻寫藥方開始的。李致忠在《古代印版通論》中認為：

> 有漢靈帝要火速討捕張儉等人的政治需要；有造紙術在此以前
> 的發明改進和紙的進一步應用；有墨的廣泛使用；又有璽印鐫刻技

〔註1〕蕭東發：《中國圖書出版印刷史話》，北京大學出版社，2001年，第51頁。
〔註2〕參閱曹之：《中國印刷術的起源》，武漢大學出版社，2015年，第一章。

術的直接啓示；有「刊章捕儉」的證明。因此，說雕版印刷術發明
在我國歷史上的東漢後期，即二世紀的中葉，是有可能的〔註3〕。

二、晉代說和六朝說

　　法國人拉古伯里根據向達的《唐代刊書考》提出「晉代說」，他在《中國
古代文明西源論》中講到東晉成帝咸和（326～334）時期，四川成都就有雕
版印書之舉。清代李元復和日本的島田翰持「六朝說」。李元復在《常談叢錄》
卷一中認爲，書籍雕版深受符璽雕刻的影響，刻書不是奇思巧想，自從東漢
蔡倫發明造紙術之後，在魏晉六朝就有繼起而爲之事，只是印刷術還沒有盛
行。島田翰在《古文舊書考·雕版淵源考》中認爲，北齊人顏之推的江南本
《顏氏家訓》中「穴」都誤以爲「六」，這就是墨板造成的，說明北齊已經有
雕版了。還有《玉燭寶典》在訓解「瀹」時講「其字或草下，或水旁，或火
旁，皆依書本」，可以說明是對墨板而言。島田翰的「六朝說」觀點主要是依
據《顏氏家訓》和《玉燭寶典》這兩部書分析的。

三、隋代說

　　認爲起源於隋代的人比較多，有明代的陸深、胡應麟、方以智，清代的
高士奇、顧安、王任俊、陸鳳藻，近現代的孫毓修、柳詒徵、路工、潘吉星、
蕭東發、陳彬龢等人。陸深在《河汾燕閒錄》中認爲，廢像遺經，悉令雕撰。
印書應在五代馮瀛王（馮道）之前。胡應麟的《少室山房筆叢·經籍會通四》
和方以智的《通雅》卷三十一認爲印書應肇自隋朝，行於唐世，擴於五代，
精於宋人。柳詒徵在《中國文化史·雕版印書之盛興》中認爲：

> 　　吾國書籍，代有進化。由竹木而帛楮，由傳寫而石刻，便民垂
> 遠，其法夥矣。降及隋、唐，著作益富，卷軸益多，讀書者亦益眾，
> 於是雕版印書之法，即萌芽於是時焉。然隋唐之時，雕版之法，僅
> 屬萌芽，尚未大行。故唐人之書，率皆寫爲卷軸，而印刷成冊者流
> 傳甚稀。雕版大興，蓋在五代，官書家刻，同時並作。〔註4〕

他認爲隋唐時期書籍的需求量很大以後，雕版印書便產生了，隋唐時只是萌
芽，沒有盛行，唐代的書籍也是卷軸比較多，裝訂成冊的圖書很少。

〔註 3〕李致忠：《古代版印通論》，紫禁城出版社，2000 年。
〔註 4〕柳詒徵：《中國文化史》，吉林人民出版社，2013 年。

四、唐代說

張秀民和李書華持唐代「貞觀說」，他們的依據是明代邵經邦《弘簡錄》卷四十六的記載，長孫皇后去世以後，皇上很悲傷，官員們撰寫《女則》10篇上呈，其內容爲「採古婦人善事，論漢使外戚預政，馬后不能力爲檢抑，乃戒其車馬之侈。此謂舍本恤末，不足尚也」。皇帝認爲此書可以垂範後代，「令梓行之」。張秀民和李書華認爲其中的「梓行」就是雕版印刷。張秀民還補充說，唐太宗時期（627～649）士大夫熱衷於玩頁子牌（紙牌），應該不會在請客吃飯時趕製，因需求量大，這種紙牌應該就是印刷品。李書華在《中國印刷術的起源》的自序中講到，唐代的士子們參加科舉考試，需要的書籍很多，當時已具備雕版印刷的條件，雕版印刷便會應運而生。

宋代的程大昌，明代的胡震亨，清代的趙翼，近代的王國維、葉德輝，當代趙萬里，以及美國人卡特等人認爲雕版印刷起源於唐代中期。宋代的葉夢得、朱翌，明代的郎瑛、朱明鎬、毛晉，清代的朱彝尊、紀昀等人認爲雕版印刷起源於唐末。

五、五代說

宋代的王明清、羅壁、魏了翁，元代的脫脫、王禎、盛如梓，明代的羅欣、于愼行、秦鏷、曹安，清代的萬斯同、王頌蔚、袁棟、包世臣等人認爲雕版印刷起源於五代。

王明清在《揮塵錄》卷二中說：

> 毋丘儉（應爲毋昭裔）貧賤時嘗借《文選》於交遊間，其人有難色，發憤，異日若貴，當板以鏤之遺學者，後仕王蜀爲宰，遂踐其言刊之。印行書籍，創見於此。〔註5〕

羅壁、王禎等人的依據爲五代唐明宗長興二年（931）宰相馮道、李愚等人請求令國子監田敏校定九經，刻板印賣的記載。

宋代的書籍刊刻技術已經達到非常高的水平，從中華再造善本現存的400多種宋版書來看，其中的大多數書籍寫、刻、印都達到了相當的高度。宋版書字體書寫法度謹嚴，風格多樣，雕刻鋒毫畢現，能如實地展現書寫的內容，刷印的墨色也很均勻，很難發現跑墨的現象。

〔註5〕〔宋〕王明清：《揮塵錄》，上海書店出版社，2015年。

　　書籍刊刻需要經過一系列的步驟，盧前在《書林別話》〔註6〕中將書籍刊刻的流程講述得非常清楚，他總結爲 15 個步驟，分別爲：選料、寫樣、初校、改補、復校、上版、發刀、挑刀、打空、鋸邊、印樣、三校、挖補、四校、印書。就刊刻步驟與字體的呈現，其中最關鍵的選料、寫版、雕刻、刷印進行解說。

　　刻版選料，一般採用梨木、花椒木等，野梨木的木質比家種的好，石楠更好，木質細膩，便於雕刻。也有選用棗木、絲綿木雕刻的，但相對差些。將材料做成需要的尺寸，根據實際印版的大小，將備好的材料進行解版，根據木材紋理，將木頭分解成 2 釐米厚的印版，並將表面的樹皮去掉。根據縱向紋理處理印版比較好，能最大限度地利用好材料。將備好的木材放置水中長時間浸泡，時間需要好幾個月，期間不斷換水，夏季比冬季浸泡的時間長。有時候也在浸泡的水中加石灰水，起到殺菌作用。將浸泡好的木材放置在陰涼處陰乾，在放置木板時，需要在每層板子中間墊上粗細相當的木條，不能暴曬，以免開裂變形。如果需要急用，也可以用水煮幾個小時，然後陰乾。通過浸泡或者熬煮的木材可以去掉其中的糖分、樹膠、樹脂等物質，既能防止蟲蛀又能使木板易於吸墨釋墨。處理好的木板再兩面刨平，用節草的頸部打磨，使其光滑。

　　做完以後就刻印有格的紙，也就是準備好書寫用的格紙。這種格紙比一般的格紙正中間多了一條線，便於書寫時上下對齊。在紙上書寫前，要用白蠟在上面塗抹一遍，然後用細潤的雨花石磨，將紙的毛頭磨掉，使其光滑。

　　寫手寫完書版後，將其放在一邊晾乾。再準備一些米湯水，將寫好的字紙反貼於版，用棕毛刷輕輕地刷一遍，再繼續用排刷繼續刷，使紙樣出現毛絨，去掉毛絨，完全晾乾後再用節草磨一遍。這個過程相當於將紙磨掉了很多，使刻工能看到緊貼於刻版上的反字。

　　刻工開刻時，仔細看好版面寫好的字形墨蹟，需要將墨線保留，將其他部分去掉，雕刻字的深度一般爲 1 毫米。有時爲了使木質疏鬆一點，在版面上抹一層油。先雕刻行與行的分割線，左手按著尺子，右手持刀劃線，用刀刻畫裏面的直線，一般要劃兩三刀，然後將版倒過來，從線的另一邊劃過去。版中的直線刻好後，再刻文字中的直線，將直線一一刻好，再將版倒過來，刻另一端的直線。刻撇捺時，從左至右依次雕刻。在雕刻過程中，刀的站與

〔註6〕盧前：《書林別話》，收入《盧前筆記雜鈔》，中華書局，2006 年，第 469 頁。

臥很關鍵，每道筆劃的根部如果不穩的話，很容易使刻好的筆劃脫落，所以，每道筆劃的兩面，都要有一個下面支撐，根據筆劃的粗細以及與周邊筆劃的遠近確立刀鋒的傾斜度，刀的站與臥就非常關鍵。雕刻時，筆劃要比寫的字的筆劃稍微寬一點，再慢慢修整，直至與原字相符。

筆劃相接之處需要將相接處挑空，不然會出現筆劃的黏連。刻完字後，需要將筆劃中間的木屑去掉，叫做剔髒。然後用熱水將刻版洗一遍，使碎屑都隨水流走。遇到雕刻的字出現錯誤，就要將錯字進行挖補。方法是先用刀挖一個方孔，然後削一個比方孔大的木釘，嵌入版中，用鏟刀鏟平。再苗反字，字體的大小、粗細要與上下字一致。如果遇到某個筆劃缺失，不想將整個字挖補的話，就在缺失的筆劃上用刀刻一道凹痕，用小木片插上，然後鏟平修整。如果增刪的字太多，就需要將這塊版重新寫刻了。

一頁紙做一塊板，從中間分開對折，對折的中縫處上下刻寫相關的信息，上半部分寫字數，中斷寫書名和頁碼，下半部分寫刻工的名字，在書名的上下部分還有魚尾紋作為裝飾。在宋版書中，在版面上寫書寫者的姓名的情況很少，大多數只寫了刻工的名字，有的只寫了一個代號，署名的目的不是為了揚名，而是為了結算工錢。有時，寫刻是一個人完成，這樣更方便雕刻。

刷印時先準備一個棕帚，再用碎棕裹上棕皮，包紮捆緊做成棕擦。操作時，先用棕帚蘸墨在字面上輕輕地塗抹墨汁，將紙貼於版面，再用棕擦用點勁擦，這樣既不會擦破紙張，又能體現字跡的精彩。印完後進行裝訂時，需要經過分、摺、齊、下錐、上面、裁、沙磨、打眼、穿線、貼簽等工序。

第二節　書籍刊刻需要的物質條件更加完備

不管書籍刊刻起源於上述的哪個時間，經過了一定階段的發展，宋朝已經具備了書籍刊刻全面繁榮的條件。

毛筆對寫版起著很大的作用，寫版的毛筆要尖，要有彈性，能夠將筆劃的起收交待清楚，不能有含混的部件。當然，這與書寫者的水平、書寫習慣和書寫經驗也有關係。儘管寫手和書法家的書法創作都是寫字，但由於目的不同，各自在實際操作過程中會有不同的操作規範。古代書法家有的不擇紙筆，有的對筆墨紙要求很高。比如，歐陽詢寫字不擇紙筆，其兒子就對紙筆的要求很高，褚遂良也要求「手和墨調」之後才寫字。相比較而言，寫版相

對更嚴謹，必須首尾風格協調統一，不能帶有自身情緒化的筆劃。兩宋時期，我國的毛筆製作水平已經很成熟，之前的書法家們已經寫出了很多精美的書法作品，包括楷書和行草書，我們從魏晉小楷和唐人寫經，可以看出當時完全有條件寫出適合雕刻的文字。

書籍刊刻對紙和墨的要求也是比較高的，紙張要求吸墨適中，纖維有拉力，經過折疊後不會斷裂。如果紙張纖維太粗糙，在刷印時會導致字跡模糊，或者由於紙張厚薄不均，高低不平而出現缺筆劃的現象。刷印的墨汁要求墨的顆粒細小，墨色濃淡一致，富有光澤，不洇墨不滲墨。

一、筆、紙、墨製作技術的成熟

（一）筆

毛筆的起源，可以追溯到殷商時期，從發現的殷墟甲骨中，可以看到很多的還沒有刻的紅色字跡。同時，在安陽殷墟出土的陶片中，有一個黑色的「祀」字，這個字的筆劃出鋒明顯，應為毛筆所寫。之後在湖北隨縣的曾侯乙墓中發現了毛筆，認定為春秋時期。在湖南長沙也發現了一支戰國楚筆，被稱為「天下第一筆」。其次，在湖南馬王堆漢墓、甘肅敦煌和武威的漢代遺址中，都發現了毛筆實物。

早期製筆，以竹、木等為筆桿，以鹿毛、兔毛、羊毛、狼毛等為筆毫，製作成軟硬適中的「兼毫筆」。宋代蘇易簡在《文房四譜》中記載了早期蒙恬製作的毛筆：

> 《莊子》云：「舐筆和墨。」是知古筆其來久矣。又慮古之筆不論以竹、以毛、以木，但能染墨成字，即呼之為筆也。昔蒙恬之作秦筆也，柘木為管，以鹿毛為柱，羊皮為被，所謂蒼毫，非以兔毫竹管也。〔註7〕

蒙恬造筆的筆桿為柘木，筆毫的中間為鹿毛，外圍輔以羊毛。《史記》中也有關於蒙恬用兔毛製筆的記錄，他選用的是中山兔毛。中山，為安徽的宣州，製筆所用的是秋天兔子換毛後脊背上的一排比較有彈性的毛，一隻兔子脊背上的毛非常有限，取下來後只能做幾隻筆。這種筆在早期被視為最好的筆了。東漢蔡邕在《筆論》記載：「書者，散也。欲書先散懷抱，任情姿（恣）

〔註7〕〔宋〕蘇易簡著，石祥編著：《文房四譜》，中華書局，2011年，第8頁。

性，然後書之；若迫於事，雖中山兔豪不能佳也。」據傳，著名書法家鍾繇、王羲之等人用的筆爲「鼠鬚筆」，「王右軍寫《蘭亭序》以鼠鬚筆，世傳右軍得筆法於白雲先生遺之鼠鬚筆。」〔註8〕鼠鬚筆的筆毫比較挺拔，富有彈性，其做法已失傳，難以弄清其用的原料是老鼠的鬍鬚還是松鼠的鬍鬚。

　　古代的筆古人對文房四寶的把玩特別用心，製的筆也往往會有很多的裝飾和附加對象，這種現象從漢朝開始就有了。蘇易簡《文房四寶》記載：

　　　　又傳玄云：漢末，一筆之枊，雕以黃金，飾以和璧，綴以隋珠，

　　文以翡翠。非文犀之槙，必象齒之管，豐狐之柱，秋兔之翰。用之

　　者必被珠繡之衣，踐雕玉之履。〔註9〕

傅玄爲魏晉文學家，他寫的文字應該不會太虛誇。按照他的說法，裝筆的盒子用黃金雕飾，鑲嵌著明珠，用翡翠製成花紋，筆桿用犀角或者象牙，筆毫用狐狸毛和兔毫，用筆之人穿的衣服需繡花，穿的鞋要配玉飾。這種外加的裝飾比筆的本身昂貴多了。這從側面反映了當時的文人對筆的重視程度。這種奢華的對象，對於老百姓來說肯定是一種奢望，一般人只要求能獲得筆寫字就已經很不易了。三國時的闞澤，年輕時只能給別人抄書來換取紙筆，「吳闞澤爲人傭書，以供紙筆。」唐代智永和尚有「退筆冢」的美談，講他在樓上習字時，寫壞了的筆頭有十大甕，後來將鼻頭埋起來，稱作「退筆冢」。可見，當時的筆頭是可以換的，寫禿以後可以拔掉換下新的筆頭。

　　宋代安徽的製筆業比較聞名，當地製筆比較有名的有諸葛高、汪伯立等人。諸葛高爲安徽宣州人，爲製筆世家，他擅長製作「無心散卓筆」，他做的筆得到蘇軾的高度讚賞。汪伯立爲安徽歙縣人，他於北宋年間在歙州府創辦「四寶堂」，他製作的筆被朝廷定爲貢品。浙江湖州地區盛產羊毫，製筆業發展也很快，帶動了浙江周邊地區製筆業的發展。四川嘉州（今屬樂山）的「宋筆」也比較有名。

（二）紙

　　關於造紙技術，首先會想到東漢蔡倫的「蔡侯紙」，《後漢書·蔡倫傳》記載了他的造紙技術，講到他是使用樹皮、麻頭、破布造紙。在蔡倫之前，紙應該已經存在，只是他改進了造紙技術。最早記載紙的文獻是《後漢書·

〔註8〕〔唐〕張彥遠：《法書要錄》，浙江人民美術出版社，2012年。

〔註9〕〔宋〕蘇易簡著，石祥編著：《文房四譜》，中華書局，2011年，第13頁。

賈逵傳》，講建初元年（76），漢章帝召（賈）逵入宮講《左氏傳》，「教以左氏，與簡、紙經傳各一通」，以紙作為報酬送給他。紙張在相當一段時期是比較缺少的，一般人很難得到。蘇易簡在《文房四譜》〔註10〕中引用東晉葛洪在《抱朴子》中說的事實：「洪家貧，伐薪賣之，以給紙筆，故不得早涉藝文。常乏紙，每所寫皆反覆有字，人少能讀。」葛洪用砍柴賣錢去換紙，並且用反覆用過的紙寫字，可見取得紙張極為不易。當然，古人對有字的紙是非常敬畏的，不會隨便將有字的紙作為他用。北朝顏之推《顏氏家訓》說：「吾每讀聖人之書，未嘗不肅敬對之，其故紙有五經詞義及賢達姓名，不敢穢用也。」1933 年，在新疆羅布泊發現了一張無字的粗糙紙張，這種紙中間含有麻類纖維。1957 年，在西安灞橋的一個磚瓦廠發現了一些紙的碎片，經過檢測，這是漢武帝時期的紙，是包裹隨葬品銅鏡的。之後又在我國其他地方發現了一些紙，分別是陝西扶風、甘肅的居延、武威、天水和敦煌，這些紙都發現為麻類纖維製成。紙與當時用來書寫的竹帛並存了幾百年，現存最早的紙書，始於魏晉時期，三國魏於甘露元年（256）抄寫的《譬喻經》，就是用「六合紙」抄寫的，這種紙用大麻、楮皮、破布、漁網等製作而成。

　　宋代的揚州和成都都是文化比較繁榮的地區，造紙都比較成熟。蘇軾在《東坡題跋》中說：「成都浣花溪水，清滑異常，以漚麻楮作箋，潔白可愛；數十里外，便不堪造，信水之力也。揚州有蜀岡，岡上有大明寺井，知味者以為與蜀水相似。溪左右居人亦造紙，與蜀產不甚相遠。自十年以來，所產益多，亦益精。更數十年，當與蜀紙相抗也。」〔註11〕明代宋應星在《天工開物》記載：「凡紙質用楮樹（一名谷樹）皮與桑穰、芙蓉膜等諸物者為皮紙。用竹麻者為竹紙。精者極其潔白，供書文、印文、柬、啟用。粗者為火紙、包裹紙。」〔註12〕在刻書比較集中的地區，造紙技術都比較發達。《福建通志》記載：「福州府竹穰楮，皮薄藤厚。凡柔韌者，皆可以造紙。舊志謂巧紙出古田羅源村落間，楮紙出連江鄉，薄藤紙出侯官，赤色厚藤紙出永福辜嶺，今皆少造。」〔註13〕福建建安余氏勤有堂是著名的刻書藏書之所，他們印書就

〔註10〕　〔宋〕蘇易簡著，石祥編著：《文房四譜》，中華書局，2011 年，第 187 頁。

〔註11〕　轉引自孫毓修、陳彬龢、查猛濟撰《中國雕版源流考・中國書史》，上海古籍出版社，2007 年，第 20 頁。

〔註12〕　〔明〕宋應星著、潘吉星譯注：《天工開物》，上海古籍出版社，2008 年，第 224 頁。

〔註13〕　轉引自孫毓修、陳彬龢、查猛濟撰《中國雕版源流考・中國書史》，上海古籍

用自己造的紙。《東華續錄》：「高宗朝（1127～1162），諭鍾音察訪建安余氏裔者，奏稱其祖印書，紙皆自造，在紙上印『勤有堂』字樣。」〔註 14〕除了以上說的麻紙、楮紙之外，還有藤紙、竹紙、桑皮紙等，根據工藝區分，還有棉紙、椒紙、玉版紙等名稱。

1. 麻紙

製造麻紙的材料主要是破布、麻頭、破漁網的再利用，成本比較低，最早產於西漢時期。後來製造麻紙的植物種類有大麻、亞麻、苧麻、青麻、黃麻等，以苧麻和大麻造紙的比較多。現藏於北京故宮博物院的陸機《平復帖》，所用的紙張為麻紙。「唐辨才弟子《草書千文》，黃麻紙書，在龍圖閣直學士吳郡滕元發處，滕以為智永書。」「文勳有一軸黃麻篆，陽冰少時書。」〔註 15〕米芾提到唐朝的辯才和尚和李陽冰的篆書作品，用黃麻紙寫就。20 世紀初，在甘肅敦煌千佛洞發現的東晉《三國志》寫本，也是用麻紙書寫的。麻紙的特點是比較細密，拉力好。唐代的很多書籍、書法作品和官府文書，大多使用這種紙。〔註 16〕宋代沈括在《夢溪筆談・卷一》中說：「嘉裕中，置編校官八員，雜對四館書，給吏百人，悉以黃（麻）紙為大冊寫之，自是私家不敢輒藏。」

2. 楮紙

楮紙是將楮樹皮進行加工後做成的紙，賈思勰在《齊民要術》中介紹了種植楮樹造紙的方法：

> 楮宜澗谷間種之，地欲極良。秋上候楮子熟時，多收淨淘，曝令乾。耕地令熟，二月耕耩之，和麻子漫散之，即勞。秋冬仍留麻勿刈，為楮作暖（若不和麻子種，率多凍死）。明年正月初，附地芟殺，放火燒之，一歲即沒入（不燒者瘦，而長亦遲）。三年便中斫（未滿三年者，皮薄不任用）。斫法，十二月為上，四月次之（非此兩月而斫者，則多枯死也）。每歲正月，常放火燒之（自有乾葉在地，足得火然。不燒，則不滋茂也）。二月中間，斫去惡根（斫者地熟，楮

〔註 14〕　出版社，2007 年，第 45 頁。
　　　　　轉引自孫毓修、陳彬龢、查猛濟撰《中國雕版源流考・中國書史》，上海古籍出版社，2007 年，第 41 頁。
〔註 15〕　〔宋〕米芾著，趙宏注解：《書史》，中州古籍出版社，2013 年，第 150 頁、第 243 頁。
〔註 16〕　《唐六典》，1836 年刊本，卷九，第 66 頁。

科亦以留潤澤也）。移栽者二月薛之，亦三年一斫（三年不斫者，徒
失錢，無益也）。指地賣者，省工而利少。煮剝賣皮者，雖勞而利大
（其柴足以供然）。自能造紙，其利又多。種三十畝者，歲斫十畝，
三年一遍，歲收絹百匹。〔註17〕

楮紙的用途除了造紙以外，還曾被我國古代西南少數民族用來製作衣服，稱
作「答布」或者「谷布」。在晉唐時期，這種紙用得比較普遍，在甘肅敦煌和
新疆吐魯番出土的很多寫本，採用的就是楮紙。除了用於日常書寫，製作封
面和用於糊裱窗戶，由於比較柔韌耐用，也用來製作「楮幣」。「懷素草書楮
紙三幅，在故相洛陽張公孫直清家。」〔註18〕唐人多將當時的紙稱作「楮先
生」，韓昌黎《毛穎傳》記載：「紙曰會稽楮先生是也。」楮紙也用於雕版印
刷，在韓國發現的《無垢淨光大陀羅尼經》，經研究，全卷使用 12 張楮紙連
接裱成的。在甘肅敦煌發現的《金剛經》，為唐咸通九年（868）的雕版印刷
品，有人也說是用楮紙印刷的〔註19〕。

3. 藤紙

藤紙的製造區域範圍比較小，主要集中於浙江剡溪一帶，主要是造紙的
原料容易得到，在剡溪的兩岸山上，生長著綿延幾百里的攀藤。藤紙大約從
魏晉時期開始生產，唐代是其全盛時期，到宋代就趨於衰落以致絕跡。藤紙
的特點是纖維細，有韌勁，比較柔軟，看上去比較細膩乾淨。宋代書法家米
芾感慨：「臺（天台）藤背書滑無毛，天下第一，餘莫及。」〔註20〕藤紙的生
產逐漸蔓延至江南其他地區，並被選為貢品，《元和郡縣志》記載，杭州、
婺州、衢州、信州皆貢藤紙，很多地區每年的貢紙能達到 6000 張。〔註21〕唐
李肇《翰林誌》記載：「凡賜與、徵召、宣索、處方、日詔，用白藤紙；凡慰
軍旋，用黃麻紙。」虞世南《北堂書鈔》記載：「范甯令屬官說，土紙不可作
文書，皆令藤角紙。」〔註22〕《紹興府志》記載：「嵊縣剡藤紙，名擅天下。
式凡五：用木椎椎治，堅滑光白者，曰硾箋；瑩潤如玉者，曰玉板箋；用南
唐澄心紙樣者，曰澄心堂箋；用蜀人魚子箋法，曰粉雲羅箋；造用多水佳，

〔註17〕〔北魏〕賈思勰：《齊民要術》，卷五，第 92～93 頁。
〔註18〕〔宋〕米芾著，趙宏注解：《書史》，中州古籍出版社，2013 年，第 137 頁。
〔註19〕劉仁慶：《中國古紙譜》，知識產權出版社，2009 年。
〔註20〕〔宋〕米芾著，趙宏注解：《書史》，中州古籍出版社，2013 年。
〔註21〕《元和郡縣志》，卷二十六，681～694 頁。
〔註22〕〔唐〕虞世南：《北堂書鈔》，卷一〇四，1888 年刊本，第 5 頁。

敲冰爲之，曰敲冰箋，今莫有傳其術者。」南宋建炎、紹興以前，即 1162 年以及之前的一段時間，文人的書信往來大多用藤紙。到了晚唐時期，野生的攀藤遭到濫伐。唐代舒元輿（791～835）在《悲剡溪古藤文》中記載：「剡溪上綿四五百里，多古藤……溪中多紙工，持刀斬伐無時，擘剝皮肌以給其業……藤雖植物者，溫而榮，寒而枯，養而生，殘而死……日日以縱，自然殘藤命易甚。桑枲波波頹沓，未見止息，如此則綺文妄言輩，誰非書剡紙者耶？紙工嗜利，曉夜斬藤而鬻之，雖舉天下爲剡溪猶不足以給，況一剡溪者耶？以此恐後之日，不復有藤生於剡矣。」〔註23〕這種藤紙的產量逐漸減少，促使竹紙得到普遍運用。

4. 竹紙

當麻和藤作爲造紙原料逐漸減少的時候，竹子成爲很重要的造紙原料。宋代施宿《嘉泰會稽志》記載：「剡之藤紙，得名最舊，其次苔箋，然今獨竹紙名天下。竹紙上品有三，曰姚黃，曰學士，曰邵公，工書者喜之。」〔註24〕

我國很多地方盛產竹子，竹子的生長速度快，造紙成本低，操作方便。就其分佈來說，有北方黃河流沿線，南方有江蘇、浙江、福建、廣東等地，中西部地區有湖南、湖北、江西、四川等地。根據紙張的纖維粗細可以分爲粗品和細品，細品比較軟薄，適合書寫。竹紙的種類有毛邊紙、元書紙、連史紙等。

竹紙在宋代比較盛行。宋代蘇易簡在《文房四譜》中說：「今江浙間有以嫩竹爲紙。如作密書，無人敢拆發之，蓋隨手便裂，不復黏也。」這裡講到了江浙早期用嫩竹造紙遇到的問題，就是容易碎裂，可能不適合書寫和印刷書籍，能作爲封條在信封和其他文件的函口使用，這時候的竹紙造紙技術應該還在早期階段。蘇軾在《東坡志林》中說宋以前沒有使用竹紙，「今人以竹爲紙，亦古無有也」。周密在《癸辛雜識》中也說到開始使用竹紙的時間：「淳熙（1174～1189）末始用竹紙。」這些文字講述了竹紙在這段時期得到了普遍使用。據《嘉泰會稽志》記載，書法好的人喜歡使用竹紙，出於以下原因：竹紙比較光滑，容易發墨，毛筆寫上去容易出鋒，不容易跑墨，不容易生蟲。

5. 其他原料造的紙

除了以上幾種主要的造紙原料之外，還有用桑樹皮和檀皮造的紙。

〔註23〕轉引自劉仁慶：《中國古紙譜》，知識產權出版社，2009 年，第 64 頁。
〔註24〕〔宋〕施宿：《嘉泰會稽志》卷十七，第 42 頁，1926 年版。

　　澄心堂紙是宋代的著名種類，主要原料爲桑樹皮，也有用楮皮的。其加工細緻，以五代南唐皇帝的宮室命名。李後主將四川有名的造紙工匠召至南京，專門製造「澄心堂紙」。這種紙如玉般堅滑，緊致、細密，手感好，沒有粗渣，紙張的打漿度高。這種高品質的紙在當時尤爲難得。《江寧府志》記載：「澄心堂紙以桑皮爲原料，後主所製者，工料特精，遂成上方珍品。」原紙在安徽歙縣生產，之後到南京的宮廷再進行深加工。南唐被宋軍打敗後，澄心堂紙散落民間，文人們以得到這種紙爲一大幸事。宋代宋敏求曾得到一些澄心堂紙，送給梅堯臣一百張。梅堯臣非常高興，特意寫了很多首詩記載，現選錄《答宋學士次道寄澄心堂紙百幅》兩首詩如下：「寒溪浸楮春夜月，敲冰舉簾勻割脂。焙乾堅滑若鋪玉，一幅百錢曾不疑。」「江南老人有在者，爲予嘗說江南時。李主用議藏秘府，外人取次不得窺。」〔註25〕到了南宋時期，在浙江和四川有人仿製澄心堂紙，但紙張質量不及原紙。北宋景德二年（1005），益州（成都）的民間商會用紙印刷一些交易憑證，名爲「交子」。後來，南宋高宗於紹興三十一年（1161）下令發行紙幣，以楮皮和桑皮爲原料造紙，印刷出來的紙幣叫做「會子」。元代，官府用桑樹皮製作印鈔票的紙，叫做「寶鈔紙」，這種紙由前朝的工藝演變而來。元朝用寶鈔紙印刷「中統元寶交鈔」「至元通行寶鈔」。印刷鈔票的紙張要求厚實，耐磨耐折，說明這些皮紙的質量比較精良。

　　宣紙原產於安徽宣州，唐代被定爲貢紙，因其產地而得名。早期的宣紙原料是楮皮和桑樹皮，後來製作的宣紙原料主要是青檀皮。古宣紙在製作過程中將青檀皮和沙田稻草進行混合，倒入石灰燒泡，然後再經過蒸煮、漂白、打漿等流程，生產週期比較長。宣紙具有抗腐能力，質地柔潤，能經久收藏，有「紙壽千年」的美譽。宣紙主要用於創作書畫作品，有生宣和熟宣之分，生宣容易吸墨，熟宣是經過加明礬處理，不易吸墨，適宜創作工穩一路的作品。宣紙也偶而用來印刷書籍。

　　宋代爲了防止生蟲，在紙張中加入黃檗等防蟲蛀的物質。「嘉祐四年二月置館閣編定書籍官，別用黃紙印寫正本，以防蠹敗」。〔註26〕

　　宋代紙張的再利用現象很多，南宋時期就有專門的收購廢紙的商店，將廢紙生產成「還魂紙」進行再利用，孝宗時期湖廣會子，就是將科舉考試的

〔註25〕轉引自劉仁慶：《中國古紙譜》，知識產權出版社，2009年，第102頁。
〔註26〕《續資治通鑒長編》卷一八九，仁宗嘉祐四年二月丁丑。

廢試卷等紙張再造的紙印刷的。有的直接將廢紙的背面印書，乾道刊本《洪氏集驗方》，就是將淳熙七年（1181）的公文紙印刷，上面還留有之前的官印和縣尉趙積、工匠程福的名字。開禧本《雲仙散錄》，是用嘉泰四年（1204）的公文紙印刷的。還有《花間集》也是用公文紙印刷的。宋代的造紙業非常發達，造紙中心主要分佈在安徽的歙縣、池州、徽州，浙江的會稽、剡溪，江西的撫州，四川的成都等地。

（三）墨

中國墨有比較悠久的歷史，在考古發掘中，已經發現公元前 3 世紀的墨塊。《漢書》記載：「尚書令、僕、丞、郎，月賜隃麋大墨一枚、小墨一枚。」晉代顧微《廣州記》記載：「懷化郡掘塹，得石墨甚多，精好可寫書。今山中多出朱石，亦可以入朱硯中使。」古人以「石墨」製墨，石墨是碳的同素異形體，呈黑灰顏色，是一種最軟的礦物質，不溶於水，加上膠以後可以使其與紙或者其他書寫材料結合，不易脫落。現代人用其製造鉛筆芯、耐火材料和潤滑劑。懷化地處湖南，地下有石煤礦藏，顧微所說的「石墨」，可能就是石煤，包括他所說的「朱石」，都屬於礦物質。戴延之《西征記》曰：「石墨山，北五十里，山多墨可書，故號焉。」〔註27〕漢代以後，人們逐漸用松煙加膠，並添加其他添加劑製墨。製墨的添加劑有的很名貴，從而導致成品墨的價格很高，有時甚至堪比黃金的價格。

動物的皮革、角、骨等是製作墨膠比較好的材料，用清水將膠熬好後，還要趁熱用篩子將雜質去掉，冷卻後備用。增加黏度的材料還有生漆、皂莢、藤黃、巴豆、蛋白等，增加色澤的材料有黑豆、紫草、朱砂、地芋、豬膽、魚膽、石榴皮等，增加香味的材料有麝香、丁香、檀香、樟腦等。韋誕是製墨的名家，南齊竟陵王蕭子良以「仲將之墨，一點如漆」稱讚韋誕墨的優良品質。

後魏賈思勰在《齊民要術》中講了製墨的方法：

> 好醇煙搗訖，以細絹篩於缸內。篩去草芥，若細沙塵埃。此物至輕微，不宜露篩，喜失飛去，不可不慎。墨麴一斤，以好膠五兩浸梣皮汁中。梣，江南樊雞木皮也；其皮入水綠色，解膠，又益墨色。

〔註27〕 轉引自〔宋〕黃易簡著，石祥編著：《文房四譜》，中華書局，2011 年，第 234 頁。

> 可下雞子白，去黃，五顆。亦以眞珠一兩，麝香一兩，別治細
> 篩，都合調。下鐵臼中，寧剛不宜澤；擣三萬杵，杵多益善。
>
> 合墨不得過二月、九月，溫時敗臭，寒則難乾，潼溶，見風自
> 解碎。重不得過三二兩。墨之大訣如此，寧小不大。〔註28〕

這個製墨的大致方法爲將取好的煙通過細篩去雜質，然後加進蛋白、梣皮、麝香等黏合劑，一起放進鐵臼中，不能有太多水，在稍微乾一點的時候用杵擣。

梁代的冀公是製墨名家，他在《墨法》中講了增香增色的方法。

> 松煙二兩，丁香、麝香、乾漆各少許，以膠水溲作挺，火煙上
> 薰之，一月可使。入紫草末色紫，入秦皮末色碧，其色俱可愛。〔註29〕

松煙是製墨的上等材料，松煙的提取也是比較講究的。首先要將松樹的根部鑿一個小孔，用小燈炙烤，使膠香流盡，然後再砍伐，如果松香沒有流乾淨就去燒煙製墨的話，就會沉有雜質。然後用竹篾做一個長條形的小篷，在小篷中分節，弄些小孔出煙，將松樹砍成小段放入燃燒，等燃燒殆盡冷卻之後去取煙，最好的煙是靠近尾部的一二節的清煙，中段的是混煙，也可以做墨料，頭一二節部分只取表面的煙子，去掉雜質後可以細研製墨印書，其餘部分的煙可以爲漆工提供原料。印刷書籍用的頭一二節粗煙，加入酒、膠等配料，放入缸中浸泡三四年，經過幾個寒暑，待其中的臭味消除。印刷前要用水攪勻，再用馬鬃尾特製的篩子過濾，才能印書。放置的時間越長，著色越好，新墨印書容易跑墨，導致漫漶不清。

除了用松煙製墨，後來逐漸用油燃燒取煙，製作油煙墨。製墨的油有動物油、礦物質油和植物油。其種類有魚油、豬油、石油、大豆油、桐油、芝麻油、菜籽油等。唐宋時期，油煙墨比較普及。油煙墨比松煙墨要透亮，色澤比松煙墨亮麗。

唐代著名的李廷珪墨，其原材料有牛角胎、皂莢、梔子仁、魚膠、煤等。

> 牛角胎三兩，洗淨細剉，以水一斗，浸七日；皂角三挺；煮一
> 日，澄取清汁三斤。入梔子仁、黃蘗、秦皮、蘇木各一兩，白檀半
> 兩，酸榴皮一枚，再浸三日，入鍋煮三五沸，取汁一斤；入魚膠二

〔註28〕 轉引自錢存訓著，鄭如斯編訂：《中國紙和印刷文化史》，廣西師範大學出版社，2004年，第222頁。
〔註29〕 〔宋〕黃易簡著，石祥編著：《文房四譜》，中華書局，2011年，第247頁。

兩半，浸一宿，重湯熬熱，入綠礬末半錢同濾過，和煤一斤。〔註30〕

　　明代宋應星在《天工開物》中記載了燒油製墨的方法：將桐油、豬油或者清油等放入很多盞燈中，分別點燃，在油燈上用鐵蓋子擋住收集油煙，一個人可以照顧二百盞燈的油煙收集，鐵蓋表層的煙用鵝毛刷輕輕刷下就可以，這一層屬於製墨的上等原料，在深層的煙就需要用力刮下，這是品質差一點的油煙。一斤油燒完之後只能得到一二兩上等油煙。〔註31〕

　　宋代製墨比較著名的有張遇、潘谷等。張遇製墨的原料是油煙、樟腦和麝香等，並摻有金箔，形狀像小金幣。他製作的墨在當時屬於貢品。「靖康之變」之後，金朝從宋廷中獲得不少張遇的墨，金朝嬪妃們用這些「麝香小御團」畫眉毛，這說明他製作的墨品質非同一般。潘谷是宋代元祐時期的人，他製作的墨捶搗次數多，含膠適宜，墨塊遇水不散。「樞庭東閣」「九子墨」「狻猊」「松丸」等名墨都出自他的手，號稱「墨中神品」。蘇軾在《孫莘老寄墨四首》詩中記載：「徂徠無老松，易水無良工。珍材取樂浪，妙手惟潘翁。魚胞熟萬杵，犀角盤雙龍。墨成不敢用，進入蓬萊宮……」宋朝製墨有名的還有蘇澥、潘衡、沈珪、蒲大韶等人。可見，宋代的製墨技術已經相當成熟。

第三節　宋代社會的文化發展促進書籍刊刻

　　北宋（960～1127）的時間跨度爲 168 年，南宋（1127～1279）的時間跨度爲 157 年，兩宋共計 320 多年，這段時期書籍刊刻進入繁盛時期。據統計，兩宋當時刊刻的書籍有數萬部，現在國內外保存下來的有 1000 部左右〔註32〕。

　　北宋時期刊刻的書籍以佛教、經、史類爲主，北宋太平興國八年（983）在成都刊刻了《開寶藏》，用硬黃紙刷印，卷軸裝，一共有 1076 部，分爲 5048卷 480 函，這算是宋代刊刻的第一套大型叢書了。後來在杭州翻刻了五代的《九經》，之後又刊刻了十二經正義，比如周公彥的《儀禮疏》《周禮疏》《公羊傳疏》和楊士勳的《穀梁傳疏》等。在福建建寧地區於元豐（1078～1085）年間刊刻的《萬壽大藏》，有 6400 多卷，也算是大型叢書了。

〔註30〕　〔明〕沈繼孫，〔宋〕李孝美：《墨法集要 墨譜法式》，浙江人民美術出版社，2013 年。
〔註31〕　〔明〕宋應星著，潘吉星譯注：《天工開物譯注》，上海古籍出版社，2008 年，第 239 頁。
〔註32〕　參閱張秀民：《中國印刷史》，浙江古籍出版社，第 44 頁。

在北宋開國初期至 1034 年間，國子監和崇文院刊刻了不少字書和韻書，如《說文解字》《集韻》《玉篇》《禮部韻略》等，同時還刊刻了不少史書和醫書，比如《三國志》《晉書》《隋書》《唐書》《資治通鑒》《太素》《脈經》等。也刊刻了《齊民要術》《四時纂要》等農學和九種算經。

北宋刊刻的書籍，由於戰亂、自然災害等原因，保留下來的很少。據黃永年先生介紹，傳世比較可信的只有北宋景祐年間刊刻，南宋初年補刻的《百衲本二十四史》之《漢書》、十行本《史記》、《後漢書》，以及十四行本《新唐書》等〔註33〕。

南宋刻書不像北宋以中央刻書爲主，形成了官刻、坊刻、家刻全面繁榮的局面。官刻的圖書主要由朝廷主持，程序規範，製作精良。一般由東京開封府的國子監負責，還有其他的一些機構也刻書，如崇文院、太史局、秘書監、左司廊局、德壽殿等。國子監刊刻的書籍被稱爲「監本」，這些「監本」中，有很多是發到其他地方刊刻的。《玉海》卷四三「藝文」記載，《周禮疏》、《孝經正義》等「直講王煥就杭州鏤板」。《天祿琳琅書目》記載，《新唐書》「奉旨下杭州鏤板頒行」。

南宋時期全國已形成三大刻書中心，即杭州、成都、建陽。杭州的刻本被稱作「浙本」，成都的刻本被稱作「蜀本」，建陽的刻本被稱作「閩本」或者「建本」。

南宋的官刻書籍，包括地方政府用公家的錢刻的「公使庫本」，比如茶鹽司、轉運司等機構。官刻還包括個州學、郡學、軍學、縣學等機構刻書，還包括書院刻書和寺院刻書。家刻的書籍一般有標記某堂、某宅、某齋等文字的牌記。如福建廖瑩中的世綵堂、杭州陳家的經集鋪等。坊刻就是當時的書商刻書，這類書籍在末尾也有牌記，比如《文選五臣注》末尾刊載了「杭州貓兒橋河東岸開箋紙馬鋪鍾家印行」，《寒吐寒山子集》的末尾刊載了「杭州錢塘門裏車橋南大街郭宅紙鋪印行」等文字，顧千里在《思適齋集》卷十、《重刻古今說海序》中說：

> 南宋時，建陽各坊，刻書最多。惟每刻一書，必倩雇不知誰何之人，任意增刪換易，林立新奇名目，冀以衒賣，而古書多失其眞。
> 〔註34〕

〔註33〕黃永年：《古籍版本學》，江蘇教育出版社，2009 年，第 63 頁。

〔註34〕轉引自上海新四軍歷史研究會印刷印鈔分會編：《裝訂源流和補遺》，中國書籍出版社，1993 年，第 239 頁。

坊刻的書籍，有些書商唯利是圖，刊刻的書質量很差。他們隨意編纂、修改書籍內容，錯漏百出，爲後來研究學術之人所痛恨。當然，也有校勘與刊刻質量都不錯的書籍，比如孝宗淳熙初臨安書坊刊刻的《皇朝文鑒》120 卷，婺州（今浙江金華）刊刻的鄭玄注《周禮》12 卷，建安府余仁仲萬卷堂刊刻的《禮記注》，劉日新宅三桂堂刊刻的《童溪王先生易傳》30 卷，還有四川眉山書坊刊刻的《冊府元龜》等。宋代書籍刊刻之所以繁盛，有以下幾個方面的原因。

一、佛教的發展促進書籍刊刻

公元前 6 世紀至公元前 5 世紀，西方古北印度迦毗羅衛國（今尼泊爾南部）的釋迦族淨飯王之子釋迦牟尼創立了佛教。公元前 3 世紀，印度阿育王統治時期的孔雀王朝，佛教極爲繁榮昌盛，基本處於國教地位。阿育王利用佛教派遣佛教徒分南、北兩個方向向外傳播，以此鞏固統治，對外擴張。南傳的路線，經過斯里南卡傳至東南亞和我國西南的少數民族地區，以小乘佛教爲主；北傳佛教則以大乘爲主，分兩路傳入我國，一路經過我國古代稱爲西域的中亞細亞地區傳入內地，另一路傳入我國西藏地區，形成藏傳佛教。據記載，眞正將佛教傳入我國的時間爲兩漢之際（約公元 1 世紀）。范曄《後漢書‧西域傳》載：「世傳明帝夢見金人，長大，頂有光明，以問群臣。或曰：『西方有神，名曰佛，其形長丈六尺而黃金色。』帝於是遣使天竺問佛道法，遂於中國圖畫形象焉。」另外，《魏書‧釋老志》也記載：「（西漢）哀帝元壽元年，博士弟子秦景憲受大月氏王使伊存口授《浮屠經》。」〔註35〕口授《浮屠經》，主要講述佛陀的生平。《後漢書‧楚王英傳》記載，東漢初年，楚王劉英「誦黃老之微信，尚浮屠之仁祠」。漢明帝也派人去西方取經，將小乘佛經的摘錄著作《四十二章經》帶回，並將其翻譯成漢文。

魏晉南北朝時期，佛教得到長足的發展，這一時期，建業、洛陽、長安、涼州、廬山成爲佛教的傳播中心。人們從講譯佛經逐步深入地研究佛經，講經和著述日益興盛，繼魏晉時期的般若空義學說（指一種能使人徹底解脫，達到最高境界的特殊智慧）之後，涅槃佛性學說（指擺脫人間諸多煩惱、熄滅生死輪迴之後的精神境界）得到長足發展。南朝的竺道生（355～434）傳

〔註35〕 轉引自馮天瑜、何曉明、周積明：《中華文化史》，上海人民出版社，2010 年，第 320 頁。

授「一切眾生，皆有佛性」「頓悟成佛」的理論，產生了很深遠的影響。南朝的宋文帝和梁武帝特別提倡這一理論。除了北魏太武帝（446）和北周武帝（574）曾兩次發起滅佛事件外，這段時間的統治者都崇拜佛教，積極建造寺廟，形成了以經營土地為中心的寺院經濟，並且在朝廷的官僚制度之外，形成了比較完備的僧侶制度，同時也修建了雲岡、龍門等著名的石窟。南北朝時期翻譯的佛經，數量非常可觀，寫經風氣日益濃厚。現列表如下：

表1　南北朝時期譯經情況〔註36〕

經錄名稱		歷代三寶記	大唐內典錄	開元釋教錄	貞元新定釋教目錄
南朝	宋	210 部 490 卷	210 部 496 卷	465 部 717 卷	465 部 717 卷
	齊	48 部 341 卷	47 部 346 卷	12 部 33 卷	12 部 33 卷
	梁	88 部 875 卷	90 部 780 卷	46 部 201 卷	47 部 217 卷
	陳	50 部 247 卷	50 部 247 卷	40 部 133 卷	40 部 133 卷
南朝譯經總數		396 部 1953 卷	397 部 1869 卷	563 部 1084 卷	564 部 1100 卷
北朝	魏	87 部 355 卷	87 部 302 卷	83 部 274 卷	83 部 274 卷
	北齊	8 部 53 卷	8 部 53 卷	8 部 52 卷	8 部 52 卷
	北周	34 部 106 卷	32 部 104 卷	14 部 29 卷	14 部 29 卷
北朝譯經總數		129 部 514 卷	127 部 459 卷	105 部 355 卷	105 部 355 卷
南北朝譯經總數		525 部 2467 卷	524 部 2328 卷	668 部 1439 卷	669 部 1455 卷

經書的書寫者有梁朝劉慧斐、北魏馮熙、馬天安、令狐世康、令狐禮太、曹清壽等人。據《梁書・劉慧斐傳》記載，他工篆隸，「手寫佛經二千餘卷，常所誦者百餘卷」。據《魏書・馮熙傳》記載，馮熙「為政不能仁厚，而信佛法，自出家財，在諸州鎮建佛圖精舍，合七十二處，寫一十六部一切經」。

隋唐時期，佛教進一步發展。隋文帝在開皇十一年（591）下詔：「朕位在人皇，紹隆三寶，永言至理，弘闡大乘。」據統計，唐代一共翻譯了 372 部 2159 卷佛經。其中玄奘譯經 75 部 1335 卷，義淨譯經 61 部 260 卷，不空譯經 104 部 134 卷。〔註37〕除了玄奘、義淨、不空、金剛智、道因、法琳等

〔註36〕轉引自任繼愈主編：《中國佛教史》，第三卷，中國社會科學出版社，1985 年。
〔註37〕中國佛教協會：《中國佛教》，第一冊，《中國佛教史略・唐代佛教》，知識出版社，1989 年。

法師譯經外，還有當時的士大夫也參與譯經活動，如于志寧、許敬宗、來濟、蘇進、陸象先、張說等人。將經書翻譯過來後，政府多次安排抄寫，比如，唐貞觀年間就安排了七次抄寫《大藏經》，據記載〔註38〕：

唐貞觀五年（631），唐太宗「敕法師玄琬於苑內德業寺為皇后寫佛藏經，又於延興寺更造藏經，並委琬監護」，抄寫兩部《大藏經》。

唐貞觀九年（635），智通奉敕抄《大藏經》。

唐貞觀十年（636），高祖第十三子鄭王李元懿抄寫《大藏經》三千卷。

唐貞觀十一年（637），太子李治於延興寺寫《一切經》（即《大藏經》）。

唐太宗貞觀十六年（642），敕「為穆太后寫佛《大藏經》，敕選法師六人校正」。

唐太宗貞觀十七年（643），新羅僧慈藏回國，齎《大藏經》一部。

唐太宗貞觀二十三年（649），新羅普耀禪師回國，齎《大藏經》一部。

除此之外，唐太宗還下令抄寫《遺教經》，五品上官員和諸州刺史每人一冊：

> 《道教經》者，是佛臨涅槃所說，誡勸弟子，甚為詳要，末俗緇素，並不崇奉。大道將隱，微言且絕，永懷聖教，用思宏闡，宜令所司，差書手十人，多寫經本，務在施行。所需紙筆墨等，有司准給。其官宦五品以上。及諸州刺史，各付一卷。〔註39〕

據李邕撰寫的《清涼寺碑》記載，天寶七年（748），楊貴妃兄臚卿楊銛為唐玄宗寫《一切經》5048 卷、《般若四教天台疏論》2000 卷，置於五臺山清涼寺。

在官方抄寫的過程中，這些活動由經坊完成，這個機構由寫手、裝潢、校對、詳閱、主管、監造等人組成，寫手有專業的書工，也有專門抄經的經生，寺院的僧人寫經活動也很多。唐玄宗在開元二年（714）下詔《禁坊市鑄佛寫經詔》，民間如有需求，可以去寺院求助僧人，禁止民間寫經〔註40〕：

> 佛教者，在於清淨，存乎利益。今兩京城內寺宇相望，凡欲歸依，足申禮敬。下人淺近，不悟精微，睹菜希金，逐焰思水，浸以

〔註38〕　參閱張遵騮：《隋唐五代佛教大事年表》，范文瀾：《唐代佛教》附錄，人民出版社，1979 年。《大正藏》卷 49、卷 55。

〔註39〕　《全唐文》卷 9《佛遺教經施行敕》。

〔註40〕　《全唐文》卷 26。

流蕩，頗成蠹弊。如聞坊巷之內，開鋪寫經，公然鑄佛，口食酒肉，手漫羶腥。尊敬之道既虧，慢狎之心斯起。百姓等或緣求福，因致飢寒。言念愚蒙，深用嗟悼。殊不知佛非在外，法本居心。近取諸身，道則不遠，溺於積習，實藉申明。自今已後，禁坊、市等，不得輒更鑄佛、寫經為業。須瞻仰尊容者，任就寺拜禮；須經典讀誦者，勒於寺取讀。如經本少，僧為寫供，諸州寺觀並准此。

寺院僧人的寫經，完全符合上述的「清淨」氛圍，寫經之前要做好幾項準備工作，《太平廣記》卷 109《曇韻禪師》記載，曇韻在抄寫《法華經》時「清旦食訖，澡浴，著淨衣，入淨室，受八戒，口含栴檀，燒香懸幡，寂然抄寫，至暮方出。明復如初，曾不告倦，及繕寫畢，乃至裝褫，一如正法」。有了政府的支持，僧人們譯經寫經方便了很多，寫經成為他們的日課，他們篤信「書寫一言，功超數劫」〔註41〕的信念，其寫經的數量是一個比較大的數目。麟德元年（664），玄奘在圓寂之際讓助手嘉尚抄寫經書 75 部 1335 卷。天寶初，湖州大雲寺子瑀和尚前後抄寫了 3 部《大藏經》，共 16000 卷。天寶元年（742），鑒真和尚抄寫了《一切經》3 部，各 11000 卷。

天祐三年（906），福州報恩定光多寶塔寫經「凡五百四十有一函，總五千四十有八卷，皆極剡藤之精，書工之妙，金軸錦帶，以為之飾」〔註42〕。

民眾對佛經也充滿了虔誠之心，將抄寫過程視為一種「功德」，以期祈福消災。在經書中關於也有相關的記載，認為寫經有五種功德：一如來憶念親近，二攝福德，三讚歎法及修行，四天等供養，五滅罪。民間有很多人抄寫《金剛經》《心經》《無量壽經》《法華經》《陀羅尼經》等。姚待就為其母抄寫《金剛經》一百部；括州刺史任義方，用自己的俸祿請人抄寫《金剛經》一千多部。同時，當時的著名書法家也參與書寫，鍾紹宗曾寫《輕論聖王經》《維摩詰經》；柳公權寫過《清靜經》《金剛經》《心經》。蕭瑀為了給《法華經》作注，採用過十多家注疏，他的兄弟蕭璟一生誦讀《法華經》一萬多遍，請人抄寫《法華經》1000 多部。

在《敦煌遺書》中，民眾抄寫得最多的是《妙法蓮華經》《金剛經》《觀音經》《佛說阿彌陀經》《大般涅槃經》等，抄寫人員有經生彭楷、郭德、王思謙等人，還有不是專門從事經生的寫手程君度、蔡義哲、楊文泰、馬元禮等。

〔註41〕 《法苑珠林》卷 17《敬法篇‧述意部》。
〔註42〕 《全唐文》卷 825《大唐福州報恩定光多寶塔碑記》。

　　佛教對書籍的需求量日益增長，靠抄經很難滿足民眾的需求，迫切需要操作更加簡便，成本低，能複製更多書籍的方法，雕版印刷便應運而生。宋代先後 6 次刊刻過大宗佛教文獻《大藏經》，其規模遠遠超過官修的大型類書，其他的書籍也刊刻了很多，例如僧贊寧的《宋高僧傳》，禪宗「五燈」的傳記、語錄，天台宗的《佛祖統紀》《釋門正統》等，刊刻數量都非常可觀，同時還有卷數多的《禪院瑤林》《緇林古鑒》以及《隆興佛教編年通論》《歷代編年釋氏通鑒》等，都進行了上規模的刊刻，佛教大規模發展，相關書籍的刊刻也跟隨發展起來。

　　除了佛教，社會上也有道教、儒家經典書籍的複製要求，比如《大宋天宮寶藏》《萬壽道藏》等也進行了刊刻，而儒家的最早印刷品是後唐長興三年（932），但比佛教的最早印刷品晚了近二百年，可以說佛教書籍的刊刻數量超過了道教和儒家典籍，在當時的刊刻書籍總量中佔有相當高的比例。

二、朝廷的文化政策促進書籍刊刻

　　公元 960 年元旦，趙匡胤在陳橋發動兵變，推翻了後周的政權，建立了宋朝。自此至 1276 年南宋滅亡，兩宋跨越了 310 年的時間。北宋歷 9 朝 167 年，南宋歷 9 朝 143 年。現在流傳下來的北宋刻本比較少，能看到的大部分是北宋末年刊刻的書籍，北宋建立之初，由於多年的戰亂，社會生產活動遭到嚴重破壞，經濟萎靡不振，百姓生活每況愈下。統治階層爲了穩固自己的統治，改變無序的社會狀態，採取了一系列措施。提倡「重文輕武」的風氣，改革科舉考試制度，讓更多的貧寒學子有入仕的機會。

　　統治階級認識到唐末以來藩鎮割據勢力的巨大危害，加強中央集權，把原來由武官任職的地方高級官員改由文官擔任，推行「文人政治」，對士大夫不殺少辱。同時，把原來由地方上任命的縣級以上的官員改由朝廷任命，將地方上的精兵編入禁軍，將地方財政歸入朝廷專門機構管轄。政治機構分爲政事、軍務、財政三大系統，由中書省管理政事，執政官員爲「平章事」，但他不能獨攬軍、政大權，另設樞密院管理軍事，其行政官員爲樞密使，由文人任職，直接聽從皇帝指揮，將禁軍另分爲三個系統，各自都有統帥，分別爲殿前都指揮使、侍衛軍指揮使、步軍都指揮使，各自負責所在禁軍的管理和訓練。《宋史》卷一六五《官職二》記載：「（樞密院）掌軍國機務、兵防、編備、戎馬之政令，出納密令，以邦佐治。」設立三司，由三司管理財政。

單獨設立御史臺，負責對朝廷百官的監察，實現了中央對地方的主要控制，有些機構之間能互相牽制，避免權力過於集中而對朝廷構成威脅。這些舉措，在加強集權統治的同時，將文人的地位大幅度提高。宋太祖曾對他的近臣趙普說明其用意，重用儒臣分治各藩是比較理想的方法，即使一百個儒臣都去貪污，也比不上一員武將作亂的後果嚴重。文人在社會生活中的地位提高了，勢必引起廣泛習文的風氣，文人都嚮往科舉。《容齋四筆》卷五《饒州風俗》記載：「為父兄者，以其子與弟不文為咎，為母妻者，以其子與夫不學為辱。」

宋以前的國家取士途徑，經歷了兩漢時期的薦舉制度、魏晉南北朝的九品中正制以及隋唐的科舉制三個階段。

薦舉制，就是由朝廷的公卿大臣後者州郡官員，向朝廷推薦人才的制度，也叫察舉制，漢文帝時「賢良方正能直言極諫」就能做官，以後逐漸增加科目，陸續設置了孝廉、賢良方正、賢良文學、秀才、明經等察舉內容。這些科目分為兩大類，一類為賢良、秀才、明經等，除了要求有一定的才學、精通儒家經典外，舉薦後還要通過策試才能做官；另一類是孝廉，不舉行考試，但要具備孝悌廉潔的品行，這一類要求比較嚴格，最初被舉為孝廉的士人很少。但到了東漢晚期，政治黑暗，官僚腐敗，舉秀才、孝廉幾乎成了少數豪門地主的取官之道，弄虛作假的現象越來越多。

九品中正制，是伴隨著魏晉時期的門閥勢力膨脹發展形成的，士族豪強將士人按照門第分為九等，以便豪門子弟能夠「平流進取」，坐享高官厚祿。這種制度，並不是完全取消察舉制，而是增加門第限制，將考生範圍縮小，考試流於形式，可以說，這是一種畸形的薦舉制。清代趙翼在《廿二史札記》卷八中就九品中正制發表精闢的看法：「所謂上品無寒門，下品無勢族，高門華閥，有世及之榮；庶姓寒人，無寸進之路。選舉之弊，至此而極。」

到了隋代，隋文帝正式廢除九品中正制，有效地壓制了門閥勢力，為科舉制度的實施奠定了基礎，朝廷強調德、才舉人，但士人們入仕仍然需要官員「採訪」舉送，沒有完全按照科舉考試的「投牒自進」方式進行。

唐初的科舉考試分為制舉和常舉兩種，制舉是由皇帝親自選拔，天寶六年（747），唐玄宗「詔天下士有一藝者得詣闕就選」，但受到奸相李林甫的阻攔，最終沒有人及第，李林甫還上表說「野無留才」。進士科與明經科幾乎每年都要舉行考試，故稱「常舉」，其考試一般分為初試和省試兩個階段進行。初試主要確定參加省試考生名單，其考生構成有國子監所屬的六學（國子學、

太學、四門學、律學、書學、算學）、門下省所屬的兩館（弘文館、崇文館）以及全國州、縣學的學生，這部分考生統稱爲生徒；還有一部分不在校在讀的地方士人考生，稱之爲鄉貢。每年年末，各類學校將課業合格的生徒舉薦到尚書省，而地方士人參加所在州、縣的初試，合格後發一張「文狀」，將通過者舉薦到京師。這些入圍者參加次年春季舉行的省試，省試由禮部侍郎主持，所以這次考試也稱禮部試，最後由尚書省放榜，中者是爲及第。唐代科舉，是一種資格考試，士子們科考中第後不直接授官，只是取得做官的資格，還要進入國子監繼續學習，三年後上報尚書省，由吏部組織考試，合格後才能爲官。唐代著名文學家韓愈，先後四次參加考試，直到貞元八年（792）才登進士第，取得了做官資格。但之後連續三次參加吏部考試，多次考試不合格，他曾幾次上書宰相要求做官，最終無果。他在《與李翱書》講道：「僕在京八九年無所取資，日求於人以度時月。當時行之不覺也，今而思之，如痛定之人思當痛之時，不知何能以自處也。」〔註43〕

　　唐初的科舉考試多少還有察舉制的痕跡，公卿大臣可以「公薦」舉人，考場請託成風，取捨非人現象普遍，寒門子弟很難及第，很多屢試不中的寒士不由地發出「空有篇章傳海內，更無貴親在朝中」〔註44〕的歎息。這樣的感慨，完全是迫於無奈，唐代的科舉試卷不糊名，主考官在閱卷時能看到姓名，除了要求考試成績外，還要看考生平日的文章和聲譽，這樣就導致暗箱操作的空間很大。考生在考試之前必須找關係託請有名望的權貴名人投獻自己的文章，當時被稱作「投卷」，向禮部投獻的稱「公卷」，向權貴投獻的稱「行卷」，考生們在考試之前四處叩拜公卿，美其名曰「求知己」，爲了高官厚祿，表現出各種諂媚，讀書人在權貴面前顏面盡失。

　　北宋時期，統治階級認識到科舉考試的諸多弊病，實行了比較大的改革，實行殿試制度，規範考試程序。宋初，科舉考試基本按照唐、五代的舊制進行，到了宋太祖後期，取士人數增多，他怕成批的新進士與當朝大臣勾結，尤其是與知貢舉結緣，重蹈唐朝朋黨結盟的覆轍，出臺了一系列措施，如禁止結成座主、門生關係，嚴禁朝臣「公薦」舉人，加強對禮部奏名進士的復試等。開寶五年（972），太祖對新進士進行考核後再公佈。開寶六年（973），翰林學士李昉知貢舉，進士徐士廉控訴李昉取捨不當，建議再舉行殿試，皇

〔註43〕　〔唐〕韓愈：《韓昌黎文集》卷三。
〔註44〕　〔唐〕杜荀鶴：《唐風集》卷中《投從叔補闕》詩。

上採納了他的建議，登講武殿復試已中及未中進士、諸科 195 人，得 127 人，都被賜予高第，「昉所放，退落者十人」，「御試舉人自此始也」。〔註 45〕太祖覺得殿試能消除科舉中的很多弊病，躊躇滿志地說：「向者登科名級，多爲世家所取，致塞孤寒之路，甚無謂也。今朕躬親臨試，以可否進退，盡革疇昔之弊矣。」〔註 46〕

在宋太宗淳化三年（992），蘇易簡知貢舉，他實行了一些防止作弊的措施，主考官進入貢院以後，規定不能與外界聯絡，將貢院「鎖院」。在眞宗（998～1022）初年，規定所有科舉試卷都糊上名字，考官不知道試卷考生的名字。凡是公開舉薦或者考官提前先定錄取考生的，一律視爲非法，完全憑考生的試卷答題水平錄取。眞宗景德四年（1007），朝廷制定了《考校進士程序》和《親試進士條例》，對殿試的試卷彌封、謄錄 〔註 47〕 等做了明確的規定。在大中祥符八年（1015）設立專門的謄錄院，將試卷運送至謄錄院進行謄錄後再進行閱卷。這樣就將唐代以來的投狀、薦士等錄取的隨意性做法以及以前的作弊方式都進行了清理。

在宋太宗時期（976～997），錄取的進士和諸科人數，已經是唐代的幾倍甚至是十幾倍。考試的次數也增多，比如宋仁宗在位（1023～1063）的 40 年間實行了 13 次考試，幾乎是每三年一次，之後在宋英宗時期規定爲「禮部三歲一貢舉」，逢辰、未、戌、丑年進行，這種制度一直被後來的朝代沿用，直到科舉考試廢除。南宋時期的科舉錄取人數比北宋更多，每科錄取的進士都在 500 人以上，加上其他通過特奏名等錄取的，每科總數能達到 1000 人。特別是寧宗嘉泰二年（1202），應試者達到了 38000 人。理宗寶慶二年（1226），皇帝龍興的首科，錄取進士達到 998 名，這些考生人數和錄取人數，都突破了歷次科舉考試的規模。考生的規模大，考試所需要的書籍刊刻發展迅速。從宋神宗熙寧四年（1071）開始，罷詩賦、帖經、墨義，改爲以經義取士。據《宋史‧選舉志》記載，「試義者需通經、有文采乃爲中格，不但如明經、墨義粗解章句而已」，進士科以詩賦爲主，追求文章的文采和新奇；明經科主要考核帖經、墨義。帖經與現代考試的填空題相似，出題的人將經書中一部

〔註 45〕 李攸：《宋朝事實》卷一四《科目》。
〔註 46〕 《資治通鑑長篇》卷十六，開寶八年二月戊辰條。
〔註 47〕 謄錄，就是朝廷指定專門的人將試卷抄錄一遍後再送給考官閱卷，這樣就杜絕了考生作弊的途徑。北宋最早在眞宗景德四年（1007）實行謄錄製度，到大中祥符八年（1015），這種制度趨於完備。

分字遮住，應試者將缺的幾個字默寫出，算是答對，考試一經要考十帖，答出六帖以上算是合格。墨義則要求考生將某處的經文連同注疏都默寫出來，考官出十道經文注釋題，答對六道題算是合格。這些詩賦、帖經、墨義的考試被經義取代後，經義書籍的發展很迅速。清代《四庫全書》中收集的宋代人說經、解經的書籍有 185 部，其中《易經》的單書就有 56 部，《春秋》次之，《書》《詩》又次之〔註48〕。

三、圖書市場的繁榮促進書籍刊刻

古代城市，由起初的城堡，進而發展為都邑，然後到城市的發展脈絡。在早期，城堡是君王的居住地，附加一些相關的設施，沒有民眾居住其中。後來逐漸在城堡周圍聚集一些民眾，有了老百姓的居民區，有了工匠和做生意的商人，滿足人們的日常需要。這時候的商業，都是比較鬆散的，沒有聚集。人多了以後，為了對外防禦和加強管理，君王修築了內城和外郭，外郭不是完全的居民區，居民區沒有商業設施，而是具有軍事意義的防禦工事。之後，為了更好地控制民眾，在城郭的基礎上設置了城坊制度。唐代中晚期，城坊制度逐漸瓦解，手工業、商業和城市之間的隔閡逐漸消融，逐漸形成了城市。

宋代的市場發達，是宋代經濟發展的一大特色。宋以前，朝廷的宮殿、皇家寺廟、駐兵場所佔據了城市的主要部分，行政功能是城市的主導，老百姓的居民區（里、坊）和商業區（市）處於城市的附屬地位。將生活區與商業區分開，很難形成固定的市場。宋代打破了以往的格局，居民區和商業區融合。到了北宋中期，傳統的市制被打破，形成了具有一定規模的市場體系。在城市市場形成初期，商販們將同類商品進行聚集，朝廷也逐漸介入市場的管理。宋代的市場主要有兩種模式：一種是固定區域的集市，比如在城市裏面的沿街開設店鋪，這樣就容易形成有特色的商業街區。另一種是規定開放時間的定期集市。

除了大城市有市場，一般的州縣都有州市、縣市。據南宋《臨汀志》記載，長汀縣、寧化縣、清流縣、蓮城縣、上杭縣、武平縣等都有縣市〔註49〕。

〔註48〕 張秀民著、韓琦增訂：《中國印刷史》，浙江古籍出版社，2006 年，第 72 頁。
〔註49〕 《永樂大典》（殘本），卷七八九〇「庚」字韻引南宋《臨汀志》「城池」，中華書局，1959 年影印本，第 86 冊，頁 7B、8A。

還有嘉興府的崇德縣，也有市的記載：「語兒市在縣東南，隔運河三百步，後均爲縣市矣。縣市，即古義和市也。」〔註50〕

　　同時，在一些鎮也有鎮市，比如，秀州青龍鎮就有市舶機構，商業比較發達。官府在受福亭前的空地，鋪上磚頭，建成鎮市，方便老百姓從事商貿活動。

　　　　市木於海舟，陶埴於江濱，自舶司右趨北建拱辰坊，盡拱辰坊
　　創益慶橋，橋南鑿井築亭，名曰受福，亭前曠土，悉甃以磚，爲一
　　市闌闠之所……〔註51〕

　　在宋代的農村也有墟市，就商業本質來說，農村的墟市與城市的大市場沒有太大的區別。農村的墟市，主要服務於鄉下居住人的生活之需，輻射範圍沒有城市的大，物資少，流動人口也相對少一些。有時候農村人需要到城裏購買生活物資。范成大在《夔州竹枝歌》記載：「瘦婦趁墟城裏來，十五五市南街。行人莫笑女粗醜，兒郎自與買銀釵。」〔註52〕

　　宋代的圖書市場，主要集中在刻書比較多的地方。國子監不但刻書，同時也賣書，國子監的書比市場上的要便宜，只收成本費用。「雍熙三年（986），敕新校定《說文解字》牒文……仍令國子監雕爲印板，依《九經》書例，許人納紙墨價錢收贖。」〔註53〕《說文解字》是考試用書，國子監刊刻的目的顯然不是爲了掙錢，更多的是「恐失其原流」，起到「補正闕漏」的作用。周密的《齊東野語》也記載了考試的學生們利用進京的機會購買國子監的書，浙江吳興東林的沈君與「及而擢第，盡買國子監書以歸」。地方各級政府的官員，通過不同的形式籌錢刊刻書籍，有一部分人出於盈利目的。嘉祐四年（1059），蘇州太守王琪家裏收藏了《杜工部集》，他發現了商機，「人間苦無全書」，就動用公款將這部書刊刻了一萬部，「每部爲直千錢，士人爭買之，富室或買十餘部，既償省庫，羨餘以給公廚」。〔註54〕他能將《杜工部集》刊

〔註50〕　徐碩：《至元嘉禾志》卷三《鎮市・崇德縣》，《宋元方志叢刊》第5冊，中華
　　　　　書局，1990年，第4436頁。
〔註51〕　董楷：《受福亭記》，唐錦：《弘治上海縣志》卷五《建設志・堂宇篇》，上海
　　　　　書店，1990年，頁17A、18A。
〔註52〕　〔宋〕范成大：《石湖居士詩集》卷一六，轉自《范石湖集》上冊，上海古籍
　　　　　出版社，1981年，第220頁。
〔註53〕　葉德輝著，李慶西標校：《書林清話》，復旦大學出版社，2008年，第38頁。
〔註54〕　〔明〕陳繼儒：《太平清話》，商務印書館，1936年。

刻一萬部售賣，說明人們對杜詩的喜愛，更說明當時圖書市場的繁榮。北宋張擇端的《清明上河圖》，用風俗畫的形式表現了汴京開封的繁榮景象和社會各階層的活動場景，裏面就畫了名爲「集賢堂」的書鋪，畫面的書鋪內擺滿了書籍，店主站在櫃檯後面與客人交談。

　　汴京是北宋時期的首都，當時有個相國寺，院落比較大，能容納上萬人，寺門前是一個碼頭，交通方便，成爲當時著名的集市。著名詞人李清照也常和她的丈夫趙明誠來此購書，《金石錄後序》記載：「每朔望謁告出，質衣取半千錢，步入相國寺……遇書史百家，字不刓闕，本不訛謬者，輒市之，儲作副本。」孟元老也有記載：「殿後資聖門前，皆書籍、玩好、圖畫及諸路罷任官員土物、香藥之類」。〔註55〕「鄉人上官極，累舉不第，年及五十方得解，赴省試，遊相國寺，買詩一冊。紙已薰晦，歸視其表，乃五代時門狀一幅。」〔註56〕在相國寺流傳著售賣書籍的趣聞，穆修（979─1032）積極倡導韓愈、柳宗元的古文運動，自己刊刻了韓愈、柳宗元的詩文，他性格比較剛直，在賣書時問買書的人是否能誦讀韓愈、柳宗元的文章，能讀成句的，即送給他一本，不收書錢。宋人朱弁在《曲洧舊聞》中這樣記載：

　　　　穆修伯長，在本朝爲初好學古文者。始得韓、柳文集善本，大喜。……欲二家文集行於世，乃自鏤版鬻于相國寺。性亢直，不容物。有士人來還價，不相當。輒語之曰：「但讀得成句，便以一部相贈。」或怪之。即正色曰：「誠如此，修豈欺人者。」士人知其伯長者，皆引去。余猶笑其不達，夫欲賣則賣耳，何必問人能讀韓、柳文乎，更何必平白贈人，使人聞而引去也。〔註57〕

　　孟元老在《東京夢華錄》卷二《潘樓東街巷》記載：「每五更點燈博易買賣衣物、圖畫、花環、領襪之類，至曉即散，謂之鬼市子。」這個鬼市子成爲當時人們遊玩購物的好去處。《東角樓街巷》記載：「每日五更市合，買賣衣物、書畫、珍玩、犀玉。」〔註58〕

　　除了固定地點賣書，還有流動的商販負擔著圖書售賣。宋代左圭的《百川學海》記載：

〔註55〕〔宋〕孟元老：《東京夢華錄》，中州古籍出版社，2010年。
〔註56〕〔宋〕孟元老：《東京夢華錄》，中州古籍出版社，2010年。
〔註57〕〔宋〕朱弁：《曲洧舊聞》，引自〔宋〕李鷹：《唐宋史料筆記：師友談記·曲洧舊聞·西塘集耆舊續聞》，中華書局，2002年。
〔註58〕〔宋〕孟元老：《東京夢華錄》，中州古籍出版社，2010年。

近世印書盛行，而鬻書者往往皆躬自負擔。有一士人，盡掊其
家所有，約百餘千，買書將以入京。至中途，遇一士人取書自閱，
愛其書，而貧不能得。家有數古銅器，將以貨之，而鬻書者，雅有
好古器之癖，一見喜曰：「毋庸貨也，我將與爾估其值而兩易之。」
於是盡以隨行之書，換數十銅器，亟返其家。〔註59〕

買不起書的情況在落魄的文人中比較多見，以古銅器換書也是充分表明
寒門學子的無奈。還有一則記載流動售書商販，為宋真宗時期的楊億解難的
一件事：「楊大年（楊億），因奏對，偶及《比紅兒詩》，大年不能對，甚以為
恨。訪《比紅兒詩》，終不可得。忽一日鬻書者至，有小編，視之乃《比紅兒
詩》也。自此，士大夫始傳之。」〔註60〕

宋代商人的經營範圍很廣，例如江南的板橋鎮，「海商絡繹而來」「東則
二廣、福建、淮浙之人，西則京東、河北路之眾」經營範圍覆蓋千里之廣。
〔註61〕

宋代的刊刻技術成熟，隨著圖書市場的繁榮，朝廷開始對圖書市場進行
掌控，派專專人進行檢查。就是說，在圖書市場中並不是說什麼書都能賣，
在一定時期也有明文規定禁止售賣的書籍。不准售賣的書籍類型主要包括以
下幾個方面：

1. 禁止售賣「邊機文字」「會要」「實錄」「奏議」「敕文」等。這是由於
宋朝一直與北方的少數民族處於對立局面，有關國家政策的文字怕流入敵人
之手而禁止出版，這也是出於國家安全的考慮。蘇軾的弟弟蘇轍於元祐四年
（1089）出使遼國，在燕京（今北京）發現有自家的家譜，很多人還打聽他
哥哥蘇軾在朝廷處境的情況，他覺得這些人就是想打探宋朝的情報，再伺機
進攻。於是回來後向宋哲宗彙報了情況，朝廷隨即於元祐五年（1090）年發
佈禁書令：

凡議時政得失、邊事軍機文字，不得寫錄傳佈；本朝會要、實
錄，不得雕印，違者徒二年，告者賞緡錢十萬。內國史、實錄仍不
得傳寫；即其他書籍，欲雕印者，選官詳定，有益於學者方許鏤版，
候印訖，送秘書省，如詳定苤當，取勘施行；諸戲褻之文，不得雕

〔註59〕 〔宋〕左圭：《百川學海》，中國書店，2011年。
〔註60〕 周勳初主編：《宋人軼事彙編》，上海古籍出版社，2015年。
〔註61〕 《續資治通鑑長編》卷34。

印，違者杖一百。委卅縣監司、國子監覺察。〔註62〕

2. 日曆、天文圖讖、非佛道的宗教書禁止售賣。《宋史・職宮制》記載宋神宗熙寧四年（1071）發佈的詔書：「司天監印賣曆日，民間勿得私印。」在秘書省下設裏太史局，在太史局中設立印曆所，專門刊刻曆書。如果民間還有私自印賣曆書的就要處罰：「私自印賣曆日，杖一百。」同時，宋朝統治者對宗教特別敏感，主要原因是在建國初期就發生過方臘起義，這次起義就是靠明教徒的教唆發生的，所以不得售賣其他宗教的書籍。

3. 有一段時期禁售蘇軾、司馬光、黃庭堅等人的文集，禁售諸子百家以及其他有害於儒家經義的書籍。崇寧、大觀年間（1102～1110），朝廷的黨派矛盾加劇，蔡京查禁元祐學術書籍。在後來的宣和五年（1123）有一個禁令：

勘令福建等路，禁印造蘇軾、司馬光文集等。詔令後舉人傳習元祐學術。以違制論。印造及出賣者與同罪。著爲令，見印賣文集，在京令開封府、四川路、福建路、諸州軍，毀板。〔註63〕

朝廷除了禁止這些書籍外，比較荒唐的是，連陶淵明、李白、杜甫的詩文都覺得有害而加以禁止，覺得與儒家思想相背。民間對朝廷的禁令有時視而不見，在南宋時期，蘇軾和黃庭堅的文章都能賣到高價，「獨一貴戚家刻板印焉，率黃金斤，易坡文十，蓋書禁愈急。其文愈貴也」。〔註64〕

兩宋時期，國家政治、經濟、文化等方面發展迅速，商品經濟的發展帶動圖書市場的繁榮，很多從事書籍刊刻的商人從中看到商機，專門刊刻圖書售賣。圖書市場覆蓋城鄉，迎來了書籍刊刻發展的黃金時期。

小　結

關於書籍刊刻的起源時間，從討論中得知東漢時期一直到五代時期，唐以前都沒有見到刊刻的書籍實物，都是根據文字記載來判斷。從現存唐代刊刻的書籍來看，其刊刻的水平已經趨於成熟，宋代的書籍刊刻技術經歷了唐、五代的發展，已經達到很高的水平。技術本身的發展是書籍刊刻繁榮的內因，其他物質條件、朝廷政策和佛教等文化發展是外因。

〔註62〕〔清〕徐松：《宋會要輯稿》第 165 冊，中華書局，1957 年。
〔註63〕〔清〕徐松：《宋會要輯稿》第 165 冊，中華書局，1957 年。
〔註64〕楊萬里：《楊成齋集》卷八十三。

　　宋代的毛筆製作、紙張製造、墨的製作都具有相當的規模，特別是紙的製作，已經有麻紙、楮紙、藤紙、竹紙等很多種類，生產紙的小作坊很多，安徽、浙江、江西、四川等地生產的紙都有名，這些地方成爲刻書的集中地區。宋代製墨的技術也非常高，出現了一些製墨名家，如張遇、潘谷等人。在物質條件更加完備的情況下，書籍刊刻容易實現。

　　佛教、社會上崇文風尙和科舉的發展，以及圖書市場的活躍，促進了書籍刊刻的發展。佛經的刊刻是佛教事業的一項重要內容，宋代的佛經刊刻已達到相當驚人的數量；朝廷爲了鞏固統治，採取了一系列「抑武揚文」的措施，改革科舉制度可以讓貧民學子有機會走上仕途，引起社會尙文的風氣，圖書的需求量增大。宋代商品經濟不斷發展，圖書市場也隨著繁榮起來，商人們在有利可圖的情況下刊刻了大量的書籍。

第三章　宋代書籍刊刻使用的楷書字體 [註1]

　　宋代書籍刊刻的楷書字體是從唐五代時期過度而來的，在研究宋代書籍刊刻使用的楷書字體之前，先對唐五代書籍刊刻的楷書字體作一下回顧。

一、宋代以前的書籍使用的楷書字體

　　宋以前的圖書複製主要以抄書爲主，「傭書」是當時的特有現象，他們當時書寫的書籍，由於年代久遠而無法看到，現在只能看到少量的寫經。現存最早的寫經爲三國吳孫皓建衡二年（270）索統書寫的《太上玄元道德經卷》（圖 1），這種字體的結字相對比較寬博，橫畫和捺畫的收筆很重，直接將筆毫頓駐，形成很粗的筆劃。之後的寫經字體有所改變，沒有這樣誇張的筆劃，如南北朝時期抄寫的《大智度論卷》（圖 2），字體結構比較鬆散，基本上是平畫寬結。隋代抄寫的《妙法蓮華經》（圖 3），筆劃飛動，點畫生動，橫細豎粗，上緊下鬆，注重上下字之間的連貫，其結字方式爲斜畫緊結，中宮收緊。

　　《太上玄元道德經卷》這一類寫經風格跟隸書的結字方式相類似，《大智度論卷》這一類寫經與西晉時期的樓蘭殘紙有點相類似，筆劃自然出鋒，部首組合沒有斜插的筆劃。《妙法蓮華經》在二王楷書的基礎上進行了改造，將寬鬆的中宮收緊，內緊外鬆，在字形中有相對聚集的中心，內部的各種筆劃進行合理的穿插。這三種風格在唐人寫經中都有出現，但在書籍刊刻中很少發現。

〔註 1〕本書第三章、第四章關於宋代書籍的刊刻時間、地點等版本分析，綜合了以下書籍內容：中華再造善本工程編纂出版委員會：《中華再造善本總目提要（唐宋編）》，國家圖書館出版社，2013 年；李致忠：《宋版書敘錄》，北京圖書館出版社，1994 年；〔宋〕陳振孫撰，徐小蠻、顧美華點校：《直齋書錄解題》，上海古籍出版社，2015 年。

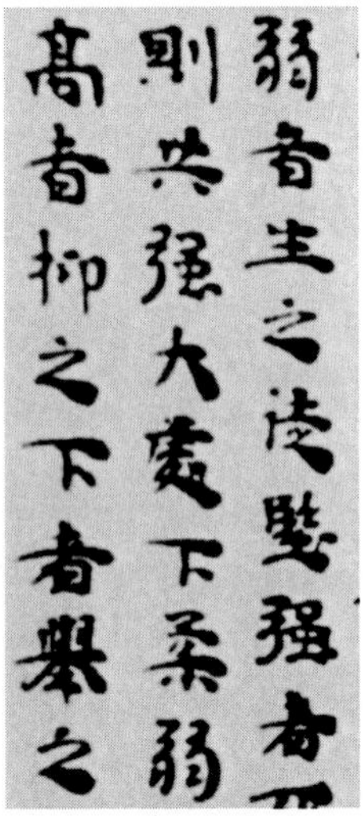

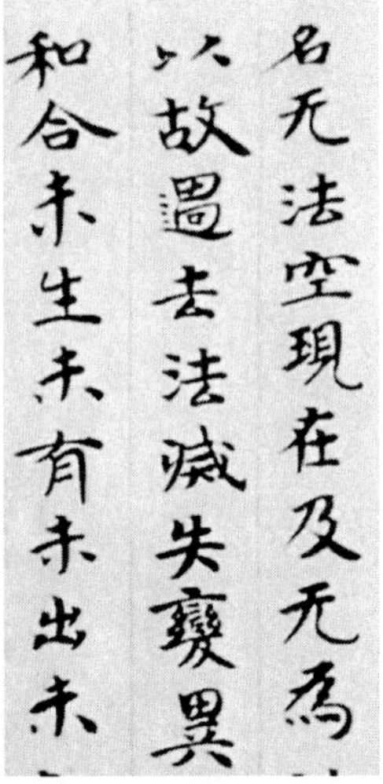

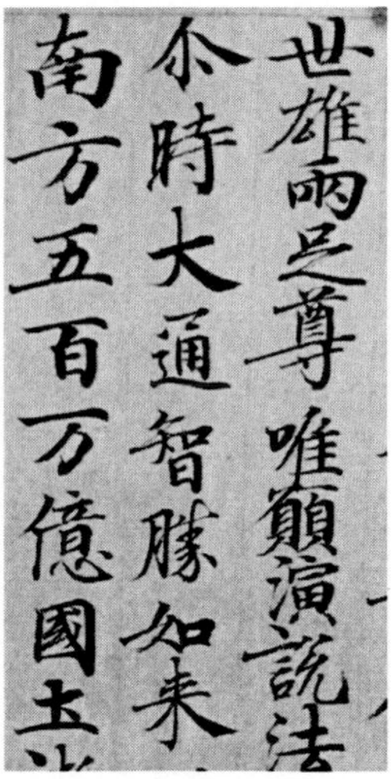

圖1 《太上玄元道德經卷》局部　　圖2 《大智度論卷》局部　　圖3 《妙法蓮華經》局部

　　書籍刊刻使用的楷書字體，結字太鬆散，刊刻成書後在書頁上會呈現一些散亂無章的筆劃，不利於字形辨認；結字太緊，過於收緊的筆劃不利於刊刻。所以，即使是刊刻佛經，這幾種寫經體風格的字體，也無法得到應用。

　　現存最早刊刻成卷的書籍，是1966年在韓國慶州佛國寺釋迦塔發現的《無垢淨光大陀羅尼經》（圖 4），經過考證，這部經書刊刻於唐代武則天時期的702年前後，刊刻地點為中國洛陽，後來流傳到新羅。

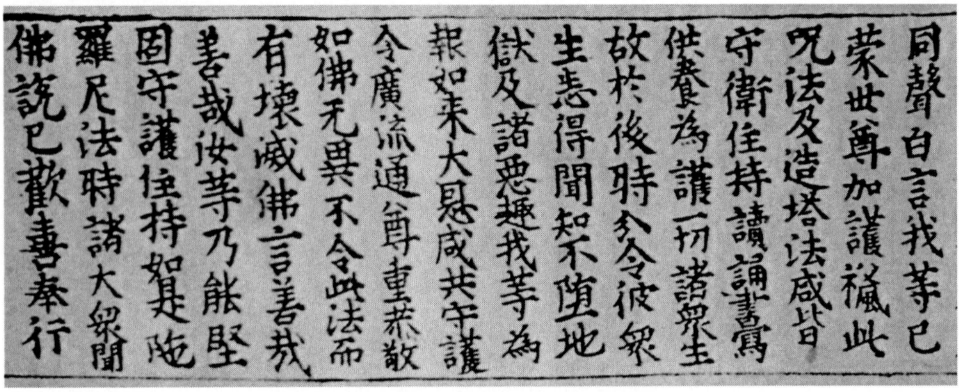

圖4 　《無垢淨光大陀羅尼經》局部

　　經書中沒有烏絲欄，字體比較率意，字形正斜不定，大小錯落，筆劃的提按頓挫比較明顯，有明顯的刀刻痕跡。字形的中宮相對較鬆，沒有隋代抄寫的《妙法蓮華經》式的中宮斜畫緊結。

現存的唐代刊刻資料，大部分是佛經或者造像，也有殘存的曆書。下面再看一組唐代至五代的刊刻字體。《金剛般若波羅蜜經》（圖 5）於 1900 年在甘肅藏經洞發現，卷後有「咸通八年（868）四月十五日王玠爲二親敬造普施」。《唐僖宗中和二年曆書》（圖 6）爲 882 年在四川成都刊刻的曆書，其上有「劍南西川成都府樊賞家曆」的字樣，這些曆書實際上是朝廷禁止私自刊刻的，唐代曾於大和九年（835）下令禁止私自刊刻，但爲了盈利，有不少人冒險刊刻。《大聖文殊師利菩薩像》（圖 7）刊刻於五代時期（907～960），於 1900 年在甘肅藏經洞被發現。《寶篋印經》（圖 8）爲五代時期吳越國的錢俶主持刊刻。

圖 5　《金剛般若波羅　　圖 6　《唐僖宗中和二年　　圖 7　《大聖文殊師利　　圖 8　《寶篋印經》
　　蜜經》局部　　　　　　　　曆書》局部　　　　　　菩薩像》發願文局部　　　　局部

從左至右按照時間先後順序來看，這些刊刻的字體有明顯的提按，提別是前三件，宋代書籍刊刻的刀法已經有所體現，起筆處的橫切，橫畫的收筆處三角形上凸，折筆的斜切等，都能明顯看出。第四件的筆劃中也有不少刊刻痕跡。這幾件的字體除了第一件中宮收得緊之外，其他幾件都是採取平畫寬結的方式處理，特別是曆書，字形粗壯，橫細豎粗，跟顏體很相似。

從以上的字形分析，從唐代到五代時期，刊刻字體所模倣的字形不是很明確，有顏體、隋代楷書以及唐代寫經體的某些特徵，但基本上沒有脫離魏晉以來的鍾繇、王羲之等書法家所確立的楷書範式。

二、宋代書籍刊刻楷書字體的取法對象

北宋時期，佛經刊刻與唐代及五代時期有所不同，除了延續唐代以前的

刊刻字體外，有了明顯的字體特徵，越來越多的刻經取法唐代書法家的楷書字體，字體內部沒有成塊的筆劃堆積現象，筆劃的清晰度和結字的整體感更強。

北宋時期刊刻的《佛說阿惟越致遮經》（圖9），共3卷，晉代月氏三藏竺法護譯，宋代開寶六年（973）刊刻於四川，於宋代熙寧四年（1071）刷印，為《開寶藏》本，現存卷上。《開寶藏》是我國第一部刊刻的佛教大藏經，全藏總數有5000多卷，北宋朝廷令刻工於開寶四年（971）在益州（今屬四川）開始雕刻，相隔100年後才刷印，有一個帶框的牌記：「熙寧辛亥歲（1071）仲秋初十日中書札子奉聖旨賜《大藏經》板於顯聖寺聖壽禪院印造，提轄管勾印經院事演梵大師慧□等」〔註2〕。其經在金滅北宋時亡佚，現在存世的經書僅有10多件。這部經書為經摺裝，沒有烏絲欄，字體有隋代楷書的特點，也有顏真卿《勤禮碑》的特點，筆劃遒勁，結字端莊大方，排布井然有序，莊嚴肅穆，由於刀刻原因，有些字形具有魏碑的特徵，如「人」「有」「又」等字。

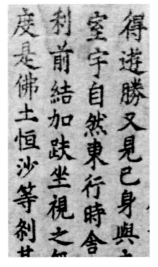

圖9　《佛說阿惟越致遮經》局部

刊刻於北宋雍熙二年（985）的《金剛般若波羅蜜經》（圖10），梵筴裝，字體跟前朝明顯拉開了距離，筆劃粗壯厚實，頁面沒有零碎的筆劃，整體感

〔註2〕　〔晉〕月氏三藏竺法護譯：《佛說阿惟越致遮經》，宋代開寶六年（971）刊刻，
　　　　熙寧四年（1071）印本。

強，字形有顏體意味。《金光明經》（圖 11）刊刻於北宋端拱元年（988），卷軸裝，字體規整有序，字字獨立，筆劃清晰。《妙法蓮華經》（圖 12）刊刻於北宋熙寧元年（1068），梵筴裝，卷一序的後面有刊記：「大宋熙寧元年戊申歲杭州晏家再請僧校勘，又命工重開印造，廣行天下，願與受持人同契法華聖會。」刊刻的地點為杭州，其卷五的末尾有「琅邪王遂良書」的字樣。王遂良書寫的《妙法蓮華經》具有明顯的歐體特徵，結字方式改變歐體的斜結方式，採取平畫寬結，筆劃粗壯，將字體內部的中宮打開，看上去比較勻稱疏朗。

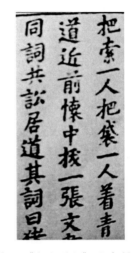

圖 10　《金剛般若波羅蜜經》　　圖 11《金光明經》北宋刻本　　圖 12　《妙法蓮華經》北宋
　　　　北宋刻本局部　　　　　　　　局部　　　　　　　　　　　刻本局部

　　從上面的幾部經書來看，北宋的刊刻楷書字體已有對唐代書法家字體的吸收和應用，既有對唐代以前刊刻字體的傳承，也有對唐代以來新字體的選擇，顏真卿、歐陽詢等書法家的楷書在書籍刊刻中已初見端倪。

三、宋代書籍刊刻使用楷書字體的整體狀況

　　宋代書籍刊刻使用的主要字體為仿顏體、仿歐體、仿柳體，還有一些仿蘇軾體、仿碑誌體、方瘦金體等。清代阮葵生提出他對宋版書〔註3〕所用字體的看法：「書貴宋版者點畫無訛，鐫刻精好。宋版有肥瘦兩種，肥者學顏，瘦者學歐，而字勢皆生動。」〔註4〕在刊刻比較大型的書籍過程中，由於要趕工

〔註 3〕為了表述方便，本書將宋代刊刻出版的書稱為宋版書。
〔註 4〕〔清〕阮葵生：《茶餘客話》卷一六，續修四庫全書本。

期，不可能由一個人完成書寫和雕刻，而是一個很大的團隊同時進行，有時需要上百人通力合作。寫手書寫比較快，刻工雕刻比較慢，往往一個寫手要搭配好幾個刻工，這個團隊才能配合運轉。有的寫手本身就是刻工，寫、刻都由他自己完成，這更有利於提高刊刻速度，因為在雕刻時不需要再揣摩別人的筆意。所以，一部書中出現很多的字體風格比較正常。在一定區域和一定時間段，書籍刊刻的團隊風格也不完全一致，單個寫手的寫字風格基本統一，比如劉錫書寫的《四明續志》的風格具有顏體《麻姑仙壇記》和歐體的風格，他的書寫就比較穩定，在別的書中書寫的也是這個風格。由於一個刊刻團隊的人員往往有增減，這樣也會導致刊刻的字體風格會不一致。在宋代刊刻的書籍中，一部書中的字體，往往具有多種字體特徵，比如宋代元祐年間刊刻的《資治通鑑》，書中就有顏體和柳體的特徵，乾隆皇帝在書後御題：「是書字體渾穆，具顏、柳筆意。」字體中雜糅多種風格是宋代書籍刊刻字體的主要特色。在分析時，只能根據這些字具有哪種字體的特徵多一些而將其歸入相應的類型，顏體特點多一些就將其劃入仿顏體類，歐體特點多一些就劃入仿歐體類。

宋代的北宋和南宋書籍刊刻所使用的字體有一些區別，南宋的各個時期和各個區域，字體風格也不一樣。但相對而言，不同地區的空間差別比時間的先後差別大一些。鑑於此，將這些刊刻字體按照各自的特點進行歸類，將這些書籍的刊刻時間、刊刻地點以及相關版本信息進行介紹，可以瞭解不同地區的字體風格。比如南宋的三大刻書中心杭州、建陽、成都，這些地方與潭州、九江等地的風格也有出入。在很多書的記載中，都籠統地說杭州地區書籍刊刻使用歐體，建陽地區用柳體，成都地區用顏體，將書頁的字體進行比對後，發現這些地區不完全使用某一種字體刊刻。

在劃分字體時，依據字體的主要風格進行歸類，有些寫手寫出來的字體具有多種字體風格，以風格特點最明顯的那種字體暫時定義。比如，既有顏體特點，又有歐體特點，而該字體以顏體風格為主，只是個別筆劃有歐體特點，暫且將其歸為仿顏體。宋代書籍刊刻使用的仿顏體、仿歐體、仿柳體等字體有很多種風格，需要將每種字體根據筆劃的粗細，以及結字鬆緊、正斜等分成若干小類，再進行比較分析。宋代書籍有大字本、中字本和小字本之分，刊刻的字體大小，往往根據需要來確定，特別小的書籍稱為「巾箱本」。巾箱本最初是用小字體抄書，放在巾箱中，以防遺忘。比如南宋時期很多書

坊刊刻巾箱本《九經》為科舉考試者服務，文字密密麻麻，有如蚊蠅小腳，為學生夾帶入考場作弊提供了方便。〔註5〕

　　宋代書籍刊刻的楷書字體包括正文和序跋中的楷書，由於書頁太多，只能選取代表性的書頁局部進行分析。講述某種書籍為某種字體，並不是說整部書都是這種字體，不同卷次由不同的寫手書寫，書寫的文字書體風格會不一樣，只是說這本書中有這種字體風格，也有可能書中還有其他的字體風格。

　　宋代刊刻的書籍中，書中字體風格多是普遍現象，即使寫手的書寫風格很接近，也會出現一些差異。例如宋代陳思輯的《書苑菁華》（圖13），共20卷，南宋初期在杭州刊刻，分為 6 冊刊刻成書，這部書的寫手所書寫的字體算是比較接近的，這在書籍刊刻中已經很難得了，但還是有一些明顯的差異。第 1 冊為仿顏體字，第 2 冊、第 4 冊、第 6 冊為仿歐體字，第 3 冊、第 5 冊為仿歐顏體，歐體和顏體的風格都很明顯，通過這些差異可以確定這部書至少由 3 位寫手完成書寫。當然，手寫的字體與機器印刷字體不同，就是同一個人書寫，不同時期的書寫風格也會不一樣。同時，同一個寫手書寫的文字，由於不同刻工各自的刊刻習慣，有的刻工將很多的細節忽略，沒有忠於書寫原貌，也會導致字體風格不一樣。

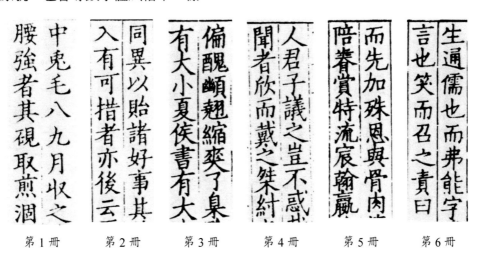

第 1 冊　　　第 2 冊　　　第 3 冊　　　第 4 冊　　　第 5 冊　　　第 6 冊

圖 13　《書苑菁華》刊刻所用的不同字體

　　儘管宋代刊刻的書籍字體以實用為主，字體雜糅現象嚴重，沒有忠實於所取法的原碑原帖，但基本上沒有脫離楷書的筆劃和結字方式。可以說這是

〔註 5〕葉德輝著，李慶西標注：《書林清話》，復旦大學出版社，2008 年，第 32 頁。

對唐代楷書的全面梳理和繼承，對「唐尚法」進行一次大規模的總結。宋代書籍刊刻對楷書字體傳承所起到的橋樑作用不容忽視。

第一節　仿顏體

顏體爲顏眞卿書法的簡稱。顏眞卿（709～805），字清臣，京兆萬年（今陝西臨潼）人，祖籍山東臨沂，於開元二十三年（734）舉進士，後授校書郎。於天寶十二年（753）任平原郡太守，後因抵禦安祿山叛亂而聞名於世，人稱「顏平原」。在德宗朝任禮儀使，後改爲太子少師，於建中四年（783）年遭到李希烈殺害，享年 77 歲。

顏眞卿的楷書（圖 14）分爲早期和晚期，早期的風格與唐人寫經的風格相類似，晚期的風格變得厚重、寬博，氣勢磅礡。他於天寶十一年（752）寫的《多寶塔感應碑》，簡稱《多寶塔碑》，字體清秀，穩重大方，筆劃起收明顯，爽爽有神。王澍在《虛舟題跋》中評價：「腴不剩肉，健不剩骨，以渾勁吐風神，以姿媚含變化，正是年少鮮華時意到書也。」〔註6〕《多寶塔碑》的這種書法風格在宋版書中比較普遍。近年發現的《郭虛己墓誌》，字體端莊秀美，書寫風格與《多寶塔碑》相類似，有人認定爲顏眞卿所寫。

《東方朔畫贊》碑文爲晉代夏侯湛撰，顏眞卿書寫，《碑陰記》爲顏眞卿撰並書。此碑爲顏眞卿 46 歲所書，爲其書寫《多寶塔碑》之後的兩年，雖然相隔的時間比較短，但風格各不一樣，此碑改變《多寶塔碑》的清秀書風，寫得俊俏挺拔，圓勁雄健，氣勢磅礡，歷來爲人們所重。蘇軾對此碑特別推崇，從他的書法線條看，蘇軾從此碑取法不少。

《顏勤禮碑》爲顏眞卿 60 歲時的作品，碑文刊刻於唐代大曆十四年（779），字體端莊大氣，橫線遒勁，豎線厚重，以圓筆爲主，具有篆籀之氣，線條富有韻律感。結字內斂，字內空間疏密有致，氣勢雄強。

《麻姑仙壇記》是顏眞卿於大曆六年（771）在撫州任刺史時書寫的作品，時年他 63 歲。字體寬博厚重，筆劃沒有明顯的粗細變化，用筆以圓爲主，結字疏朗，樸茂雄強，以拙取勝。宋代歐陽修在《集古錄》中評價此碑剛勁獨立，遒峻緊結。孫承澤也高度評價此碑：「字形大如指頂，筆筆帶有隸意，魯公最得意書也。」〔註7〕《顏氏家廟碑》是顏眞卿於建中元年（780）書寫的

〔註6〕 〔清〕王澍：《虛舟題跋 竹雲題跋》，浙江人民美術出版社，2015 年。
〔註7〕 〔清〕孫承澤：《庚子消夏記》卷六，浙江人民美術出版社，2012 年。

作品，字體端莊厚重，與《麻姑仙壇記》的風格接近，筆劃比其更老辣，穩重而圓活，筆力蒼勁挺拔，結字寬博古拙，典雅蕭穆。《自書告身》相傳為顏真卿於唐德宗建中元年（780）書寫的紙本楷書，此時顏真卿已經 72 歲高齡，筆劃圓潤，用筆蒼勁有力，藏鋒多，起筆、收筆和轉折處提按明顯。

《多寶塔碑》

《東方朔畫贊》

《勤禮碑》

《麻姑仙壇記》

圖 14　顏真卿楷書原碑字形

　　在宋代刊刻的書籍中，使用仿顏體的書很多。根據刊刻的風格，將其分為以下幾大類型：即仿《多寶塔碑》顏體、仿《東方朔畫贊》顏體、仿《勤禮碑》顏體、仿《麻姑仙壇記》顏體。同時，寫手們對顏體也有不同程度的改造，比如，將顏體與歐體進行組合，將顏體與柳體進行組合，將顏體的筆劃

進行變異等，故將這幾種風格的字體暫定名爲「仿歐顏體」「變異的顏體」等。

　　以上根據顏眞卿不同的年齡階段的書寫風格進行區分，從年輕到年老的變化過程。但是，從北宋到南宋的各個不同時期，所採用的顏體風格不是按照這個順序進行的。比如，北宋時期的佛經刊刻大都採用比較厚重的仿《麻姑仙壇記》顏體，而南宋末期刊刻的顏體中，仿《多寶塔碑》顏體比較多，這與刊刻的技術成熟和人們的審美習慣有一定的關係。

　　下面分別按照顏體的幾種類型進行分析。

一、仿《麻姑仙壇記》顏體（簡稱仿《麻姑》顏體）

　　仿《麻姑仙壇記》顏體特點是方整，平畫寬結，四平八穩，拙多於巧，筆劃露鋒少，圓筆多，字體內部筆劃排布均勻。爲了使語言更簡潔，將「仿《麻姑仙壇記》顏體」簡寫爲「仿《麻姑》顏體」。在這一類刊刻的字體中，線條有粗細區別，根據線條特點，將其分爲粗線仿《麻姑》顏體和細線仿《麻姑》顏體。文字的大小和線條的粗細是一個相對的概念，跟字體的風格沒有直接關係。作爲字體來說，線條的粗細在版面中對視覺的影響相對比較重要，現代電腦字庫中的字體也有粗細之分，這純粹是從工藝角度劃分，現套用這種方法將宋代刊刻字體根據筆劃粗細進行劃分。

（一）粗線仿《麻姑》顏體

　　粗線仿《麻姑》顏體的顯著特點就是筆劃粗壯，結體見方，起筆和收筆沒有明顯的提按動作，初看比較笨拙，捺筆的出鋒處帶有拉長的雁尾。具有這種字體特點的書籍有《崇寧萬壽大藏》《毗盧藏》《眞文忠公政經》《經史證類備急本草》《曹子建文集》《愧郯錄》等。

　　1. 《崇寧萬壽大藏》（圖 15），經摺裝，爲北宋元豐三年至政和二年（1080～1112）福建東禪等覺禪院刻本，半頁 6 行，每行 17 字，北京大學圖書館現存 12 種 12 卷，即《辯正論》卷第 2、《大方廣佛華嚴經修慈分》、《佛說辯意長者子所問經》、《大般涅槃經後分》卷下、《歷代三寶紀》卷第 13、《無垢優婆夷問經》、《彌沙塞部五分律卷》第 8、《阿毗達摩大毗婆沙論》卷第 108、《阿毗達摩順正理論》卷第 23、《雜阿毗曇心論卷》第 11、《大唐西域記》卷第 4、《弘萌集》卷第 4。其字體爲仿《麻姑仙壇記》顏體的風格，筆劃比《麻姑仙壇記》更加粗壯，結字飽滿，有的字形跟《顏氏家廟碑》接近，有的點和橫畫、折筆採用方筆。

2.《毗盧藏》（圖 16），經摺裝，爲宋代紹興十八年（1148）福州開元寺刻本，每半頁 6 行，每行 17 字，在北京大學圖書館現存的 4 種 4 卷，其名稱爲《法苑珠林》卷第 44、《佛說優塡王經》1 卷、《不空羂索神變眞言經》卷第 13、《大方廣佛華嚴經合論》卷第 7。其字體爲顏體，採用《麻姑》的骨架，但筆劃明顯變形，出尖和方筆明顯增多，有的鉤畫有歐體的特點，比如「色」「有」的出鉤，明顯是歐體的寫法，捺腳的起筆書帶有方筆附件，捺筆出尖，筆劃比較鋒利。

3.《眞文忠公政經》（圖 17），共 1 卷，宋代眞德秀撰。本書的內容爲總結典籍中的政論，講述政教之用。本書爲淳祐二年（1242）由趙時棣在大庾（今屬江西）縣學主持刊刻，其刻工爲杭州地區的何彬、馬良、王錫等人，此書很可能是請這些杭州的刻工去江西刊刻的。該書中有顏體，字體粗壯肥厚，穩重樸茂，具有《麻姑》的風格，直線比較多，沒有《麻姑》那麼圓潤，其中「也」「既」的豎彎鉤、捺筆有歐體特徵。有的起筆出尖比較明顯，橫畫的收筆處有明顯的三角形上凸。

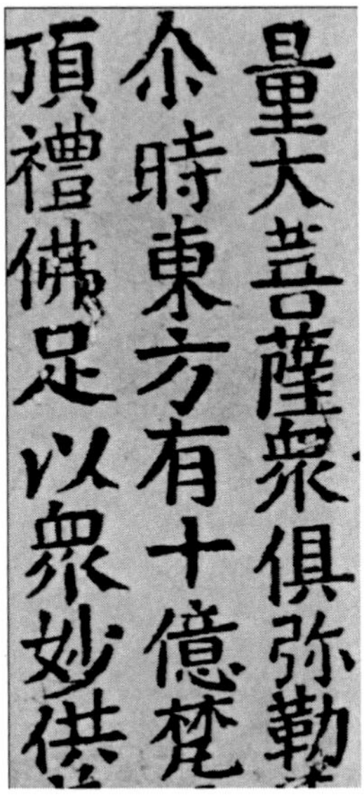
量大菩薩衆俱弥勒
尒時東方有十億梵
頂禮佛足以衆妙供

圖 15 《崇寧萬壽大藏》局部

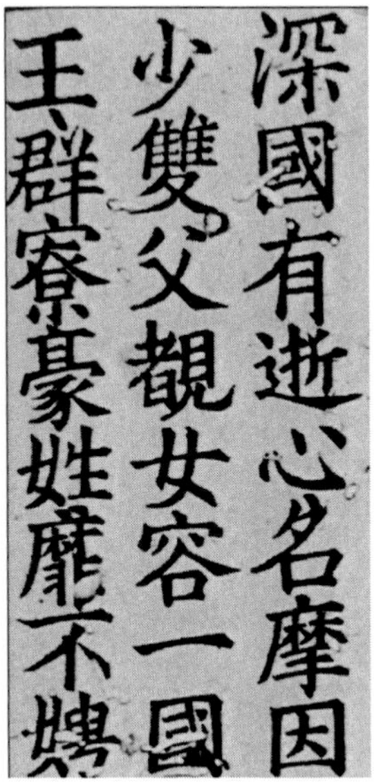
深國有逝心名摩因
少雙父覩女容一國
王群寮豪姓靡不娉

圖 16 《毗盧藏》局部

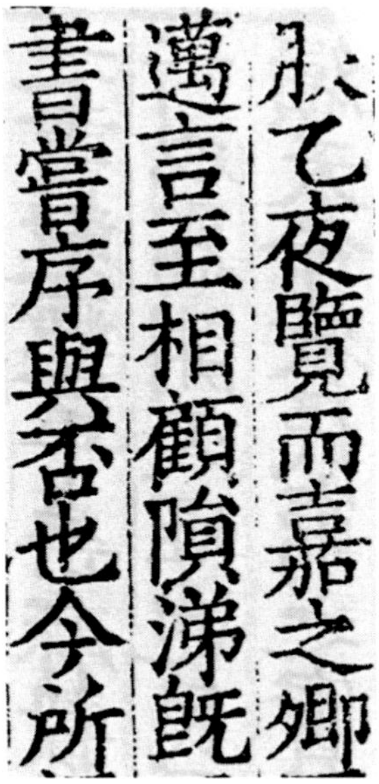
朕乙夜覽而嘉之卿
邁言至相顧隕涕既
書嘗序與否也今所

圖 17 《眞文忠公政經》局部

4.《經史證類備急本草》（圖 18），共 31 卷，宋代唐愼微撰，爲宋代嘉定四年（1211）劉甲刻本。唐愼微（約 1056～1136），字審元，蜀州晉原（今四川崇慶）人，在元祐期間（1086～1094）被四川軍帥李端伯招至成都行醫，

其勤學善鑽，醫術高明。本書的內容爲宋代本草圖譜，講述藥物有 1746 種，附圖 933 幅，是一部流傳很廣的本草學專著。劉甲（1142～1214），字詩文，南宋衢州龍游（今浙江龍游）人，淳熙二年（1175）年進士，曾任職寶謨閣學士，之後在興元府、潼州（今四川三臺）等地任知府。本書刊刻於宋代嘉定四年（1211），劉甲在跋文中記載：「是書初讎校於江西，再刊刻於南隆，令又貼勘於東梓。」本書與寇宗奭的江西漕司刻本《本草衍義》相類似。其刻工爲王其、王朝、王由等，爲四川地區的刻工。《中國版刻圖錄》講述本書鐵畫銀鉤，可窺江西漕司本面目。可知本書源於江西漕司本，被劉甲刊刻於四川潼州。本書的字體爲顏體，筆劃圓潤，結字方整，書寫性強，沒有刀刻痕跡。

5. 《曹子建文集》（圖 19），共 10 卷，魏曹植撰，曹植（192～232），字子建，三國魏沛國譙郡（今屬安徽）人，曹操之子。本書收錄曹植的賦 43 篇，詩 73 首，雜文 92 篇。該書刊刻於南宋寧宗時期（1195～1224），刻工有王彥明、徐仲、劉祖、李安等，其籍貫不詳。經比對，此書與江西刻本《資治通鑒綱目》中有的字體有相同之處，得知此書應爲江西刻本。書中有顏體，豎畫比橫畫粗，起筆處大都帶一個小尖角，橫畫的收筆處有三角形上凸，折筆處有斜切痕跡，捺腳爲實筆出鋒，沒有雁尾。

6. 《愧郯錄》（圖 20），共 15 卷，宋代岳珂撰，南宋中後期浙江刊本。岳珂（1183～1243）字肅之，湯陰（今屬河南）人，居於嘉興（今屬浙江），爲岳飛之孫，岳霖之子。曾知嘉興，後官至戶部侍郎，淮東總領兼制置使。書籍內容主要講述宋代的制度，考證舊典，對於史學、禮學的發展有一定的作用。刻工名字有王遇、李仁、丁松、曹冠宗等人，全書的「惇」字都避諱，本書應刊刻於寧宗朝（1224）以後。《愧郯錄》的字體爲仿《麻姑》顏體，文字方整，書寫意味比較濃，橫畫的收筆處有三角形上凸，豎畫比橫畫粗，文字疏密得當，不擁擠，看上去很像書法作品。

這幾種書的刊刻於福建的爲佛經《崇寧萬壽大藏》《毗盧藏》，刊刻於江西的爲《眞文忠公政經》《曹子建文集》，刊刻於四川的爲《經史證類備急本草》，刊刻於浙江的爲《愧郯錄》，字體帶有歐體特徵。其中北宋刊刻的《崇寧萬壽大藏》筆劃沒有南宋幾部書的筆劃規整，南宋的《曹子建文集》提按相對較多。

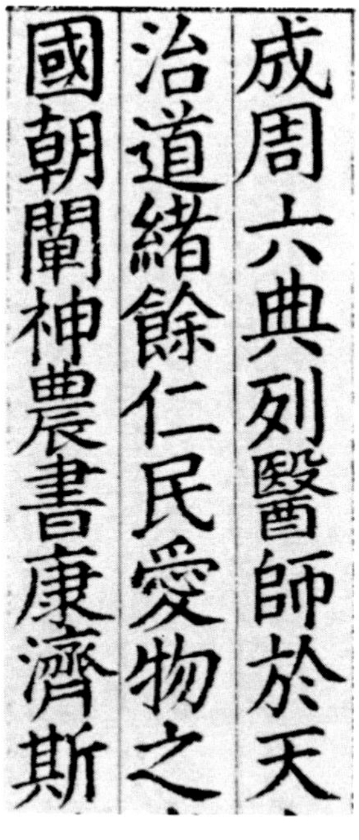
成周六典列醫師於天
治道緒餘仁民愛物之
國朝闡神農書康濟斯

圖 18　《經史證類備急本草》局部

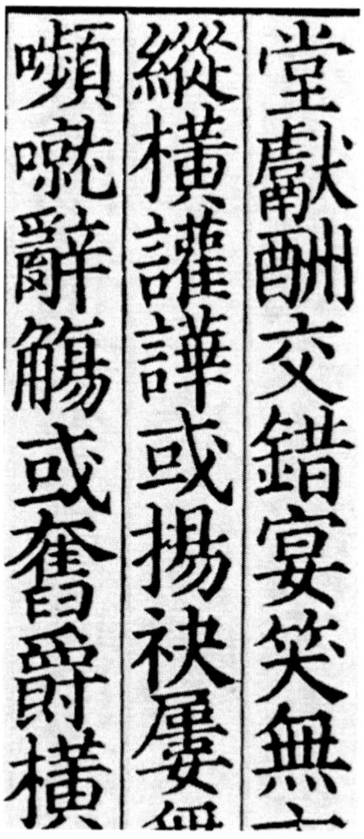
堂獻酬交錯宴笑無
縱橫讙譁或揚袂屢
嚬噈辭觴或奮爵橫

圖 19　《曹子建文集》局部

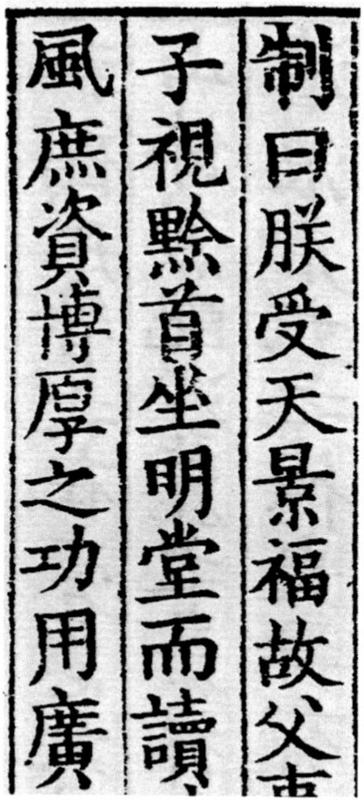
制曰朕受天景福故父
子視黔首坐明堂而讀
風庶資博厚之功用廣

圖 20　《愧郯錄》局部

（二）細線仿《麻姑》顏體

爲了與線條粗壯方整的顏體相區分，暫時將一些有《麻姑》風格，線條又相對細一些的字體稱爲「細線仿《麻姑》顏體」。細線仿《麻姑》顏體的特點是框架和內部排布爲《麻姑》顏體的特徵，筆劃相對細小。具有這種風格的書籍有《中庸輯略》《南華眞經》等。

1. 《中庸輯略》（圖 21），共 2 卷，宋代石墩輯，朱熹刪定。石墩（1128～1182），浙江台州臨海人，爲紹興十五年（1145）進士，官至太常寺主簿，跟隨朱熹講學。刻工有何彬、馬良、徐珙、周嵩等人，這些人爲南宋中期杭州的刻工，此書應刊刻於杭州。根據文中的避諱情況，李致忠先生認定其刊刻於宋寧宗慶元元年至嘉定十七年（1195～1224）。這部書的字體爲顏體，字形比較大，取法《麻姑》，刊刻時做了一些改易，在筆劃中加了一些歐體的鉤法和捺腳，總體呈正方形，在橫的收筆處有三角形上凸，直線比較多，沒有明顯的粗細變化，折筆有明顯的頓筆動作，排布疏朗有致。

2. 《南華眞經》（圖 22），共 10 卷，晉代郭象注，《南華眞經》即《莊子》。郭象（？～312），字子玄，河南人，他對發展老莊哲學具有承前啓後的重要

貢獻。本書為南宋高宗時期（1127～1162）的刻本。書中字體有顏體，結構寬博，跟《麻姑》相似，筆劃有變異，字形修長，中宮緊湊，整體排布疏朗。

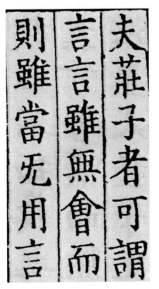

圖21 《中庸輯略》局部　　　　圖22 《南華真經》局部

《中庸輯略》於南宋中期刊刻於杭州，筆劃比《南華真經》要剛硬，《南華真經》的字體相對圓潤，其刊刻地點不詳。除這兩部書之外，還有宋嘉定十三年（1220）溧陽學宮刊刻的《渭南文集》、嘉定建寧郡齋刊刻的元明遞修本《西漢會要》等也有細線仿《麻姑》顏體風格。

二、仿《勤禮碑》顏體

仿《勤禮碑》顏體的主要特點，結字比仿《麻姑》顏體要長，筆劃有提按，橫與豎有輕重變化，豎畫相向排列，呈鼓狀，轉折處比較圓潤。出鉤沒有頓筆，直接出鋒，捺筆出鋒比較平順，沒有上挑。

具有這種風格的書籍有《清波雜志》《古三墳書》《東觀餘論》《邵子觀物篇漁樵問對》《麗澤論說集錄》《泳齋近思錄衍注》等。

1. 《清波雜志》（圖23），共12卷，宋代周煇撰，屬於南宋中晚期江西刻本。周煇（1126～1198以後），字昭禮，泰州海陵（今屬江蘇）人，曾客居錢塘（今屬浙江），其與家父勤於治學，結交當時名士。書中主要記載了高宗、孝宗、光宗三朝的朝野掌故。刻工有劉宗、蔡成、蔡權、胡彥、胡昌、鄧振

等，其中劉宗還參與刊刻過贛州本《文選》、白鷺洲書院本《漢書》，鄧振參與刊刻過慶曆二年（1196）的吉州本《歐陽文忠公集》。此書末尾寫了兩篇跋語，刊刻字體爲顏體，一篇爲陳晦書，落款爲「紹興癸丑（1133）十有一月九日也吳興陳晦謹書」；另一篇爲徐似道所寫，落款爲「慶元戊午（1198）立秋前一日天台徐似道淵子書」。徐似道字淵子，黃岩上拱（今屬浙江溫嶺）人，宋代乾道二年（1166）進士。他寫的跋字體爲顏體，取法《勤禮碑》，筆劃圓潤乾淨，字形端正，結體嚴謹，頗具《勤禮碑》的韻味。

2. 《古三墳書》（圖 24），共 3 卷，爲紹興十七年（1147）婺州（今屬浙江金華）州學刻本。書中有毛漸序和沈斐的跋，本書應爲毛漸在民間求得並流傳於世。書中刊刻字體有顏體，取法《勤禮碑》，筆劃的起筆處往往帶有尖角，字形偏長，並有顏眞卿《自書告身》的特點。

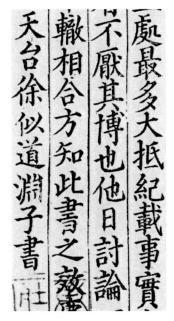 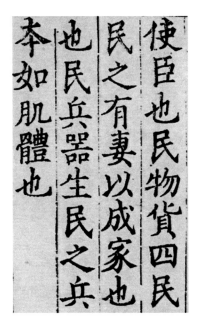

圖 23　《清波雜志》徐似道跋局部　　　　圖 24　《古三墳書》局部

3. 《東觀餘論》（圖 25），共 2 卷，宋代黃伯思撰，爲嘉定三年（1210）莊夏的浙江刻本。黃伯思（1079～1118），字長睿，自號雲林子，邵武（今屬福建）人，元符三年（1100）進士，官至秘書郎。他曾作《法帖刊誤》，在米芾評騭《淳化閣帖》的基礎上重新考訂之作，本書是其子在《法帖刊誤》的基礎上審定金石、考核藝文之作。刻工有丁明、張彥戚、陳靖、周才、吳湜、李岩、

陳縝等，大部分爲浙中刊刻名匠。書中字體有顏體，取法《勤禮碑》，字形方整寬博，筆劃飽滿，書寫性強，沒有明顯的刊刻痕跡，字體中有歐體特徵。

　　4.《邵子觀物篇漁樵問對》（圖 26），共計 7 卷，包括內篇 2 卷，外篇 2 卷，後錄 2 卷，漁樵問對 1 卷。宋代邵雍撰，爲宋代咸淳年間（1265～1274）福建漕治吳堅刻本，書後有「天台吳堅刊於福建漕治」的文字。邵雍（1011～1077）字堯夫，自號安樂先生，范陽（今屬河北）人，曾跟李之才學習《河圖》《洛書》及象數學，後被授官，不應。著作有《先天圖》《伊川擊壤集》《皇極經世》等。吳堅字彥愷，理宗淳祐四年（1244）進士，於咸淳年間（1265～1274）任建寧知府，此書刊刻於知府任上。書中字體與《張子語錄》《龜山語錄》相同，均爲吳堅所主持刊刻。字體爲顏體，筆劃靈活生動，轉折圓轉，沒有稜角，沒有固守《勤禮碑》的既有法度，字形和筆劃都做了相應改造。

圖 25 《東觀餘論》局部　　　　　　圖 26《邵子觀物篇漁樵問對》局部

　　5.《麗澤論說集錄》（圖 27），共 10 卷，宋代呂祖儉輯，宋代嘉泰四年（1204）呂喬年浙江刊刻本。麗澤爲呂祖謙的講學場所，後於嘉定元年（1208）重修後改爲麗澤書院。呂祖儉爲呂祖謙的弟弟，受業於祖謙，呂喬年爲呂祖謙之侄。書中字體有仿《勤禮碑》顏體，筆劃精到，橫細豎粗，有的橫畫有三角形上凸，結字方中帶圓，整體上章法比較協調。

　　6. 《泳齋近思錄衍注》（圖28），共14卷，宋代楊伯岩撰，其中第4卷、第13卷、第14卷配有手抄本。楊伯岩（？～1254）字彥瞻，號泳齋，代郡（今屬山西）人，居於臨安（今杭州），於淳祐年間（1241～1252）以工部守衢州。《近思錄》為宋代學者周敦頤、張載、程顥、程頤四人的言論，闡述了儒家性理的思想。刻工有金通、潘永年、孫琢、夏順、尤貴、尤達等人，金通、潘永年等人還參與刊刻宛陵（今屬安徽宣州）郡齋刻本《致堂讀史管見》，本書也應屬於安徽刻本。書中字體有仿《勤禮碑》顏體，筆劃沒有明顯的粗細變化，結字方整，改易個別筆劃打破沉悶之氣，穩中求逸，豎鉤沒有頓筆出鋒，整體比較秀美，寫刻技藝佳。

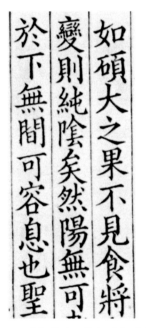

圖27 《麗澤論說集錄》局部　　　　　圖28 《泳齋近思錄衍注》局部

　　這幾部書屬於南宋刻本，《古三墳書》《東觀餘論》《麗澤論說集錄》刊刻於浙江，《清波雜志》刊刻於江西，《邵子觀物篇漁樵問對》刊刻於福建，《泳齋近思錄衍注》刊刻於安徽。字體筆劃相對圓潤的是《邵子觀物篇漁樵問對》，有如書寫。《東觀餘論》《麗澤論說集錄》字體的橫與豎的筆劃對比相對明顯，其他幾部書的字體沒有明顯的粗細變化。

三、仿《東方朔畫贊》顏體

仿《東方朔畫贊》顏體的特點是筆劃粗壯厚重，採用沒有頓挫的直鉤，横、豎等筆劃沒有太多的提按動作，結字方整，內部筆劃以斜接爲主。代表書籍有《建康實錄》《東家雜記》等。

1.《建康實錄》，共 20 卷，唐代許嵩撰，宋代紹興十八年（1148）荊湖北路安撫司刻遞修本。許嵩爲高陽（今河北蠡縣）人，《建康實錄》的記事時間從東漢興平元年（194）至南朝陳貞明三年（589），採用實錄和紀傳的方式，記錄南朝以前歷代帝王的編年實錄，並以紀傳的方式講述臣僚事蹟。書中序（圖 29）的字體爲顏體，落款爲「高陽許嵩撰」，其筆劃有《東方朔畫贊》的特徵，厚重樸茂，有的還兼有蘇軾書法的某些特徵，比如「旁」，下邊的「方」字出鉤。

2.《東家雜記》，共 2 卷，宋代孔傳撰，有袁則明、黃丕烈、錢大昕的題跋，南宋初期衢州（今屬浙江）家廟刻本，之後遞修。孔傳字世文，兗州仙源（今山東曲阜）人，孔子第 47 代孫。他於建炎時期（1127～1130）隨孔端友至衢州，紹興二年（1132）年任邠州知縣，後官至朝議大夫。書中的序（圖 30）爲孔傳自己所寫，落款爲「紹興甲寅三月辛亥四十七代孫右朝議大夫知撫州軍州事兼內勸農使仙源縣開國男食邑三伯（百）戶紫金魚袋孔傳謹序」。紹興甲寅爲 1134 年，其字體爲顏體，取法《東方朔畫贊》的書法風格，筆劃粗壯，結字方中有斜，取縱勢，刊刻沒有刀痕，手寫的趣味比較濃。

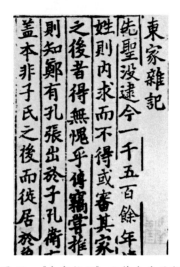

圖 29 《建康實錄》許嵩自序局部　　　　圖 30 《東家雜記》孔傳自序局部

　　《建康實錄》《東家雜記》這兩部書的序，其字體爲仿《東方朔畫贊》顏體，筆劃都比較厚實，《建康實錄》爲南宋初期刊刻於湖北，爲安撫司官刻本，個別字還有歐體特徵。《東家雜記》爲南宋初期刊刻於浙江衢州，孔傳寫的字體比許嵩寫的字體要巧一點，從刊刻角度來說，許嵩寬博的字體更適合刊刻和閱讀。

四、仿《多寶塔碑》顏體

　　仿《多寶塔碑》顏體在宋代書籍刊刻中是使用較多的字體，這種字體的特點是筆劃的起筆和收筆頓挫明顯，特別是橫畫的收筆，有一個向右下角頓駐的動作，與之前的往上頓駐收筆不同，橫細豎粗，橫畫一般呈弧形，結構內部筆劃排布均勻，字體秀美。

　　在宋代刊刻的書籍中，這種風格的字體有筆劃粗壯的，也有筆劃細小的，現將其分爲仿《多寶塔碑》粗線顏體和仿《多寶塔碑》細線顏體兩種類型進行分析。

（一）仿《多寶塔碑》粗線顏體

　　仿《多寶塔碑》粗線顏體的筆劃相對比較粗壯，但沒有達到仿《麻姑》《勤禮碑》那樣的粗，這種字體的提按比較明顯，基本保持《多寶塔碑》的字體風格。具有這種風格的書籍有《金剛般若波羅蜜經》《孟子或問纂要》《周易本義》《後漢書》《衛生家寶產科備要》《楚辭集注》等。

　　1. 《金剛般若波羅蜜經》（圖 31），共 2 卷，後秦釋鳩摩羅什譯，宋代開慶元年（1259）太平天壽寺釋延福刊刻，屬於安徽刻本。經書爲經摺裝，沒有烏絲欄，書中字體筆劃比較粗壯，仿《多寶塔碑》，筆劃提按分明，線條緊繃，上下字之間排列緊密。所用紙張比較厚實，上有一層蠟，墨色濃重如漆。

　　2. 《孟子或問纂要》（圖 32），共 1 卷，朱熹撰，應爲建陽書坊刻本。朱熹根據四書章句集注，進行取捨成爲《四書或問》，本書爲其中的《孟子或問》刪節而成。書中字體有顏體，取法《多寶塔碑》，筆劃清秀圓潤，字體端莊寬博，以扁平取勢，上下字之間連接緊密。

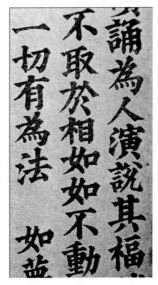

圖 31　《金剛般若波羅蜜經》局部　　　圖 32　《孟子或問纂要》局部

3.　《周易本義》（圖 33），共 15 卷，其中《周易本義》12 卷，《易圖》1
卷，《五贊》1 卷，《筮儀》1 卷。宋代朱熹撰，本書爲宋代咸淳元年（1265）
吳革建陽刻本。朱熹祖籍江西，生於福建尤溪，後居於福建建陽崇安（今武
夷山）。紹興十八年（1148）進士，後任秘書郎等職，爲宋代著名的理學家和
教育家。吳革，字時夫，德安（今屬江西）人，肄業於白鹿書院，曾做過刑
部尙書、建康知府等，本書是他在建康任上所刊刻。他在序言中說：「程子以
義理爲之《傳》，朱子以象占本其義，革每合而讀之，心融體驗，將終身玩索，
庶幾寡過。昨刊《程傳》於章貢郡齋，今敬刊《本義》於朱子故里，與同志
共之……咸淳乙丑（1265）立秋日，後學九江吳革謹書。」書中字體有顏體，
從《多寶塔碑》中出，筆劃稍有改易，在轉折處有一個斜切的連接筆劃，橫
畫收筆處有三角形上凸，結字以扁平爲主，字距較小。

4.　《後漢書》（圖 34），共 90 卷，南朝宋范曄撰，唐代李賢注，文後附
有《志》30 卷，晉代司馬彪撰，南朝梁劉昭注。本書由宋代福建黃善夫和蔡
琪一經堂刊刻，此本最早爲北宋末年刊刻，文中有元代「大德九年刊補」「元
統二年刊」的字樣，表明此書爲北宋刻遞修本。黃善夫爲福建建安人，此書
應爲福建刻本。書中字體有《多寶塔碑》式的顏體，筆劃粗壯，橫畫的弧度
比較明顯，在收筆處有明顯的頓筆，有的還有三角形上凸，橫畫多爲弧形，
結字扁方，排布緊密有序。

圖 33 《周易本義》局部

圖 34《後漢書》局部

5.《衛生家寶產科備要》（圖 35），共 8 卷，宋代朱端章輯，宋代淳熙十一年（1184）江西南康郡齋刻本。朱端章爲福建長樂人，平常留心醫藥，通曉醫術。本書第 1 卷至第 7 卷講述婦產科方論，第 8 卷講述初生兒的養育，詳細講述了初生兒的常見病治療方法。書後有「長樂朱端章以所藏諸家產科經驗方編成八卷，刻版南康郡齋，淳熙甲辰歲（1184）十二月初十日」的牌記。當時朱端章在南康軍（江西九江星子縣）任上，此書刊刻於這個時間。書中字體有《多寶塔碑》式的顏體，取縱勢，楷法精嚴，字體筆劃相對靈活，收筆處有三角形上凸，起筆和轉折處有明顯的刀刻痕跡，整體圓潤爽利。

6.《楚辭集注》（圖 36），共 16 卷，包括《楚辭集注》8 卷，《辨證》2 卷，《後語》6 卷，宋代朱熹撰，其內容爲朱熹訂正前人對《楚辭》的舊注，再進行集中編纂，由其孫子朱鑑於宋代端平年間（1234～1236）刊刻，屬於江西刻本。書中字體有《多寶塔碑》式的顏體，橫輕豎重，提按分明，結字方整，鮮有刀刻痕跡，字距較小，字體清秀，令人賞心悅目。

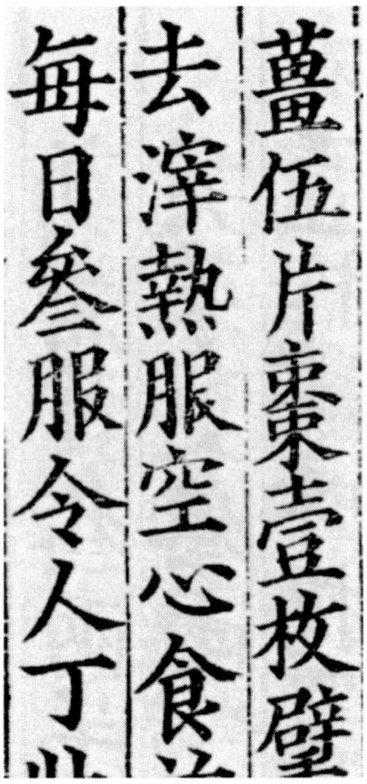

圖 35 《衛生家寶產科備要》局部　　圖 36 《楚辭集注》局部

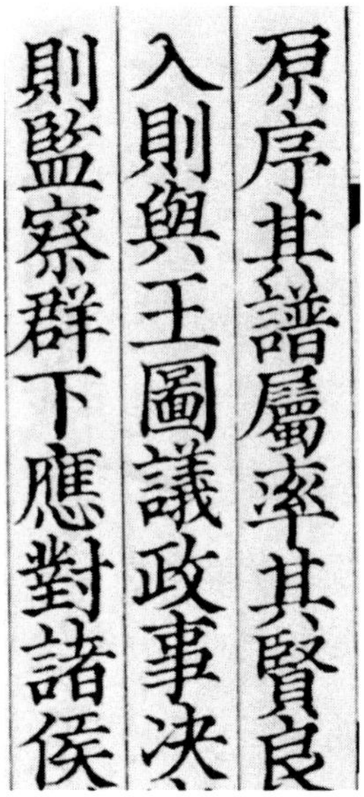

　　這幾部書都仿《多寶塔碑》顏體刊刻，其中刊刻於福建建陽的書籍有《孟子或問纂要》《周易本義》《後漢書》，刊刻於江西的書籍有《衛生家寶產科備要》《楚辭集注》，刊刻於安徽的書籍有《金剛般若波羅蜜經》，刊刻時間相對最早的爲遞修本《後漢書》，最早刊刻於北宋末年；《衛生家寶產科備要》刊刻於淳熙甲辰（1184），其他幾部書刊刻於南宋晚期。福建建陽的刊刻刀法與其他地區不一樣的地方，主要體現在橫折的折角處，一般採用斜切刀法，使這個筆劃形成上下兩個尖銳的棱角，江西刊刻的橫折處明顯要圓潤一些，沒有明顯的斜切刀法。

（二）仿《多寶塔碑》細線顏體

　　仿《多寶塔碑》細線顏體是與粗線顏體相對而說的，這一類細線顏體的特點是線條圓轉飄逸，結字穩重，排布整齊，字體比較秀美。具有這種風格的書籍有《大易粹言》《自警編》《集韻》《龍龕手鏡》等。

　　1.《大易粹言》（圖 37），共 12 卷，宋代曾穜輯，宋代淳熙三年（1176）舒州（今屬安徽）公使庫刻本。曾穜字獻之，溫陵（今福建泉州）人。此書的撰稿人爲聞一，聞一是舒州人，淳熙中期爲郡博士。當時曾穜爲舒州太守，令聞一編寫此書。本書的末尾有舒州公使庫的雕造牒文：「舒州公使庫雕造所，本所依所奉臺旨，校正到《大易粹言》，雕造了畢。右俱如前。淳熙三年

正月日。」後面還寫了所花的費用。書中字體有《多寶塔碑》式的顏體，筆劃嚴謹，筆力精到，楷法嫻熟，結字為方扁形，整體排布疏朗，有的橫畫收筆處有三角形上凸。

　　2. 《自警編》（圖 38），共 5 卷，宋代趙善璙撰，宋代端平元年（1234）九江郡齋刻本。趙善璙為宋太宗七世孫，嘉定元年（1208）進士，任德清縣簿，後官至尚書刑部郎、中奉大夫。此書按照學問、齊家、接物等分為大小56 類進行闡述。書中刻工有王必文、劉志才等 40 多人，均為端平年間江西九江地區的刻工。此書的字體為《多寶塔碑》式的顏體，筆劃清秀，沒有粗細變化，其中有些筆劃有連筆，有的橫畫收筆處有上凸的三角形，字形方扁，排布疏朗。

圖 37　《大易粹言》局部　　　　　　　圖 38　《自警編》局部

　　3. 《集韻》（圖 39），共 10 卷，宋代丁度等撰，編寫本書的原因是由於之前的《廣韻》和《禮部韻略》過於陋略，導致科舉學子將音韻用錯，朝廷乃令丁度等人編寫這部字書。書中的刻工有世安、黎美、邦信、世門、長沙李春、朱春、寬見、世榮、張交、世明、湯二日、張六、何秀等人，屬於湖南刻工，此書應刊刻於荊湖南路（今湖南地區）。書中的字體取法顏體，筆劃為《多寶塔碑》，結體出自《勤禮碑》。筆劃比較生動，起筆處帶有尖角，橫

的收筆處有三角形上凸，折筆處有三角的切刀痕跡。整體上疏朗有致，整齊優雅。

4. 《龍龕手鏡》（圖 40），共 4 卷，釋行均撰，行均爲遼代僧人，俗姓於，字廣濟，北地（今陝西、寧夏、甘肅一帶）人，一說爲幽州（今北京）人，活動於河北、山東一帶，刻工有王因、金良、何全等人，此書應爲南宋初期浙江杭州刻本。本書編寫的初衷是糾正字六朝以來，抄寫佛經而產生的俗體字和異體字，在字的下面列舉了正體、俗體、古體、今字以及或體，將其作簡單的音義注釋。書中字體有顏體，以《多寶塔碑》爲基礎，兼有《勤禮碑》和歐體的一些特徵。筆劃挺拔乾淨，圓潤飄逸，弧線比較少，特別是捺畫，沒有波折起伏，如「之」「彼」等字的捺。骨力洞達，結字端莊秀麗，令人賞心悅目。

5. 《北齊書》（圖 41），共 50 卷，唐代李百藥撰，此書最早刊刻於北宋政和年間（1111～1118），但已失傳。之後南宋紹興年間（1131～1162）重刻，被稱爲「蜀大字本」，刊刻的書版只有少部分存於杭州，之後經歷了宋、元、明三個朝代的補版刊刻，被稱爲「三朝本」。現選的部分應刊刻於南宋紹興時期的四川眉山。書中字體有顏體，寬博疏朗，筆劃細小，結構取法《多寶塔碑》，線條圓轉流暢，起筆和收筆動作比較明顯，字形飄逸秀美。

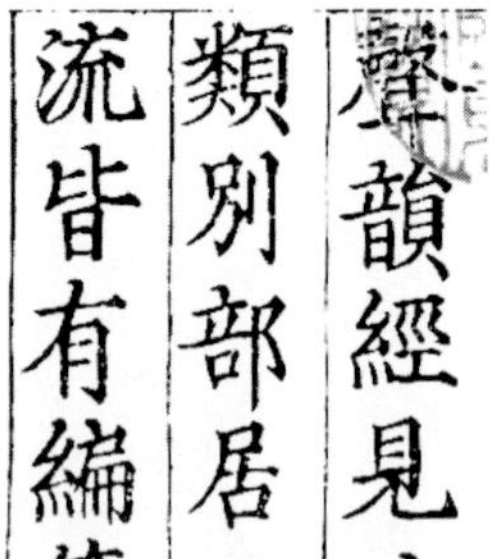
聲韻經見此焉爲始後
類別部居乃有四聲若
流皆有編著近世小學

圖 39 《集韻》局部

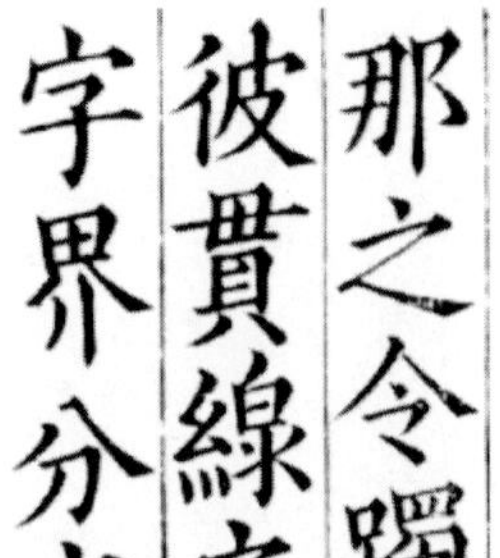
那之令躅印度則始
彼貫線之花綴以多
字界分之以男聲

圖 40 《龍龕手鏡》局部

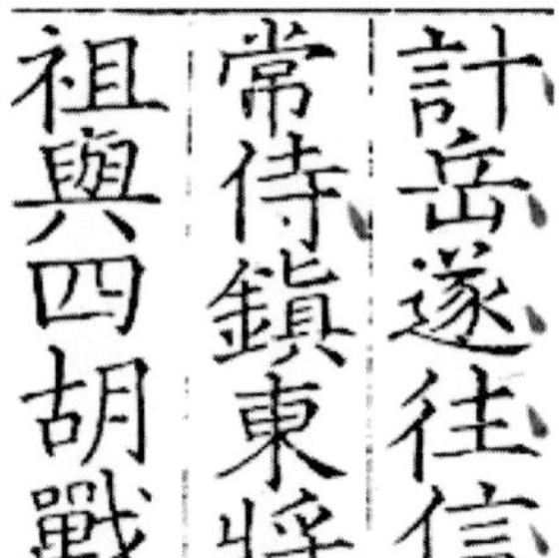
計岳遂往信都高祖見之
常侍鎮東將軍金紫光祿
祖與四胡戰于韓陵高祖

圖 41 《北齊書》

這幾部書的刊刻地點都不一樣，《大易粹言》刊刻於安徽，《自警編》刊刻於江西九江，《集韻》刊刻於湖南，《龍龕手鏡》刊刻於浙江杭州，《北齊書》刊刻於四川。刊刻時間爲南宋初期至南宋中期。《集韻》的字體風格與其他幾部書有明顯的差別，字體相對瘦長一些，《北齊書》的筆劃弧線比較多，字體相對柔弱。

在仿《多寶塔碑》顏體的幾部書籍中，字體爲粗線和細線的書籍，刊刻地點主要爲福建建陽、江西九江、安徽、四川、湖南等地。福建建陽的筆劃相對粗壯，沒有其他地區的筆劃精細，江西的刊刻字體不論粗線和細線，刊刻謹嚴，筆筆到位，這些特點與這幾部書屬於官刻背景也有關係。

五、變異的顏體

所謂變異的顏體，指將顏體的某些筆劃、部件進行加工，組成跟原字體不一樣的新字體，跟模做顏體字形的字體不一樣，這種字體儘管沒有脫離顏體的範疇，但做了相關的改造，與仿顏體有很大的區別。變異的情況有：將原字體筆劃的提按細節去掉；將原有筆劃的局部誇張變形；將原字體的結構誇張變形。具有這種字體特徵的書籍有《漢書》《資治通鑒》《後漢書》《晉書》等。

1. 《漢書》（圖42），共100卷，漢代班固撰，唐代顏師古集注，宋慶曆元年（1195）劉元起刊刻，屬於福建建安刻本。本書以宋祁的校本爲主，又加入了其他善本的相關內容。該書的目錄之後有「建安劉元起刊於家塾之敬室」的牌記，但在第31卷的末尾又有「建安黃善夫刊於家塾之敬室」的牌記，日本學者尾崎康認爲此本爲黃善夫和劉元起之敬室家塾刊本。書中字體有顏體，在《麻姑》的基礎上做了比較大的改易，架構取《麻姑》的方正結構，但內部的線條不一樣，將《麻姑》中撇、捺的彎曲都拉直，形成直挺剛硬的線條，折筆動作也很誇張，同時，將有些筆劃也進行改變，如「哲」中上部的豎筆，呈彎曲狀，「綜」「儲」的上部，將點改變爲短豎。在內部空間排布上也沒有《麻姑》的勻稱和平穩。

2. 《資治通鑒》（圖43），共294卷，另附目錄30卷，宋代司馬光撰，爲宋紹興二年至三年（1132～1133）兩浙東路茶鹽司公使庫刻本。書中字體有變異的顏體，在顏體的基礎上做了一些改動，採用《多寶塔碑》的筆劃和《自書告身》的縱勢結體，中宮緊收，筆劃洗練靈活，書畫主筆弧線多，直線少，呈豎條橢圓狀，橫畫的收筆處有三角形上凸。

圖 42 《漢書》局部　　　　　　　圖 43 《資治通鑑》（南宋刻本）局部

　　3. 《後漢書》（圖 44），共 90 卷，南朝宋范曄撰，唐代李賢注。此本為南宋初期建陽王叔邊一經堂刊刻，屬於書坊刻本。王叔邊為杭州人，在杭州開有書肆，由於杭州圖書管理比較嚴格，他便去建陽刻書，他所負責刊刻的書籍兼有杭州和建陽的特點。本書選錄的文字有一些顏體風格，線條柔軟修長，結構寬博，但比顏體要鬆散，筆劃弧線多，線條不夠挺拔。

　　4. 《晉書》（圖 45），共 130 卷，唐代房玄齡等撰，南宋初期建陽刻本。其中有第 99 卷的第 9 頁、第 106 卷的第 11 頁、第 111 卷的第 9 頁為補抄本，本書主要寫兩晉的歷史。書中的字體有顏體的意味，筆劃比顏體長，特別是橫畫，在起筆都有尖彎鉤，結構採用相向的處理方法，豎條的筆劃都向內部包抄，形成橢圓形狀。結構也採用顏體寬博的方式，內部筆劃均勻，斜插筆劃少。

　　這幾部書採用變異的顏體刊刻，之所以採用變異的顏體，大部分情況是寫手和刻工對顏體的書法特徵不熟悉導致的。《漢書》《後漢書》《晉書》的刊刻地點為福建建陽；《資治通鑑》刊刻於浙江，刊刻時間相對較早，為南宋初期刻本，其他幾部書的刊刻時間為南宋中期。福建建陽的這幾部書由劉元起、黃善夫、王叔邊等人主持刊刻，他們是當地著名的書坊主人，這幾部書的刊刻字體相對比較差，人們對福建建陽「麻沙本」的刊刻質量評價不高，看來也是有原因的。

圖 44　《後漢書》局部　　　　　　　圖 45　《晉書》局部

第二節　仿歐體

　　歐體爲歐陽詢書法的簡稱。歐陽詢（557～641），字信本，潭州（今湖南長沙）人，生於廣東，長於長安。其父歐陽紇曾繼承祖父歐陽頠的爵位，任廣州刺史等職位，後因與陳宣帝互相猜疑，歐陽紇在廣州起兵反叛，第二年兵敗，遭到滅族。歐陽詢幸免於難，由其父的好友江總（519～594）收養，歐陽詢此年爲 14 歲。歐陽詢年輕時任過太常博士，掌管禮儀、祭祀方面的事，其書法已著稱於長安，曾給右武侯大將軍周羅睺、左僕射元長壽、屯衛大將軍姚辯等人寫過碑誌。在武德四年（621），歐陽詢被唐太宗召爲五品給事中，此時歐陽詢已 65 歲。歐陽詢曾奉詔編修《藝文類聚》《陳書》等有影響的書籍，於唐貞觀十五年（641）85 歲卒於率更令任上，後人也以他的職位稱呼他爲「歐陽率更」，他的書法也被稱爲「率更體」。歐陽詢的書法與養父江總的教誨有關。江總官至陳尙書令，文學、書法都擅長，《述書賦》評價陳時書家時有其名字。歐陽詢是一位比較全面的書法家，他擅長多種書體，張懷瓘在《書斷》中評價歐陽詢的書法「八體盡能，筆力勁險，篆體尤精」〔註8〕，歐陽詢的篆書不多見，主要書寫碑版的碑額，比較而言，他的篆書沒有特別奇妙

〔註 8〕　《歷代書法論文選》，上海書畫出版社，1979 年。

之處。他的楷書為世人所重，楷書作品主要有《化度寺碑》《九成宮醴泉銘》等。

　　《九成宮醴泉銘》立於唐貞觀六年（632），由魏徵撰文，歐陽詢書寫。王世貞評價歐陽詢的書法中就這個字帖寫得好，其書「太傷瘦儉，古法小變，獨《醴泉銘》，遒勁之中不失婉潤，尤為合作」〔註9〕。

　　《化度寺碑》立於唐貞觀五年（631），由李百忍撰文，歐陽詢書寫。王惲在《秋澗大全集》卷九十六的《玉堂嘉話》評價為：「《化度碑》規模一出《黃庭》，至奇古處，乃隸書一變。」說其取法王羲之的《黃庭經》，筆劃老練、渾穆，氣息貫通，排布精巧，屬於他的上乘之作。

　　歐體楷書總體來說用筆圓潤有力，方圓兼收，氣韻內斂，結體嚴謹，平畫斜接，中宮緊致，一絲不苟。有些筆劃略帶隸意，清代包世

圖　歐陽詢《九成宮醴泉銘》局部

臣認為歐陽詢的書法「指法沉實，力貫毫端，八方充滿，更無假於外力」。朱翼庵在《歐齋石墨題跋》中評價：「率更貞觀六年七月十二日書付善奴，授訣云：『每秉筆必在圓正，氣力縱橫重輕，凝神靜慮，當審字勢，四面停均，八邊具備，長短合度，粗細折中，心眼準程，疏密欹正……』」〔註10〕歐陽詢有《八訣》《三十六法》《用筆論》等講用筆和結字的方法。他提倡的「相讓」「補空」「救應」「包裹」等技巧以及「剛則鐵畫，媚若銀鉤，壯則屈吻而崢嶸，麗則綺靡而清遒」〔註11〕，在《九成宮醴泉銘》中發揮得淋漓盡致。

　　在宋代書籍刊刻字體中，仿歐體比較多，在實際刊刻中，由於受版面的影響，寫方正的、寬扁的字形容易節約版面空間，仿歐體的字形大多書採用比較方扁的字形。方扁的字形跟長條形的歐體有一定的區別，但這些字體的筆劃基本上是歐體的特點，故將其納入仿歐體字形中。這些字體有的線條很粗壯，有的線條比較細小，根據筆劃的粗細，暫將其字體分為粗線仿歐體、中粗仿歐體、細線仿歐體幾種類型進行分析。

〔註9〕〔明〕王世貞：《弇州山人四部稿》卷一百三十五。

〔註10〕朱翼庵：《歐齋石墨題跋》，紫禁城出版社，2006年。

〔註11〕〔唐〕歐陽詢：《用筆論》，《歷代書法論文選》，上海書畫出版社，1979年，第106頁。

一、粗線仿歐體

　　粗線仿歐體筆劃圓潤，起筆和收筆的動作不明顯，豎鉤和斜鉤以圓角居多，豎彎鉤的出鉤沿襲歐體的厚重特點，最後的拐角比較肥大，字形以方扁居多。書中字體有粗線仿歐體的宋版書有《大方廣佛華嚴經》《諸史提要》《事類賦》《春秋左傳正義》《韻補》《鮑氏國策》《荀子》等。

　　1. 《大方廣佛華嚴經》（圖 46），共 80 卷，唐代釋實叉難陀譯，宋代杭州朱紹安等刊刻。《大方廣佛華嚴經》簡稱《華嚴經》，又稱爲《雜華經》，我國華嚴宗以此經立宗。其主要內容是佛成道以後，在菩提場等處結文殊、普賢等菩薩顯示佛陀的因果德行。實叉難陀，又稱施乞叉難陀，于闐（今屬新疆和田）人，唐代僧人，通大小乘和外學。本經爲經摺裝，每卷後都有施刊人姓名。本書的字體爲粗線仿歐體，每行 15 個字，沒有烏絲欄，筆劃圓潤，結字方整，提按不明顯，有如抄本，沒有刊刻痕跡。

　　2. 《諸史提要》（圖 47），共 15 卷，宋代錢端禮撰，宋乾道（1165～1173）紹興府學刻本。錢端禮（1109～1177）字處和，臨安（今浙江杭州）人，吳越王錢俶的第 6 代孫，隆興二年（1164）賜進士，兼戶部尚書。這部書框高 23.4釐米，寬 17 釐米，每半頁 9 行，每行 14 字，小字爲雙行，每行 28 字。書中有粗線仿歐體，字形爲長條形，歐體的風格明顯，筆劃圓潤挺拔，捺畫出鋒尖銳。

圖 46　《大方廣佛華嚴經》局部　　　圖 47　《諸史提要》局部

3. 《事類賦》（圖 48），共 30 卷，宋代紹興十六年（1146）兩浙東路茶鹽司刻本，宋代吳淑撰並注，框高 22.2 釐米，寬 15.9 釐米，每半頁 8 行，每行 16 字至 19 字。吳淑（947～1002），潤州丹陽（今江蘇鎮江）人，由南唐入宋，官至員外郎。《宋史》記載，稱他「幼俊爽，屬文敏速」「性純好古，詞學典雅」，他參與編纂的書籍有《文苑英華》《太平廣記》《太宗實錄》等。刊刻《事類賦》的原因是爲了滿足科考人員考試和文人們作文賦詩的需要，同時，對以前繁複的類書進行總結，容易記誦。書中有粗線仿歐體，筆劃清秀圓潤，提按分明，結構緊湊，字體縱長。

4. 《春秋左傳正義》（圖 49），共 36 卷，宋慶元六年（1200）紹興府刻宋元遞修本，該書後有一段兩浙東路提舉黃唐的跋文。該書爲大字本，每半頁 8 行，每行有 15 個字、16 個字不等。全書有 36 卷，將經、注、疏合刻在一起，小字刻雙行，每行 22 字。刻工爲浙江中部人，有葛昌、宋瑜、張謙、何澄、李侃、朱渙、宋琚、徐宥、張明、何升、李倚、許成之、王定、何鎮、顧祐、方茂、陳晃等人。這部書的字體有粗線仿歐體，筆劃的書寫性比較強，起收的提按動作不明顯，結字方正，字距小，排布緊密。筆劃圓渾，整體比較方整，呈正方形，具有柔潤整飭的特點。

圖 48 《事類賦》局部　　　　圖 49 《春秋左傳正義》局部

5. 《韻補》（圖 50），共 5 卷，宋代吳棫撰，框高 21.7 釐米，寬 15.3 釐米。每半頁 6 行，每行 9 字，小字雙行，每行 18 字。吳棫（1100～1154），福建建安人，宣和年間（1119～1125）進士，南宋著名音韻學家、經學家。所錄序言爲徐蕆所寫，其落款爲「乾道四年（1168）四月壬子武夷徐蕆書」，徐蕆在序言中說他與吳棫爲同鄉：「與蕆爲同里有連，其祖後家同安之。」兩人都

通音韻學、訓詁學。宋末桑世昌《迴文類聚》卷三收錄了徐蔵的一首七言絕句《春夜》：「斜光月映紗窗小，美蔭雲連翠竹高。花露染成香地暖，隔簾輕吹晚騷騷。」該序為大字歐體，偏粗，偏扁，取橫勢，左右開張，捺腳飄逸，筆劃起收不明顯，行距大，字距小。

6.《鮑氏國策》（圖51），共10卷，宋代鮑彪校注，刊刻於宋紹熙二年（1191），為會稽郡齋刻本。框高21釐米，寬15.7釐米。每半頁11行，每行20字。鮑彪，字文虎，縉雲（今浙江麗水）人。王信在書的後序中講，鮑彪「妙年甲進士第，恥求人知，嘗有『此身甘作老文林『之句。」得知鮑彪為進士及第。本書由王信主持刊刻，王信（1137～1194），字誠之，處州麗水（今屬浙江）人。紹興十三年（1160）中進士，後官至中書舍人、給事中。他為人剛毅正直，曾任紹興知府，曾經治理湖澇有功，得到老百姓的喜愛，被稱為「王公湖」。本書的序為鮑彪所寫，鮑彪字龍虎，龍泉（今屬浙江）人，高宗建炎二年（1128）進士，他寫的字體筆劃勻稱，有歐體風格為主，整體結構比較寬博，結體帶有顏體風格，筆劃乾淨利落，有的捺畫出尖鋒利。

7.《荀子》（圖52），共20卷，唐代楊倞注，有顧廣圻的跋文，宋淳熙八年（1181）台州唐仲友刊本，書版框高23釐米，寬18.9釐米，每行15字至18字，小字雙行，每行22字至27字。字體為大字歐體，刻工有宋琳、蔣輝、李忠、王定、葉祐、吳亮、林俊、陳岳、僖華、周侁、王震、周珣、徐逵、陳岳、周安等人，這些刻工為浙江中部人。書中有歐體，結字方正，取橫式，捺筆出鋒比較鋒利，個別筆劃還有行書的牽絲，如「以」等字。

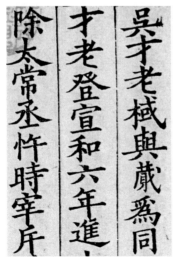  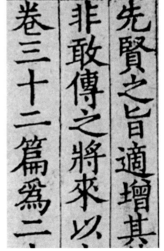

圖50 《韻補》徐蔵序局部　　圖51《鮑氏國策》序局部　　圖52 《荀子》局部

從以上幾種書版的邊框尺寸，可以初步估計字體的大小。每頁的行數相對比較少，大字特徵凸顯，歐體的筆劃特徵也比較明顯。幾種書的字體大多呈扁方形，其中《諸史提要》《春秋左傳正義》和《陳書》的豎彎鉤拐角處的歐體特徵明顯。刻工的雕刻技術都很精湛，沒有明顯的刀痕，刊刻字體接近書寫的本來面目，書寫意味比較強。其刊刻的刻工，大多是浙江地區的人，刊刻的時間爲南宋初期至中期，從高宗朝至寧宗時期，時間跨度有 80 多年。

二、中粗仿歐體

中粗仿歐體的線條更爲豐富，有一部分字體的筆劃有明顯的刀刻痕跡。有些書的筆劃稍微小一點，但手寫字體的趣味依然存在。根據字體的外部形態，將其分爲橫勢和縱勢的字體，橫勢的字體比縱勢的字體相對要寬博。

（一）字體呈橫勢中粗仿歐體有《廣韻》《渭南文集》《河嶽英靈集》等

1. 《廣韻》（圖 53），共 5 卷，刊刻於寧宗年間（1195〜1224），浙江刻本。宋代陳彭年等撰，楊守敬跋。陳彭年（961〜1017），字永年，撫州（今屬江西）人，於雍熙二年（985）舉進士，後官至刑部尚書。本書源於隋朝陸法言的《切韻》，唐朝陳州司馬孫愐著《唐韻》，至宋朝再次編修成《廣韻》。刻工有何澄、何昇、宋琚、趙中、曹榮、吳志、吳益、沈恩惠、王玩、沉思恭等人。其中劉昭、宋琚參與嘉定溫陵莊夏刻本《東觀餘論》，何澄、何昇等17 個人參與刊刻宋慶元紹興府刻本《春秋左傳正義》，趙中、宋琚、吳志等人參與刊刻嘉泰呂喬年刻本《東萊呂太史文集》。潘祖蔭在《滂喜齋藏書記》中稱讚本書「首尾完好，紙質堅厚，墨彩飛騰」〔註 12〕。書中字體有中粗仿歐體，結字緊湊，歐體特徵明顯，豎鉤中有顏體的特徵，起筆有尖角，如「儀」的撇畫和「陸」的豎畫等。整篇排布寬博大方。

2. 《渭南文集》（圖 54），共 50 卷，宋代陸游撰，爲宋代嘉定十三年（1220）陸子遹溧陽學宮刻本，陸子遹爲陸游第七子，曾爲溧陽知縣、嚴州知州。這本書是他在溧陽知縣任上令溧陽學宮刊刻的。刻工有董澄、吳椿、陳彬、金滋、馬良、馬祖、徐珙、丁松年等，這些人爲杭州刻工。《渭南文集》有可能是請這些刻工去溧陽刊刻，也有可能將書稿寄至杭州，再請他們刊刻的，但前一種可能性大。書中字體有中粗仿歐體，刊刻保留杭州的風格，筆劃勁挺，

〔註 12〕　〔清〕潘祖蔭，潘宗周：《滂喜齋藏書記 寶禮堂宋本書錄》卷一，上海古籍出版社，2007 年。

折筆處有的被直接刻成鋒利的尖角，如「有」「記」等字，刊刻刀法使筆劃的起筆和收筆變得單一。

3. 《河嶽英靈集》（圖 55），共 2 卷，唐代殷璠輯，莫友芝校對，南宗中期浙江刻本。殷璠，生卒年不詳，唐代丹陽（今屬江蘇）人，舉進士，作詩有名。書中收錄了「河嶽英靈」王維、王昌齡等 24 人的詩 324 首。全書的避諱不嚴，可以看出不是官刻本。其中的「廓」字避諱，判斷此書應刊刻於寧宗時期（1195～1224）。書中字體有中粗仿歐體，結字大方，筆劃瘦硬寬博，橫畫的收筆處三角形凸起比較明顯，保留了歐體的本來骨架，整體比較勁挺勻稱。

圖 53　《廣韻》局部　　圖 54　《渭南文集》局部　　圖 55　《河嶽英靈集》局部

（二）除了橫勢的中粗仿歐體之外，還有一部分縱勢的中粗仿歐體

這種字體的筆劃比較瘦硬，棱角突出，但整體上還屬於典雅的書寫範疇，刀刻的痕跡不明顯。字體呈縱勢的中粗仿歐體有《附釋文互注禮部韻略》《攻媿先生文集》《大威德陀羅尼經》《醫說》等。

1. 《附釋文互注禮部韻略》（圖 56），共 5 卷，《韻略條式》1 卷，宋代紹定三年（1230）藏書閣刻本，本書繼承《廣韻》的一些內容，可能為南宋人編纂，書中在每個字下加注傳統注釋，再對這些注釋進行疏解和補充，為科

舉考試用書。本書的開頭講述了宋代歷朝皇帝的諱字，目的是提醒科舉學子們不要在試卷中犯錯。本書的寫刻都非常規範嚴謹，體現了官刻本的主要特點。書中字字體有中粗仿歐體，筆劃細緻遒勁，結字取縱勢，疏朗有致，版式規整，框角有方有圓，有些筆劃帶有顏體特徵。

2. 《攻媿先生文集》（圖57），共120卷，附目錄5卷，宋代樓鑰撰，宋代浙江四明樓家刻本。樓鑰（1137～1213），字大防，自號攻媿主人，浙江寧波人，南宋孝宗隆興元年（1163）進士。其刻工有馬祖、金滋、方至、宋琚、丁松年等，他們都是南宋中期浙中地區的刻工。可知本書刊刻於南宋中期的浙江地區。書中字體有中粗仿歐體，筆劃秀逸，整體呈縱勢，筆劃勁挺，橫畫收筆處有三角形上凸。

圖56 《附釋文互注禮部韻略》局部

圖57 《攻媿先生文集》局部

3. 《大威德陀羅尼經》（圖58），共20卷，現存第16卷，隋代釋闍那崛多等譯，南宋杭州刻本。刻工有蘇潤、玉等。卷首有扉畫，經書的字體為中粗仿歐體，筆劃清秀挺拔，提按清楚，橫畫收筆處有三角形上凸，行列之間沒有烏絲欄，結字疏朗，整體呈縱勢，整齊有序。

4.《醫說》（圖59），共10卷，張杲撰，有黃丕烈、丁丙跋，宋代刊刻，宋元遞修本。張杲為安徽歙縣人，其家族有三代行醫，《四庫全書總目》評價此書為淵源有自，非道聽途說之作。書中的字體有中粗仿歐體，筆劃挺拔剛直，起筆和收筆有尖銳鋒芒，排布均勻疏朗，整體比較端正。

圖 58　《大威德陀羅尼經》局部　　　　圖 59　《醫說》局部

這幾部書都是中粗仿歐體，都刊刻於南宋時期，除了《渭南文集》由江蘇溧陽學宮刊刻外，其他的幾部書都在浙江刊刻。中粗仿歐體的字體筆劃一般比較挺拔，不管橫勢、縱勢，結字都比較大方，改變了歐體斜結而中宮緊湊的風格，內部筆劃排布相對均勻，整篇疏朗有致。

三、細線仿歐體

細線仿歐體是相對於粗線仿歐體來說的，在宋版書中，有的書籍字體筆劃纖細，行距和字距都比較小，但也並不是如巾箱本那樣的小字，而是能夠正常閱讀的字體。宋代書籍刊刻中細線仿歐體有寬博型和縱長型兩種類型。

（一）寬博型的字體特點為歐體特徵明顯，筆劃清秀，字體寬博，字體內部筆劃排布均勻，基本屬於平畫寬結。具有這種風格的書籍有《皇朝仕學規範》《唐求詩集》《重彫足本鑒誡錄》《妙法蓮華經》等。

1.《皇朝仕學規範》（圖60），共40卷，宋代張鎡輯，張鎡（1153～1211），字功甫，一字時可，祖籍成紀（今甘肅天水），後居臨安（今杭州），與當時的楊萬里、陸游等人往來唱和。本書可能為宋光宗即位（1190）之前刊刻於浙江。書中字體有細線仿歐體，筆劃平直纖細，直線多，曲線少，方整有序，刊刻刀痕比較明顯。

2.《唐求詩集》（圖61），共1卷，唐代唐求撰，有季振宜題款，南宋臨安棚橋北面的陳宅書籍鋪刊刻。書中有細線仿歐體，字形方正，筆劃剛直，具有明顯的刀刻特徵，轉折處棱角銳利，有些筆劃還附帶有小筆劃，如捺筆的起筆處，帶有明顯的犄角。上下字之間排布比較密，有的字筆劃之間有黏連。

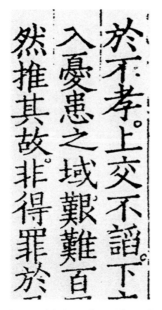
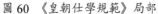
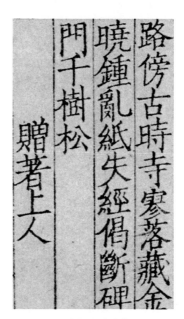

圖60 《皇朝仕學規範》局部　　　　圖61 《唐求詩集》局部

細線仿歐體寬博型的字形基本上是平畫寬結，排布方整，在視覺上比較大氣，但也有一部分書籍字形採用寬博字體，筆劃和結體都源自歐體，字形也比較寬博，但字形內部筆劃為斜結，有的字形呈菱形。

3.《重彫足本鑒誡錄》（圖62），共10卷，後蜀何光遠撰。何光遠為江蘇東海人，書的主要內容為收集唐五代的有關政事，以為世鑒。刻工有沈善等人，應為南宋浙江刻本。文中的俗體字較多，一般情況是，南宋後期的福

建麻沙本和四川蜀刻本俗體字比較多，這種俗體字現象在浙江刻本中不多見。書中字體有細線仿歐體，筆劃沒有提按動作，有如棍子擺設，結字也不甚工穩，方角較多，整體比較散漫。

　　4.《妙法蓮華經》（圖63），共7卷，後秦釋鳩摩羅什譯，宋代臨安府賈官人經書鋪刊刻。《妙法蓮華經》簡稱《法華經》，屬於大乘佛教的早期經典之一，後秦弘始八年（406）由鳩摩羅什譯出後得到廣泛傳播。宋元間，寺院、書坊都刊刻小字巾箱本。經書中的字體爲細線仿歐體，筆劃傾斜，提按少，結體比較寬，字形呈菱形，沒有烏絲欄，整體排布密集。

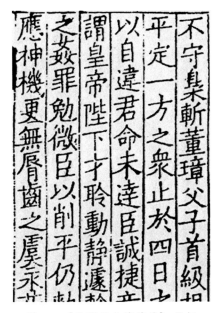 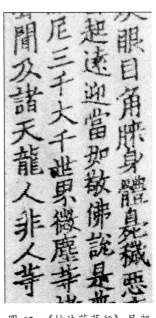

圖62　《重彫足本鑒誡錄》局部　　　　圖63　《妙法蓮華經》局部

　　（二）縱長型細線仿歐體的特點是結字緊湊，字體修長，跟歐體的原貌相類似，筆劃剛勁，沒有明顯的起伏運筆，看上去規範乾淨。宋版書中具有這種風格的代表書籍爲《春秋經傳集解》《王建詩集》《太玄經》等。

　　1.《春秋經傳集解》（圖64），共30卷，附《春秋二十國年表》1卷，晉代杜預撰，唐代陸德明釋文，刻工有李文、李煥、趙通、李師愼、宋圭、宋昌、宋林、毛奇、吳浩等人，這些工匠爲南宋中期杭州刻工。書中字體有細線仿歐體，筆劃細瘦挺拔，直來直去，曲線少，轉折較硬，起筆收筆沒有明顯的提按動作，結字緊湊，字體縱長，歐體的特點很明顯。

2. 《王建詩集》（圖 65），共 10 卷，唐代王建撰，宋代臨安府陳解元宅刻本，其中卷二至卷三，卷六至卷十配有清抄本。有繆荃孫校跋和陳乃乾跋。書的主要內容爲前三卷爲樂府詩，卷四爲古風，卷五至卷八爲律詩，卷九是絕句，卷十爲宮詞。在書後有「臨安府棚北睦親坊巷口陳解元宅刊印」的牌記，睦親坊巷口的陳宅書籍鋪是南宋後期臨安有名的書坊，刊刻了很多前人詩集。書中字體有細線仿歐體，字體規整，取縱勢，筆劃乾淨，刊刻技術優良。

3. 《太玄經》（圖 66），共 10 卷，漢代揚雄撰，晉代范望、宋代司馬光等注。揚雄爲西漢哲學家、語言學家、文學家，四川成都人。本書仿《易經》而作，提出以「玄」作爲萬物的根本規律，個人需要順應這種規律而安身立命的觀點。書中的刻工有金祖、丁松年、項仁、金榮、陳壽、詹世榮等人，他們爲南宋中期杭州地區的刻工，他們還參與刊刻《春秋左傳正義》《周易注疏》《後漢書注》《經典釋文》等書，依據這些刻工推測本書爲南宋中期浙江地區刻本。書中字體有歐體，結字大方謹嚴，取縱勢，筆劃的起筆處有尖角，有的橫畫收筆處有三角形上凸，出鉤比較粗，結構四平八穩。

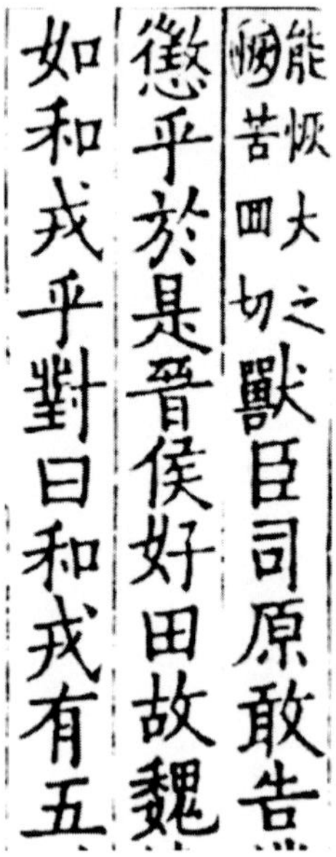

圖 64 《春秋經傳集解》局部 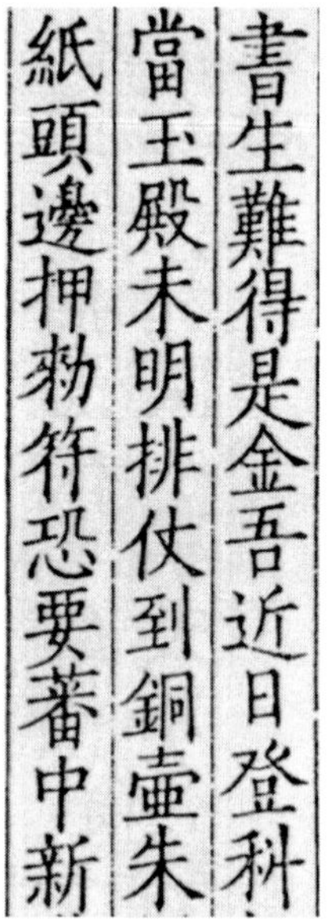　　圖 65 《王建詩集》局部 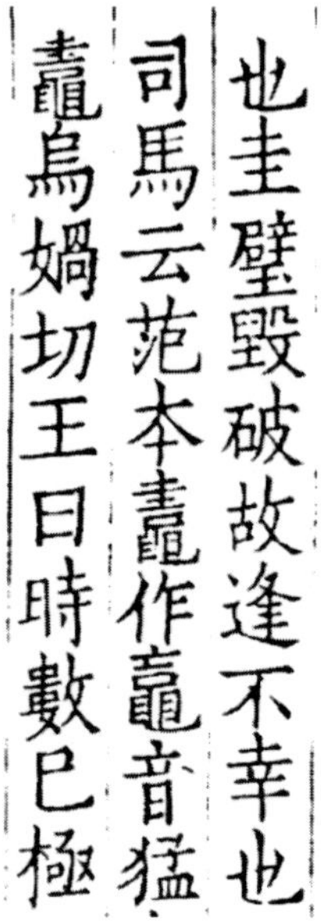　　圖 66 《太玄經》局部

用仿歐體刊刻的書籍主要集中於浙江地區，以杭州居多，其他地區如紹興、會稽等地也有不少刊刻，不管是官刻、家刻還是坊刻，刊刻的字體基本

上忠於歐體原貌，大多數書籍的寫刻技術精良，刊刻比較差的只是個例，如坊刻本《重彫足本鑒誡錄》。官刻字體筆劃相對較粗，坊刻本的筆劃相對較細，筆劃特別細的有臨安府賈官人經書鋪刊刻的巾箱本《太玄經》，由於字體過小，書寫呈斜勢，但字體基本上沒有脫離歐體的意味。

四、仿歐顏體

歐顏體有比較明顯的特點，即歐體的筆劃套上顏體的框架，很少用顏體的筆劃套上歐體的框架的。這類字體在宋代書籍刊刻中非常普遍，在上文的分析中，有些書籍用歐體刊刻，其中也有顏體的特徵；而使用顏體刊刻的書中也有歐體的特徵，只是別的字體特徵所佔的比例小，而將其暫時歸到歐體或者顏體中分析。嚴格地說，所分析的字體大部分屬於歐顏體，在宋版書中很難找到用純粹的仿歐體或者仿顏體刊刻的書籍。根據筆劃的粗細，將仿歐顏體分為粗線仿歐顏體和細線仿歐顏體。

（一）粗線仿歐顏體

粗線仿歐顏體的特徵是線條相對粗壯，既有歐體特徵，又有顏體特徵，兩種書體都融合到一起。用這種字體刊刻的書籍有《家禮》《古文苑》《四明續志》（開慶本）《陳書》《樂府詩集》等。

1. 《家禮》（圖 67），共 5 卷，宋代朱熹撰，附錄 1 卷，宋代楊復撰。其主要內容為恢復古人的齊家之道，並有為國家崇化導民之意。楊復為福建福州人，為朱熹的學生。此書刊刻於淳祐五年（1245）左右，其刻工有馬良、王錫、張元彧、徐典等人，這些人都為南宋中後期杭州的刻工，此書應刊刻於杭州。書中字體為粗線仿歐顏體，顏體的特徵取法《麻姑仙壇記》，將筆劃進行改易，橫細豎粗，起筆處刊刻尖銳，橫畫收筆處有三角形上凸，捺腳出鋒沒有《麻姑仙壇記》式的雁尾，豎鉤、豎彎鉤的鉤法有歐體意味，刀刻痕跡比較明顯。

2. 《古文苑》（圖 68），共 9 卷，書後有穎川（今屬河南）韓元吉於淳熙六年（1179）六月所寫的後記，說明該書由唐人所藏，後經孫巨源在一個佛寺的經龕中發現。孫巨源（1031～1079），名洙，字巨源，廣陵（今江蘇揚州）人，年輕時舉進士，曾為翰林學士，可惜英年早逝，享年 49 歲。寫後記的韓元吉（1118～1187），字　咎，號南澗，開封（今屬河南）人，曾任南劍州主簿、建安令，之後官至吏部尚書、龍圖閣學士等。書籍內容為秦漢以來的詩

賦、碑文、曲、頌等。經李致忠先生根據文中的避諱和刻工名字「金敦」考證，此書刊刻於孝宗朝（1163～1189）。金敦於淳熙十四年（1187）參與刊刻過《劍南詩稿》，還參與刊刻過《南史》《酒經》和明州本《文選》等。刻工還有金章、吳浩、宋琳、李忠等人，這些人均爲浙中地區有名的刻工。《古文苑》的字體以歐體爲主，也有顏體的一些特徵，比如「園」「愁」等字。其橫畫有明顯的三角形上凸，有的捺筆在停頓後拖出來一個平腳，橫與豎的拐角處有頓筆動作，內部筆劃以斜結爲主，字形比較清秀。刀刻痕跡不是很明顯。

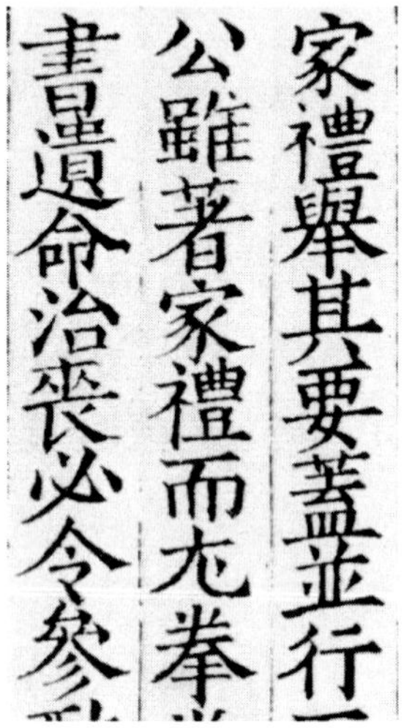
家禮舉其要蓋並行
公雖著家禮而尤拳
書遺命治喪必令參

圖 67 《家禮》局部

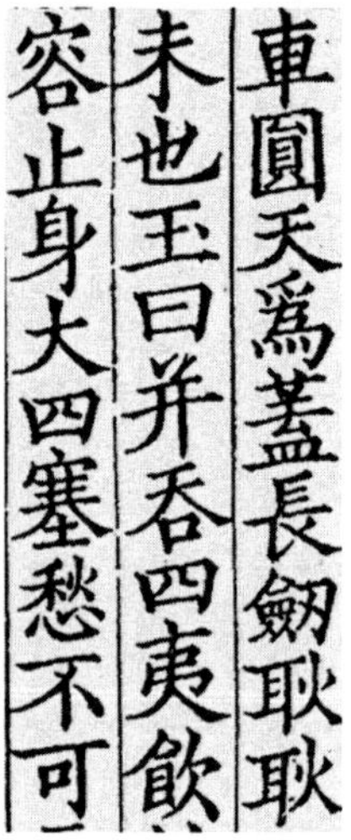
車圓天爲蓋長劍耿耿
未也玉曰并吞四夷飲
容止身大四塞愁不可

圖 68 《古文苑》局部

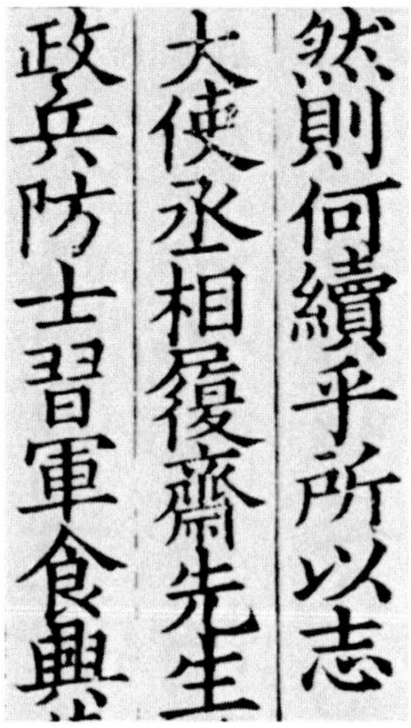
然則何續乎所以志
大使丞相履齋先生
政兵防士習軍食與

圖 69 《四明續志》（開慶本）局部

3. 《四明續志》（開慶本）（圖 69），宋代梅應發、劉錫纂修，宋代開慶元年（1259）刻本。《四明志》在寶慶三年（1227）刊刻過，此次刊刻爲吳潛於開慶元年（1259）刊刻。梅應發（1224～1301），廣德（今屬安徽）人，寶祐三年（1253）進士，官至太府卿、中奉大夫直寶章閣。劉錫爲浙江永嘉人，在寶祐年間以奉議郎辟充沿海制置大使，主管抄寫機宜文字。吳潛（1195～1262）爲安徽宣州人，於嘉定十年（1217）舉進士第一。後官至右丞相兼樞密使，曾兩次在慶元府任職，本書應爲浙江寧波刻本。書中字體有歐顏體，結字寬博，呈扁平狀，筆劃兼有歐體和顏體的特徵，以歐體筆劃居多，提按明顯，棱角分明。

4. 《陳書》（圖 70），唐代姚思廉撰。框高 22.4 釐米，寬 18.8 釐米。宋代杭州刻本，宋元遞修本。這部書先後編纂曆 70 多年，是姚思廉在其父親姚

察的舊稿上編寫的，歷經宋、元、明補修，後人稱「三朝本」。書中字形筆劃為歐體，但結體又有顏體的一些特徵，橫與豎之間有細微粗細變化。

5.　《樂府詩集》（圖 71），共 100 卷，附目錄 2 卷，宋代郭茂倩輯，根據書中的避諱和刻工情況，傅增湘在跋文中認定此書為南宋初期杭州刻本。郭茂倩字德璨，東平須城（今山東東平）人，元豐七年（1084）河南府法曹參軍。此書的刻工有王珍、徐顏、余永、徐杲等人，這些人還參與刊刻了北宋本《廣韻》。書中字體有歐顏體，筆劃粗壯，圓潤，藏鋒多露鋒少，歐體和顏體筆劃兼具，方整有序，依然保留書寫韻味。

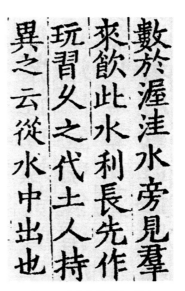

圖 70　《陳書》局部　　　　　　　　圖 71　《樂府詩集》局部

這幾部書都刊刻於浙江，除開慶本《四明續志》刊刻於寧波外，其餘基本都刊刻於杭州，《樂府詩集》刊刻於南宋初期，時間略早於其他幾部書，其次是《古文苑》，刊刻於南宗中期，其他幾部書刊刻於南宋晚期。這些書中的字體相對比較粗壯，只有《古文苑》相對秀逸，其他書的字體相對寬博疏朗。

（二）細線仿歐顏體

細線歐顏體的特點是筆劃源於顏體或者歐體，大多數的筆劃仍然具有書法筆劃的韻致，有少數書刊刻時將相應的提按去掉，只剩下骨架。用細線歐顏體刊刻的書籍有《諸儒鳴道》《漢丞相諸葛忠武侯傳》《新定三禮圖》等。

1.　《諸儒鳴道》（圖 76），共 72 卷，為宋人所輯的理學叢編，收錄司馬光等 11 人的語錄共 15 種。書籍刊刻於宋孝宗時期（1163～1189），之後由閩

川黃壯猷於端平二年（1235）修補，他在跋語中說：「越有《諸儒鳴道集》最佳，年久版腐字漫，摹觀者病之，乃命刊工剜蠹填梓，隨訂舊本，鋟足其文，令整楷焉。」刻工有周彥、許中、毛昌、洪新、李文、王永、洪悅、黃琮、洪坦等人，爲浙中名匠，刊刻書籍的時間在孝宗、光宗時期（1163～1194）。書中字體有細線仿歐顔體，筆劃極爲規範整飭，字體內部的筆劃分佈均勻，除了捺筆的出鋒處略有刀刻痕跡外，整體看不出刀刻特點，令人賞心悅目。

2. 《漢丞相諸葛忠武侯傳》（圖 77），共 1 卷，宋代張栻撰，有黃丕烈、劉體智跋，宋刻本。張栻（1133～1180）字敬夫，號南軒，漢州綿竹（今屬四川）人，後遷居衡陽。官至吏部侍郎兼侍講。張栻的父親張浚爲南宋名臣，倡導北伐收拾河山，其心與諸葛亮相類似，張栻撰寫此傳以見志。書中字體有細線仿歐顔體，歐體的特徵更加明顯，刀法分明，結字端嚴，筆劃犀利，布局疏朗。

3. 《新定三禮圖》（圖 78），共 20 卷，宋代聶崇義集注，宋代淳熙二年（1175）鎮江府學刊刻，公文紙印本，錢謙益跋。聶崇義爲河南洛陽人，善禮學，通經旨。刊刻所用的紙爲公文紙，紙的背面有鎮江府教授徐端卿等人的名字，此書應爲陳伯廣主持刊刻於鎮江。書中字體有細線仿歐顔體，線條纖細挺拔，結體寬博，法度謹嚴，寫刻都非常精到，刀刻痕跡少。

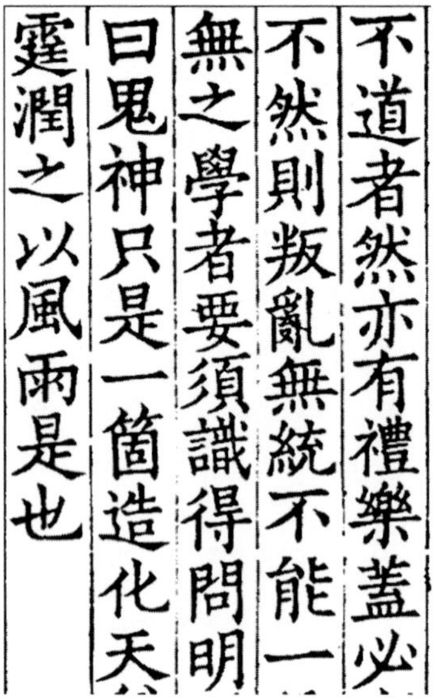
不道者然亦有禮樂蓋必
不然則叛亂無統不能一
無之學者要須識得問明
曰鬼神只是一箇造化天
霆潤之以風雨是也

圖 76 《諸儒鳴道》局部

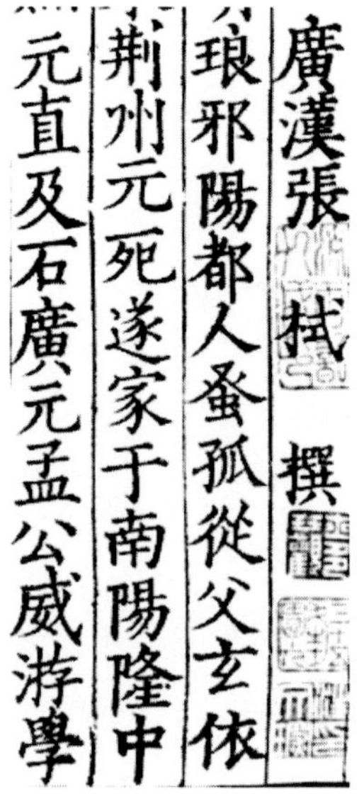
廣漢張栻 撰
琅邪陽都人蚤孤從父玄依
荊州元死遂家于南陽隆中
元直及石廣元孟公威游學

圖 77 《漢丞相諸葛忠武侯傳》局部

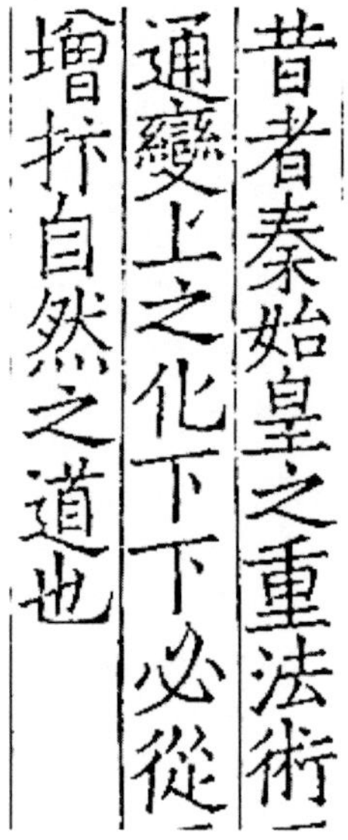
昔者秦始皇之重法術
通變上之化下下必從
增損自然之道也

圖 78《新定三禮圖》局部

　　這幾部書為細線仿歐顏體，這些字體筆劃越細，書法的韻味就越少，像筆劃稍微粗一點的《諸儒鳴道》和《漢丞相諸葛忠武侯傳》，書法的藝術性在字形中得到充分體現，看上去清秀雋永，精緻剔透。

五、宋代書籍刊刻刀法對歐體字形的改造

　　通過上文的分析，宋代刊刻採用歐體字的地區集中在浙江杭州地區，其他地區採用歐體的情況比較少。歐體的筆劃圓潤，字體粗壯，筆劃富有彈性，結字非常嚴謹，將其中的筆劃或者部件作任何的改動都會導致字體的氣勢和韻味受損。在宋代刊刻的歐體字中，完全能模倣像的非常少，由於寫手的理解程度、學書法的功力，以及刻工的技術水平，導致宋版書的歐體形態豐富，由於版面的原因，上下字之間的間距不能拉大，字形也不能過長，很多字形借鑒了顏體的寬博與厚重，特別是粗歐體中比較明顯。下面從宋版書中有代表性的筆劃進行比較，分析歐體字經過寫手和刻工的刊刻後有哪些變異。

《九成宮醴泉銘》　　《諸史提要》　　　《渭南文集》　　　《攻媿先生文集》　　《王建詩集》

圖 79　歐體原碑字形與歐體刊刻字形比較

　　從上表可以看出，在書籍刊刻的過程中將歐體的筆劃都進行了明顯的加工和改造。歐體原碑的筆劃都比較圓潤，沒有明顯的棱角，起筆和收筆的提按動作不明顯。

1. 《諸史提要》的字體相對圓潤，筆劃在刊刻過程中沒有產生太多的變形，只是筆劃變得鋒利一些，有的筆劃在刊刻的過程中有尖角現象，如「大」的撇畫起筆，「光」的上部豎的起筆。《王建詩集》的字體屬於小字，線條有一點提按動作，但是不明顯，有些筆劃明顯不是一次刻成，如「大」字的撇，分為了三節，《諸史提要》和《攻媿先生文集》的「大」也有同樣的問題。

2. 《渭南文集》中的「文」字捺筆明顯多了一個方形的附屬筆劃，筆劃相對更加剛直。《攻媿先生文集》的橫畫右邊有明顯的三角形上凸，在「毛」豎彎鉤拐彎處方角明顯，豎畫與橫畫的相接處幾乎成 90 度的角。「花」的豎彎鉤出鉤處與之前的筆劃不連貫，出現明顯的刀刻痕跡。

3. 刊刻字體越小，線條越細，圓潤的曲線逐漸缺失，只留下剛硬的直線骨架，歐體的原有韻味缺失越多。《王建詩集》的「有」橫畫傾斜很明顯。

從刊刻的時間和地點看，《諸史提要》刊刻於乾道年間（1165～1173），為紹興府學刻本，屬於官刻本；《渭南文集》為嘉定十三年（1220），陸子遹在江蘇溧陽的學宮刊刻本，屬於官刻本，刻工都屬於浙江杭州人，應屬於杭州刻本；《攻媿先生文集》為南宋中期浙江刻本，與《渭南文集》刊刻的年代相當，為四明樓氏家刻本，《王建詩集》為南宋後期臨安府陳解元宅刻本，屬於坊刻本。

通過比較可以得出，早期刊刻的筆劃相對粗壯，筆形也更靠近原碑，刊刻的時間越晚，刊刻的刀痕越明顯，橫畫的收筆處有三角形上凸。前面三部書為官刻、家刻本，其字形明顯比坊刻本《王建詩集》規範，坊刻本《王建詩集》在筆劃的傾斜度和內部筆劃的排布上明顯要隨意得多。

第三節　仿柳體及其他字體

在宋代書籍刊刻中，仿歐體、仿顏體為主要字體，用仿柳體和仿其他字體刊刻的比例不大。其他字體有仿碑誌體、仿瘦金體、仿蘇軾體等。

仿碑誌體是為了講述方便而暫定的一個名詞，其風格與魏晉南北朝時期的碑文和墓誌一類文字相似，筆劃和結字跟唐楷有一定的區別。仿瘦金體是模仿宋徽宗趙佶的書法字體，筆劃瘦硬飄逸，橫畫、豎畫等筆劃的弧線比較多，筆劃內部以斜接為主，由於瘦金體的結字斜結太緊，在刊刻的字體中，只能從筆劃上有瘦金體的痕跡，若嚴格區分，完全以瘦金體風格刊刻的很少。

仿蘇軾體的字體特點是採用蘇軾楷書的粗壯方扁的字形，筆劃圓潤，內部筆劃斜結，但中宮相對較鬆。

一、仿柳體

在宋代刊刻的書籍中，完全仿柳體刊刻的書籍較少，這種字體一般與歐體、顏體等字體的風格融合後寫出一種的混合字體，在字形上柳體的特點相對多一些。柳體的特點是筆劃很挺拔，其字體筆劃提按分明，棱角分明，整體剛勁雄強，氣勢凌厲，人稱「顏筋柳骨」，柳體的結字比較緊湊，中宮緊而外圍筆劃向四周擴張，刊刻字體通過刀刻痕跡容易形成挺拔的筆形，但過緊的結字方式不利於刊刻，因而這種字體結構往往兼有寬博的顏體特徵。

柳公權（778～865）字誠懸，京兆華源（今屬陝西銅川耀縣）人，他 29 歲登進士及第，曾為秘書省校書郎，後為侍書，官至太子少師，屬於典型的宮廷書法家。其楷書代表作品有《玄秘塔碑》（圖 80）《金剛經》等。

以柳體風格為主的宋代書籍有《莆陽居士蔡公文集》《資治通鑑綱目》等。

1. 《莆陽居士蔡公文集》（圖 81），共 36 卷，宋代蔡襄撰，有朱錫庚跋。蔡襄（1012～1067）字君謨，福建仙遊（今泉州）人，北宋天聖八年（1030）進士，曾在開封、福州、泉州等地任職，後為翰林學士。本書的編者為王十朋，王十朋（1112～1171）字龜齡，號梅溪，溫州樂清（今屬浙江）人，南

圖 80　柳公權《玄秘塔碑》局部

宋政治家、詩人。官至龍圖閣學士，常以諸葛亮、顏眞卿、范仲淹、唐介等人自比，篤學自立，為朱熹、張栻所敬。〔註 13〕他在序言中介紹本書的內容為古詩、律詩 370 首，奏議 64 篇，雜文 584 篇。從刻工的名字蔡順、蔡達等人可知，本書由官府刊刻於孝宗時期（1163～1189）的江西漕司或吉州。書中

〔註 13〕　〔元〕脫脫等撰：《宋史·王十朋傳》列傳第 146，中華書局，1985 年，第 34
　　　　　冊，第 11882 頁。

字體筆劃有改造痕跡，有柳體的骨力，將顏體的藏鋒和圓轉去掉，只留下顏體的某些韻味。比如捺腳一波三折，出鋒較長。起筆書有三角形下凸，收筆處有三角形上凸，筆劃勁挺，柳體特徵凸顯，結字方整，內部斜接筆劃少。

2. 《資治通鑑綱目》，共 59 卷，宋代朱熹撰，朱熹在序例中說明了編書的緣由，他寫序例的時間是乾道八年（1172），因本書為幾個地點刊刻的合集，其刊刻的地點有溫陵（今福建泉州）、四川夔州、吉州（今江西吉安）等。故只能說明此書是宋刻本。選錄的序（圖 82）為朱熹所書，具有柳體特點，結字疏朗，筆劃瘦硬，棱角分明，柳體的「筋骨」特徵明顯，結字有顏體的扣寬博特徵。

圖81　《莆陽居士蔡公文集》局部　　圖82　《資治通鑑綱目》朱熹序局部

這兩部書都刊刻於孝宗時期，刊刻地點為江西，字體風格很接近，很可能是同一批寫手和刻工所為。

二、仿碑誌體

仿碑誌體是指模倣魏晉南北朝以及隋唐的某些碑誌文字刊刻而成的字體。用碑誌體刊刻的文字具有筆劃起收多變，結字聚散多變等特點。具有這種字體風格的書籍有《史記》《說苑》《程氏演蕃露》《後漢書》等。

　　1. 《史記》，共 130 卷，漢代司馬遷撰，南朝宋裴駰集解，唐代司馬貞索隱，宋代淳熙三年（1176）張杅桐川郡齋刊刻，淳熙八年（1181）耿秉重修本，下圖爲耿秉書寫的序言。耿秉，字直之，爲江陰（今屬江蘇）人，於紹興三十年（1160）中進士，官至兵部郎中兼給事中，後爲煥章閣待制。耿秉的這篇序言（圖83）字體帶有魏碑特點，字體長短調和，正斜相生，筆力遒勁靈活，將率性寓於規範之中，排布錯落有致，書寫意味頗濃。

　　2. 《說苑》（圖84），共 20 卷，漢代劉向撰，宋代咸淳元年（1265）鎮江府學刊刻，元明遞修本。書中第 8 卷至第 13 卷配有清代道光三年（1823）黃氏士禮居的手抄本。有黃丕烈跋和顧廣圻跋。書中有一段序採用的字體爲仿碑誌體，結字寬博，率性而爲，筆劃以圓爲主，有行無列，章法錯落。

　　3. 《程氏演蕃露》（圖）85，共 16 卷，宋代程大昌撰。程大昌（1123～1195）字泰之，爲安徽徽州人，紹興二十一年（1151）進士，官至龍圖閣學士。根據刻工吳鉉、龐知德等人可知此書爲宋代中期杭州刻本。書中字體有仿碑誌體，取法《張猛龍碑》，有的筆劃斜結，字形峻拔，很少有方整的形狀，筆劃挺拔，柔中帶剛。

圖83《史記》耿秉序局部　　　圖84 《說苑》序局部　　　圖85 《程氏演蕃露》局部

　　這幾部書中有仿碑誌，大多是序所採用的字體，書寫的人不是專門的寫手，而是序作者本人，所以這些字體不具地域刊刻的代表性，只能說明在宋代書籍刊刻中，有這種碑誌特徵的字體存在。

三、仿瘦金體

仿瘦金體是模倣宋徽宗趙佶（1082～
1135）的書法特徵刊刻的字體，宋徽宗爲北
宋第 8 位皇帝，做皇帝共 26 年，後被俘虜折
磨而死。他精於書畫，其楷書瘦硬遒麗，飄
逸清潤，風格獨特（圖 86）。

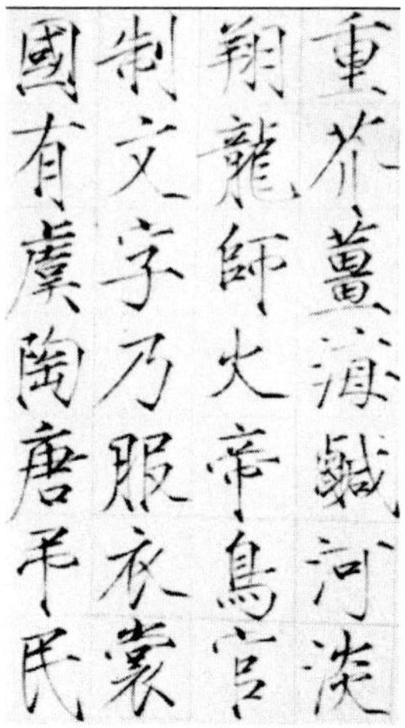

仿瘦金體刊刻的書籍，一般只借用瘦金
體飄逸的筆劃，結構一般採用比較寬博的楷
書，因而兼有別的字體的一些特徵，借用結
構的字體以顏體居多。字體中含有瘦金體風
格的書籍有《致堂讀史管見》《聲隅子歔欷瑣
微論》等。

圖 86　宋徽宗《千字文》局部

《聲隅子歔欷瑣微論》（圖 87），共 2 卷，
宋代黃晞撰，有嚴元照跋。黃晞（？～1057）字景微，號聲隅子，建安（今
屬福建）人，曾參加科舉未中，後來居於京師，幾十年沒有回去，後來被國
子監聘召，不應，後來樞密使韓琦推薦，做太學助教，一年後去世。全書共
10 篇文章，仿揚雄《揚子法言》而作。此書經傅增湘等人鑒定爲南宋初期福
建建陽刻本，文中的俗體字較多，應爲書坊所爲。書中文字有仿瘦金體，筆
劃纖細，改變瘦金體的緊結方式，中宮適當打開，字體寬博，整體方整，寫
這種字體的寫手可能瞭解瘦金體，從這些字體來看，顏體特徵也很明顯，應
該屬於寫得不太成熟的字體。

2. 《致堂讀史管見》（圖 88），宋代胡寅撰，南宋嘉定十一年（1218）衡
陽郡齋刻本，其中有第 5 卷、第 6 卷、第 9 卷、第 10 卷、第 12 卷至 30 卷有
元刻本。胡寅（1098～1156）字仲明，被稱爲「致堂先生」。宣和三年（1121）
進士。作者有感於《通鑑》事備而議少，對時事加以評論，撰成此書，書中
有胡大壯序言。書中字體有仿瘦金體，筆劃飛揚，弧線多直線少，兼有顏體
意味。

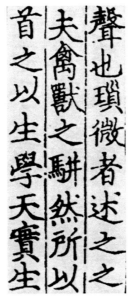

圖 87　《聲隅子歟欷瑣微論》局部　　　　圖 88　《致堂讀史管見》局部

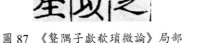

從上述字體來看，瘦金體帶有弧線的筆劃比較明顯，線條有點疲軟，書寫技巧不是很成熟，《致堂讀史管見》的字體顏體的意味更濃。

四、仿蘇軾體

仿蘇軾體是指模倣北宋書法家蘇軾的書法字體，其特點是肥扁，結字以斜結為主，筆劃粗壯，中鋒少，大多側鋒偃臥，這與他的握筆方式有關係。他用拇指、食指、中指三指握筆，寫字時只有手指轉動而手腕不動。

蘇軾（1037～1101），字子瞻，號東坡居士，眉州眉山（今屬四川）人，嘉祐年間進士，元豐二年（1079）因「烏臺詩案」入獄，哲宗時期由元祐舊黨黨政，官至中書舍人、翰林學士兼侍讀，在密州、杭州、湖州等地任職，仕途坎坷。其詩歌豪放恣肆，與黃庭堅並稱「蘇黃」，唐宋古文八大家之一。蘇軾的楷書作品有《豐樂亭記》（圖 89）《醉翁亭記》等。具有仿蘇軾體的刊刻書籍有《尚書正義》《陶淵明集》《頤堂先生文集》等。

圖 89　蘇軾《豐樂亭記》局部

1. 《尚書正義》，唐代孔穎達撰，為南宋初年高宗朝（1127～1162）刊刻，屬於兩浙東路茶鹽司刻本，屬於官刻本。其中的卷七、卷八，卷十九至二十為抄本。書後有黃唐跋（圖90），字體為蘇軾體，字形較扁，筆劃粗壯，具有蘇軾字體的主要特徵，字形同時也兼有歐體的一些特點。

2. 《陶淵明集》（圖91），共 10 卷，晉代陶淵明撰，宋刻遞修本。有金俊明、孫延題簽，汪駿昌跋。金俊明字孝章，號不寐道人。孫延字壽之，號蔚堂，為清代蘇州名士。書中字體為仿蘇軾體，筆劃和結字都與蘇軾字體的特點相似，筆劃取斜勢，字形呈棱形，偶有方正字形，起筆和收筆提按動作不明顯。

3. 《頤堂先生文集》（圖92），共 5 卷，宋代王灼撰，宋乾道八年（1172）王撫乾宅刻本。王灼，生卒年不詳，字晦叔，號頤堂，宋代遂寧（今屬四川）人。紹興（1131～1162）中期為軍中幕僚，通音律。本書第 1 卷末尾有「乾道壬辰六月王撫乾宅謹記」的牌記，此書應為家編坊刻本。書中字體有仿蘇軾體，筆劃採用扁臥的方式，筆劃粗壯，字形稍微比蘇軾體方正，結字採用寬結的方式，排布疏朗。

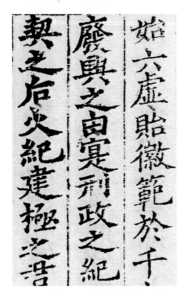 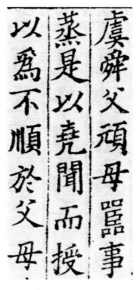

圖90 《尚書正義》黃唐跋局部　　圖91《陶淵明集》局部　　圖92《頤堂先生文集》局部

五、牌記中的楷書字體

宋代書籍刊刻中，很多書有楷書牌記。牌記中的楷書字體大部分為仿顏

體、仿歐體或者仿柳體，因其形式和功能與正文不同而單獨列出來講述（圖93）。

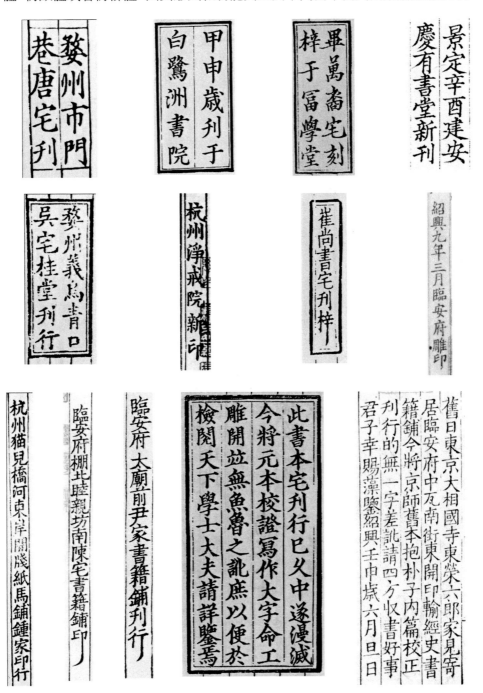

圖93　宋代書籍刊刻中的楷書牌記

牌記的位置不固定，有的在卷首或者卷尾，有的在序、目錄或者跋文之後。家塾、書坊、書院、官府、寺院等所刊刻的書有的有標識性的牌記。牌記的字數沒有定規，有的只有幾個字，介紹刊刻者名字、堂號、刊刻的時間、地點等；有的刊刻了一段話，講述刊刻書籍的版本以及刊刻的經過等。

牌記一般有線框將其包圍，有的線框為單細線，有的用比較粗的黑線，或者用細線框完後在外面再套一個粗黑框。有的還在四個角或者上下兩邊刊刻裝飾性的花紋，具有一定的裝飾性。多行的牌記在文字中間往往有行格線隔開，跟正文的格式相類似。

楷書牌記有矩形分兩行刊刻的，如「婺州市門巷唐宅刊」「甲申歲刊於白鷺洲書院」「畢萬裔宅刻梓於富學堂」「景定辛酉建安慶有書堂新刊」「婺州義烏青口吳宅桂堂刊行」等；還有只刊刻一行的，呈長條形，如「杭州淨戒院」「崔尚書宅刊梓」「杭州貓兒橋東岸開箋紙馬鋪鍾家刊行」「臨安府棚北睦親坊南陳宅書籍鋪印」「臨安府太廟前尹家書籍鋪刊行」「紹興九年三月臨安府雕印」等，這些牌記的格式相對固定，陳宅書籍鋪將行的最後一筆拉長，成為其標誌性的筆劃，同時臨安府太廟前尹家也用這種拉長最後一筆的方法，目的是引人注意。

除了這些用簡單文字外，還有的文字比較多，如南宋光宗時期書坊刊刻的《南史》，在目錄後面刊刻了 4 行文字：「此書本宅刊行已久，中遂漫滅，今將元（原）本校證，寫作大字，命工雕開。並無魚魯之訛，庶以便於檢閱，天下學士大夫請詳鑒焉。」文字介紹了刊刻書稿的來源，同時強調書稿經過校正，沒有差錯，明顯具有廣告的性質。還有臨安府榮六郎家刊刻的《抱朴子內篇》，在卷後有 5 行文字的牌記：「舊日東京大相國寺東榮六郎家，見寄居臨安府中瓦南街東，開印輸經史書籍鋪。今將京師舊本《抱朴子內篇》校正刊行，的無一字差訛，請四方收書好事君子幸賜藻鑒。紹興壬申歲六月旦日。」這篇文字的廣告性質更濃，將文字內容說成「的無一字差訛」，還請收書好事君子「藻鑒」。

刊刻牌記所用的楷書字體，比正文文字要率意一些，除了多行的廣告性質的牌記比較規整外，字少的牌記字體筆劃大多帶有行書的筆意。所用的仿顏體、仿歐體、仿柳體等楷書字體，與刊刻的正文楷書字體相比字形要大，筆劃更粗壯，比較醒目，與牌記的功能相適應。

第四節　宋代書籍刊刻對楷書字體的選擇與改造

宋代以前擅長楷書的書法家很多，他們給後世留下了很多楷書精品，但只有少數幾種楷書字體進入宋代書籍刊刻體系中，說明宋代書籍刊刻對楷書字體具有一定的選擇性。同時，宋代書籍刊刻對楷書字形進行了一些改造，這種改造屬於工藝改造，不是藝術創新，最終使書籍刊刻字體脫離楷書，形成更適合刊刻和閱讀新的字體。

從前幾節的分析中可以看到，宋代書籍刊刻選用的字體很豐富，包括仿顏體、仿歐體、仿柳體、仿瘦金體以及其他字體，這些字體進入書籍刊刻以後，刻工通過刻刀對這些字體進行了改造，或者說對這些楷書筆劃比較複雜的細節進行省略，出現了一些單一的、具有普遍性的筆劃特徵。這些筆劃特徵主要表現在刀刻痕跡上，刻工的前期雕刻過程對書籍字體的最終面貌有決定作用。當然，書籍刊刻的最後步驟是刷印和裝訂，但相對而言只是油墨效果和裝幀形式的美感，沒有涉及字體筆劃本身的構造。這種對楷書筆劃進行改造後進行刊刻的字體成為「匠體」。

「匠體」與書法家的字體應屬於不同的層面，在宋代書籍刊刻中已經有固定格式的「匠體」存在，這種用「匠體」刊刻出來的字形與所取法的書家字體距離較遠，脫離了原有字體的筆劃和構造，形成了一套獨特的筆劃和結構系統的專門字體。在宋代書籍刊刻中，使用「匠體」刊刻的情況比較少，《周書》《藝文類聚》等書中有這種「匠體」風格。

《周書》（圖 94），共 50 卷，唐代令狐德棻等撰，宋刻宋元明遞修本，本書在北宋時期有官刻本，之後井憲孟於紹興十四年（1144）在四川眉山刊刻。所選的文字刀刻痕跡明顯，出鋒銳利，棱角分明，結字寬博，沒有脫離顏體的結構。

《藝文類聚》（圖 95），共 100 卷，唐代歐陽詢輯，宋代紹興年間（1131～1162）嚴州（今屬浙江）刻本。歐陽詢是唐代著名書法家，本書先引事類，再引詩文，為後人作為文獻和泛讀的材料。本書的刻工較多，有王榮、丁正、王華、葉明、王機等人，均為浙江地區的刻工。所選文字的風格屬於匠體，筆劃剛硬，提按少，結構中規中矩，有一點歐體的痕跡。

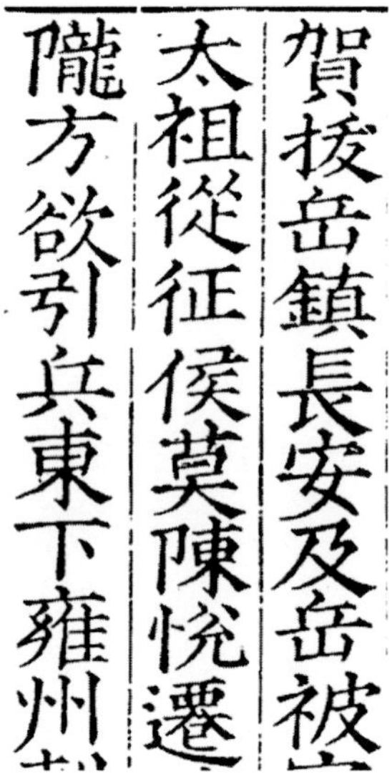
賀拔岳鎮長安及岳被
太祖從征侯莫陳悅遷
隴方欲引兵東下雍州

圖 94 《周書》局部

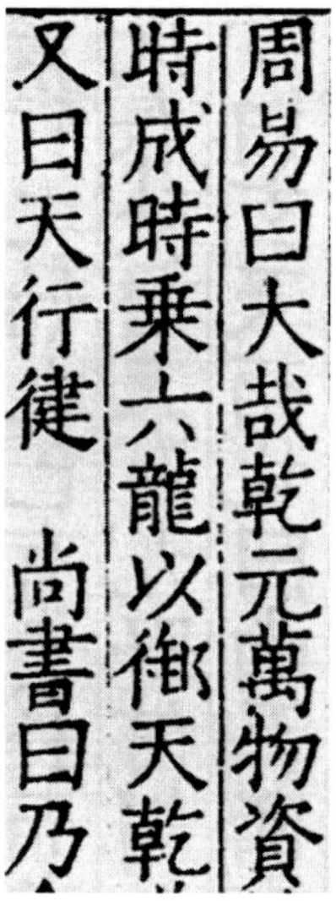
周易曰大哉乾元萬物資
時成時乘六龍以御天乾
又曰天行健　尚書曰乃

圖 95 《藝文類聚》局部

「匠體」中的直線比較多，筆劃比較生硬平鋪，結構幾乎呈正方形，不注重字內筆劃的呼應關係，字字獨立，整行字之間缺少楷書應有的行氣。

一、宋代書籍刊刻對楷書字體的選擇

儘管宋代書籍刊刻在刊刻過程中對字體有所加工，但還是能看出這些字體的來源，或者說這些刊刻字體的取法對象，總體上沒有脫離書法家字體的範疇。宋代的金石學發展迅速，人們有機會見到碑誌文字，碑誌書法在書籍刊刻中也有所體現，但是量不大。從魏晉到宋朝，擅長寫楷書的書法家很多，那麼，爲何選擇上述幾位書法家的字體，而沒有將其他書法家的字體納入書籍刊刻體系，主要有以下幾個方面的原因。

（一）社會對書法家書法的認可

進入宋代書籍刊刻所選字體的書法家都是知名度非常高的，從朝廷到民間，都具有廣泛的美譽。下面分別講述宋代對顏眞卿、歐陽詢、柳公權等幾位書法家書法的推崇。

1. 對顏真卿書法的推崇

在宋代書籍刊刻中，對顏眞卿楷書是全方位地學習和模倣，從《多寶塔碑》到《麻姑仙壇記》，他的每一種碑帖都有很多書籍採納爲刊刻字體，這種現象值得關注。

米芾在《書史》中講到了顏體被北宋文人學習的情況：

> 本朝太宗，挺生五代文物已盡之間，天縱好古之性，眞造八法，草入三昧，行書無對，飛白入神，一時公卿以上之所好，遂悉學鍾王。至李宗諤主文既久，士子始皆學其書，肥褊樸拙，是時不謄錄，以投其好，用取科第，自此惟趣時貴書矣。宋宣獻公綬作參政，傾朝學之，號曰「朝體」。韓忠獻公琦好顏書，士俗皆學顏書。及蔡襄貴，士庶又皆學之。王荊公安石作相，士俗亦皆學其體，自此古法不講。〔註14〕

宋朝的科舉考試帶有很強的功利性，學子們就是通過科舉入仕，目的性很強。因而，民間學子對書法學習的要求也很明確，考官的書法喜好成了他們的風向標。宋綬參政時，他的書法成為「朝體」，朝野上下都將其作為模仿對象也理所當然。

宋太宗時期（976～997），太宗喜好鍾繇、王羲之書法，公卿以上的官員都喜歡鍾、王，大家都跟風去學。後來到了李宗諤主持科舉考試時，參與科舉考試的學子們便學李宗諤的字體。由於當時還沒有制訂科舉試卷的謄錄製度，考生答題時在試卷寫成什麼樣，閱卷時考官看到的就是什麼樣。直接學考官為了迎合考官的喜好，所謂「趣時貴書」。

到了韓琦主考時，他本人喜歡顏眞卿的書法，學子們又改學顏體。等到蔡襄顯貴了，大家又改學他的書法。蔡襄的《萬安橋記》（圖 96）字體寬博厚重，就有顏眞卿《大唐中興頌》的特點。蔡襄的行草書中也有明顯的顏體痕跡，比如他寫給彥猷的信就有不少顏體特徵，可見其對顏體是全方位接受的。

到王安石做了宰相，學子們又改學他的字體。下層讀書人對字體的追求是應時而變，沒有定規。作為書坊賣書的商販，肯定能及時抓住商機，會找一些寫手學主考官喜好的字體印刷書籍。主考官韓琦、蔡襄都是學顏體的，包括宋綬的兒子宋敏求也學顏體。韓琦寫的《大宋重修北嶽廟碑》《題觀魚軒詩刻》（圖 97），字體方正，深受顏眞卿《麻姑仙壇記》的影響。

從書籍刊刻的角度來說，國子監是書籍刊刻的重要部門，他們選用的刊刻字體影響很大。國子監書學楊南仲，在周越之後接替其工作，他在宋仁宗（1023～1063）時期主要講授字學和顏眞卿書法，他對於顏眞卿書法的推廣也起到了很大的作用，從他寫的《翰林學士馮京妻王氏墓誌》（圖 98）中可以

〔註14〕　〔宋〕米芾著，趙宏注解：《書史》，2013 年，中州古籍出版社，第 294 頁。

看出他的楷書受《多寶塔碑》和《勤禮碑》的影響。

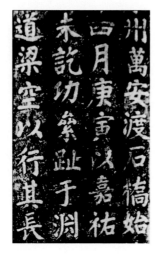

圖96　蔡襄《萬安橋記》
　　　局部

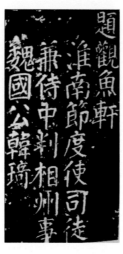

圖97　韓琦《題觀魚軒
　　　詩刻》局部

圖98　楊南仲《翰林學士馮
　　　京妻王氏墓誌》局部

　　當時的書法界也是很推崇顏體的。蘇軾這樣評價顏眞卿的書法：「故詩至於杜子美（杜甫），文至於韓退之（韓愈），書至於顏魯公（顏眞卿），畫至於吳道子，而古今之變天下之能事畢矣。」〔註15〕蘇軾覺得書法到顏眞卿的高度已經屬於絕頂了，當然這話說得過於偏激，但能從蘇軾口中說出來，在當時的影響已非同一般。清代陳奕禧在《隱綠軒題識》講出了北宋四家都學習顏眞卿書法的情況：「臨顏遂及四家，尋源而得其流也。四家皆學顏，而各成其一家。」〔註16〕可見，除了蘇軾、蔡襄兩人之外，米芾、黃庭堅也是很崇拜顏體的。南宋陸游也有「學書當學顏」的觀點，他的《焦山題名》就有顏眞卿書法的痕跡。

　　宋朝還有很多人學習顏眞卿的楷書，仁宗皇祐時期的宰相龐籍，也是寫顏體的高手，他寫的《書翰箚子》（圖99）很像《多寶塔碑》。陝西西安府學的《京兆府小學規碑》（圖100），爲裴衿所寫，他是一名進士，寫於仁宗至和元年（1054），按照《麻姑仙壇記》的風格書寫。還有刊刻於湖南零陵澹山岩的《柳拱辰禱雨題名》（圖101），爲柳平於至和二年（1055）所寫，取法《麻姑仙壇記》，在原帖的基礎上更加扁平。

〔註15〕許偉東：《東坡題跋》，人民美術出版社，2008年。
〔註16〕崔爾平：《明清書法論文選》，上海書店出版社，1994年，第498頁。

　　可見，宋代科舉考試的推動，朝廷重要官員的宣傳，加上當時書法圈以及民間的廣泛傳播，在書籍刊刻中將顏體風格的字體刊刻書籍就成為自然而然的事情。

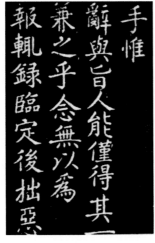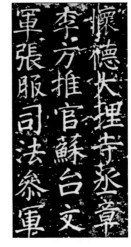

圖 99　龐籍《書翰箚子》局部　　圖 100　裴玿《京兆府小學規碑》局部　　圖 101　柳平《柳拱辰禱雨題名》局部

2. 對歐陽詢、柳公權書法的推崇

　　宋初歐陽修評價歐陽詢：「隋之晚年，書學尤盛。吾家率更與虞世南，皆當時人也。後顯於唐遂為絕筆。」〔註 17〕從這幾句話可以看出歐陽修對前輩歐陽詢書法的敬重。黃庭堅在《山谷論書》中說：「唐彥猷得歐陽率更書數行，精思學之，彥猷遂以書名天下。」黃庭堅認為只要得到歐陽詢的幾行字去學習，就能以書聞名，足見黃庭堅對歐陽詢書法的膜拜。南宋姜夔說：「歐陽率更結體太拘，而用筆特備眾長。雖小楷而翰墨灑落，追蹤鍾王，來者不能及也。」〔註 18〕歐陽詢的用筆特點被姜夔所推重，能與鍾繇和王羲之相媲美。這些人是當時的名人，他們的評價也為時人所重。

　　蘇軾對柳公權的評價為書法從顏體出，而又有自己的新意。米芾評價柳公權就像深山道人，修養已成，神氣清健，沒有一點塵俗之氣。柳公權的書法是在顏真卿書法的基礎上強化了起筆和收筆的提按，將中宮收緊而形成

〔註17〕　〔宋〕歐陽修著，鄧寶劍、王怡琳注：《集古錄跋尾》卷五，人民美術出版社，2010 年。

〔註18〕　〔宋〕姜夔：《續書譜・用筆》，百川學海本。

的，他的楷書剛勁有力，遒勁豐潤，有如轅門列兵，爽爽有神。柳公權一直在朝廷「侍書」，曾得到唐穆宗李恒的賞識，皇帝的推動對當朝以及宋代的影響很大。

「顏筋柳骨」是人們常說的一個詞，人們將兩位書法家的書法並排在一起，實際上也是說兩位書法家的楷書有相似之處。清代梁巘對歐體、顏體、柳體進行了全面的評價：

> 歐（陽詢）字健勁，其勢緊，柳（公權）字健勁，其勢鬆。歐字橫處略輕，顏（真卿）字橫處全輕，至柳字只求健勁，筆筆用力，雖橫處亦與豎同重，此世所謂「顏筋柳骨」也。〔註19〕

歐體和柳體的「健勁」，一個「鬆」，一個「緊」；顏真卿的橫畫普遍「輕」，而柳公權的筆劃「筆筆用力」，這恰恰說明顏體的筆劃有粗細變化，而柳體的粗細變化不大。

（二）字體方正適合書籍刊刻

宋朝以前的碑刻和書籍刊刻已經很成熟，從法度和藝術效果來說，都達到了相當的高度。宋代書籍的寫版，寫手們沿用之前的書寫傳統，可以說，儘管宋代書法提倡「尚意」，但作為更重實用的書籍刊刻，唐代「尚法」的書法風尚依然深入人心，寫書們都按照唐代的方正楷書規範書寫。唐代的歐陽詢、顏真卿和柳公權的楷書，都被刊刻入石，上文分析的這些碑刻拓本在宋朝已為人們熟知。同時，唐代朝廷為了糾正人們的用字混亂和抄寫的筆誤，特意組織刊刻《開成石經》，將 12 部經書用楷書刊刻，由陳介、艾居晦等人花費 7 年多時間於開成二年（837）完成，共書寫了 57 塊石頭，其字體就有模倣歐陽詢和顏真卿的字體。北宋刊刻了《嘉祐二體石經》，刊刻開始時間為慶曆元年（1041），於嘉祐六年（1061）完成，歷時 20 年，其字體為篆書和楷書，楷書字體為仿顏體。這些石經字體的選擇對書籍刊刻字體的選擇有一定的推動作用。

從宋版書中的字體看出，所模倣的字體以平正為主，這些字體大都成方塊，結構勻稱，筆劃變化少，模倣時容易掌握書寫規律，易寫易刻，閱讀方便。唐代和宋代有很多有名的書法家，有些書法家的字體沒有進入書籍刊刻的原因，就是其字體不適合刊刻，也就是說藝術性很強，但規範性不夠。比如北宋四家的書法，只有《陶淵明集》正文採用了蘇軾的楷書，其他幾位的

〔註19〕〔清〕梁巘：《承晉齋積聞錄·名人法書論》，民國刊本。

書法在正文刊刻中沒有發現。主要原因是黃庭堅、米芾、蔡襄等人的書法以行草書為主，楷書字體少，沒有形成廣泛的影響。同時，米、蔡等人的楷書寫意程度過高，不適合實用性的書籍刊刻。這些書法家的行草書字體影響很大，在宋代書籍刊刻的序、跋中有很多是模倣學他們的字體寫的。

二、宋代書籍刊刻刀法對楷書的改造

　　宋代書籍在刊刻的過程中，刻工對寫手所寫的字形進行了一些加工改造，屬於二度創作，下面從刊刻書籍的刀法角度，探討宋代書籍刊刻過程中楷書字形的一些變化。現從宋版書《周髀算經》中抽出一些字形進行分析。

（一）點、橫、豎、撇、捺的刀法

圖 102　《周髀算經》中字體筆劃的刊刻刀法

　　從以上幾個字形中，可以看到刀刻的基本特徵，楷書的圓轉筆劃基本上被三角形所取代。比如「六」上邊的點和下邊的點都沒有保留原有的圓潤狀態，圓形的筆劃被直接用刀切成了帶有棱角的筆劃。

　　橫畫和豎畫在起筆處斜切呈尖角狀，如「中」的中間「｜」在起筆處有鋒利的尖角。而在收筆處出現了三角形的凸起，如「六」的橫畫收筆處，三角很明顯。撇畫在起筆處向左上角凸起一個鋒利的尖角，捺的起筆處有的筆劃有方條形的附屬筆劃，在收筆處有銳利的出鋒。

（二）折角和鉤畫的刀法

　　折角是指橫折的拐角，由橫和豎兩種筆劃組合而成，書法家在寫這種筆劃時，折角有圓有方，也有橫與豎兩個分開筆劃的搭接。在顏體、柳體和歐體的折角筆劃中，歐體的折角圓潤的筆劃相對要多一些。事實上，由於我們看到的字帖也是刊刻的拓本，這樣的比較也只能從大體上推測其筆劃形態。在宋代書籍刊刻的字體中，折角的處理相對簡化一些，不管寫手是否完全依照原帖書寫，刻工往往都進行了一些加工。

顏體《勤禮碑》　　顏體《多寶塔碑》　　柳體《玄秘塔碑》　　歐體《九成宮》

圖103　《周髀算經》中刊刻字體對楷書折角的改造

從以上的「爲」「自」「西」的方折筆劃中，可以看出折角處都是用刀斜切而成的，其基本形態有兩種：斜切缺角和外凸三角（包括上凸和右凸）。在外凸的角中，「自」的右邊角與豎畫爲一個整體，是一刀刻成的，這個動作是一次性完成的，在筆劃中間有一個弧形；而「西」的右邊角與豎畫之間不是相連的整體，是由兩個刀刻動作完成的。

鉤的內和外兩部分刊刻完成，產生有內角和外角之分，通過分析內角和外角的形狀，將上面四個字的鉤分爲三種：外尖內尖型，如「爲」的豎鉤；外圓內尖型，如「自」的豎鉤，「西」的外角也偏圓；外圓內圓型，如「此」的豎彎鉤。在宋代書籍中，鉤的刊刻採用內外都是尖角的多一些。

在宋代實際刊刻的書籍中，很難見到模倣原碑而原樣刊刻的鉤，都經過了一些改造。顏體、柳體中帶鵝頭的鉤，有可能寫手們沒有模倣鵝頭的寫法而直接將圓轉的部分去掉，形成直來直去的內外角都很尖銳的鉤。比如《周髀算經》中的「寸」的豎鉤，這種鉤跟歐體豎鉤有點相類似，但內角的角度比歐體的要小，歐體的豎鉤向左邊出鋒，而《周髀算經》的「開」向左上角出鋒，並且出鋒比較長。《周髀算經》的「開」這種鉤法在宋代書籍刊刻中比較普遍。

顏體《勤禮碑》　　柳體《玄秘塔碑》　　歐體《九成宮》　　《周髀算經》

圖104　《周髀算經》中刊刻字體對楷書鉤畫的改造

（三）交叉筆劃的刀法

交叉筆劃的刊刻，由於字形中的筆劃沒法一次性刊刻完成，刻工如果刊刻不仔細的話，完整的筆劃每穿過一個其他的筆劃就會變一次形，穿過幾次後就會使這個筆劃失去了原有的形態。比如天的「丿」、半的「丨」、東中間的「丨」、萬中間的「丨」。

圖 105　《周髀算經》刊刻字體中交叉筆劃的刀法

從以上幾個字中的相交叉筆劃來看，一個筆劃很難順到底，也就是說，當一個筆劃穿插到另外一些筆劃時，它的後半段與前半段難以連貫。通過比較後發現，橫線與豎線相接，橫豎相接呈 90 度角，豎畫每穿過橫畫都缺了一塊，如「半」的兩橫與豎形成的左邊框，「東」的上半段「田」字格以及「萬」的「田」字格中筆劃相接的部分，都是帶圓弧的「⌒」形，沒有正方的「□」形；而斜接的筆劃之間，斜畫相接處形成的角為銳角「∧」，在筆劃相接的地方，沒有出現穿過後缺塊的現象，如「天」的撇捺相接，「東」的豎、撇、捺相接。而「天」的撇畫，「半」的豎畫，「東」的豎畫，「萬」的豎畫，都有變形，特別是「東」，上半段比下半段明顯要細一些。

很明顯，在比較狹小的空間內，刊刻直角不是很容易的事情，往往只能雕刻弧線「〇」來解決方正筆劃「□」的問題，用圓形代替方形，這樣就容易導致字體中應該上下貫通的筆劃變形，上半段和下半段之間無法銜接。由於一個筆劃不是一次性刻完，又加之在刻的時候是反字，有時不知道所刻的字是什麼字形而多刻一些筆劃；有時會忘記別的筆劃的連接而出現將筆劃刻斷的現象。比如《大易粹言》有一個「方」字就在筆劃中多出一部分，而「發」字中的筆劃被刻斷兩處。

書版上的反字　　　刷印後的正字　　　書版上的反字　　　刷印後的正字

圖 106　《大易粹言》中多刻和刻斷的筆劃

　　從所看到的反字可以看出，刻工將反字「方」的下半部分當做「力」來刻了。當把一塊版中的所有橫畫刻完，再刻豎畫，然後再刻斜畫的時候，沒法按照每個字的完整筆劃進行刊刻，誤判筆劃就很容易出現。而將筆劃刻斷的情況有可能是刻工粗心，沒有顧及相鄰筆劃造成的。

　　由此可以看出，在宋代書籍刊刻過程中，容易將字形外部帶弧形的筆劃刻成方角的筆劃，而字形內部帶方角的轉折處容易刻成弧形的；字形外部筆劃的起筆和收筆處會在刊刻時容易變形，而字形內部的筆劃是在筆劃交叉時容易導致變形，也就是筆劃的行筆過程中變形。在刊刻時還有可能出現增筆劃或者刻斷筆劃的現象。

三、宋體字是對楷書字體進行工藝改造的結果

　　「宋體字」是在楷書的基礎上形成的。它對楷書進行改造，使其更能適應刻工快速雕刻，同時保證文字簡潔大方，使印出來的書線條清晰，易於閱讀，具有工藝的性質。宋體字從宋朝開始發端，到明代中期基本定型，所以又稱爲「明體字」。葉德輝在《書林清話》中說：「前明中葉以後，於是專有寫匡廓宋字之人，相沿至今，各圖簡易。」〔註 20〕清代盧文弨在《抱經堂文集》中提到「宋體字」：「今足下校正此書，於馬本所補亦不肯輕徇，寧闕所疑，愼之至矣。然繡梓時一以委之剖劂氏，彼俗工但知世俗所行之宋體字耳。」〔註 21〕很明顯，盧氏將「宋體字」鄙夷爲俗工所爲。

　　宋代的書籍刊刻所採用的字體基本上是模倣書法家的字體，大多能直接看出所取法的對象，下面以下幾個方面分析書籍刊刻字體往宋體字發展的主要原因。

〔註 20〕葉德輝著，李慶西校：《書林清話》，復旦大學出版社，2008 年，第 35 頁。
〔註 21〕〔清〕盧文弨：《抱經堂文集》卷二十一《答孔葒谷書》。

（一）宋體字取法顏體、歐體、柳體

晉代的楷書以鍾繇和王羲之為代表，他們的楷書筆劃清秀，提按動作少，結字寬博，到唐代以後，楷書的提按動作變多，包括起筆和收筆有提按、頓挫，在筆劃的運行過程中也有提按。顏真卿的楷書字帖中，《多寶塔碑》與《勤禮碑》的提按筆劃多，而其他幾種楷書筆劃的提按動作少，這些提按主要在起筆、收筆和拐角處。柳公權楷書筆劃的提按除了起筆、收筆和拐角之外，還有行筆過程中有明顯的提按動作，線條有明顯的波浪起伏〔註22〕。比如柳公權《玄秘塔碑》中的「之」的捺，「也」的豎彎鉤，在行筆的過程中有提按起伏。而歐陽詢的楷書類似於晉朝楷書，提按動作比較少。

顏真卿《多寶塔碑》　柳公權《玄秘塔碑》　柳公權《玄秘塔碑》　歐陽詢《九成宮》

圖 107　唐代楷書提按字形舉例

在實際刊刻過程中，寫手或者刻工將起筆、收筆的提按都保留，行筆過程中的提按都去掉。也就是說，在宋代書籍刊刻的楷書字體中，沒有像柳公權那樣的行筆過程中的提按筆劃。現選取《大易粹言》宋代淳熙三年（1176）刻本、《戍樓閒話》明代天啓刻本、《日知錄》清代康熙九年（1670）刻本和現代電腦宋體字庫考察宋體字的主要特徵。（如圖）

《大易粹言》宋代　　《戍樓閒話》　　　《日知錄》清代　　　現代電腦字庫
淳熙三年刻本　　　明代天啟刻本　　　康熙九年刻本　　　宋體字

之　之　之　之

以　以　以　以

〔註22〕 關於唐代楷書筆劃中提按的分析，可參閱鄧寶劍：《唐代楷書筆法問題辨正》，載《美育季刊》，2015 年第 3 期。

－109－

圖 108　書籍刊刻字體與宋體字比較

　　從上圖可以看出，宋代刊刻的書籍比明、清時期所刊刻的書籍手寫的意味要濃，儘管有刊刻的痕跡，其筆劃、結字依然沒有脫離楷書的基本特徵。《大易粹言》的字體呈現的是多邊形，之後的字體都將橫線和豎線都趨向於水平和垂直，在字形內部，由之前的緊湊連接逐漸打開，中宮越來越寬鬆，內部的筆劃排布也越來越整齊，同時，字體的方形特徵更加凸顯。在上一節的分析中可以看出，宋代刊刻的書籍中，橫畫的上凸三角和折筆的上凸棱角都保留，捺筆保持顏體的出鋒形狀。顏體的鵝頭豎鉤經歷了由初期的保留，之後省卻，到後來再改造恢復的過程，到現代字庫中的宋體字依然保留有類似的豎鉤。在刊刻字體中，直線刊刻不需要轉動書版，由加上木板具有直條形木紋，直線比曲線容易刊刻，所以，在實際操作中，只要能刻成直線的都刻成直線，導致字體筆劃棱角分明。

（二）「模件」組合可以提高刊刻效率

　　在漢字的方塊字中，由一些簡單的筆劃通過一定的規則組合，成為可以組合成不同文字的部件。雷德侯在《萬物》中對「模件」〔註23〕進行了詳細的說明。漢字模件就是可互換的偏旁部首，它們由筆劃組成，組合成模件後就形成了相對穩定的部件。比如「立」「口」「刂」組合成「剖」，這三個部件就是「模件」，這些模件不能翻轉、顛倒，組合後「模件」內部筆劃不能隨意

〔註23〕　〔德〕雷德侯著，張總等譯，黨晟校：《萬物》，生活・讀書・新知三聯書店，2005 年，第一章。

拆開。通過「模件」可以組合上萬個漢字，人們在學習新字時，只要記住模件的組合方式就可以，所以不需要特別費勁就能掌握字形。同理，對於寫手和刻工來說，也只要掌握一定數量的「模件」，就能複製出大量的書籍刊刻字形。

漢字「模件」是刊刻字體「模件」的基礎，寫手們通過「模件」組合成刊刻的文字。書法家們書寫的筆劃不同，嚴格來說，真正的書法不存在「模件」，因為書法藝術作品具有不可重複性。但寬泛一點說，書法家都有書寫習慣，其偏旁部首的組合方式基本固定的情況下，會出現隱性的「模件」，我們可以通過這些隱性的「模件」去辨別各自的書法風格。不同書法家的書寫習慣不同，用筆劃組合而成的「模件」形狀就會不同，同一位書法家在不同的時間段書寫的文字，也會將同樣筆劃組合的模件寫得不一樣。比如顏真卿的書法，《多寶塔碑》與《勤禮碑》《麻姑仙壇記》三個字帖中，互相之間同樣漢字結構的「模件」書寫的形狀都不一樣，顏真卿與歐陽詢、柳公權書寫的「書法模件」就更不一樣了。

通過長期地摸索，刊刻書籍的寫手和刻工們從書法的筆劃中逐漸找出其共性，去掉個性，將筆劃進行加工，做成可以放在不同模件中的形狀。比如模件「女」，可以組合成「好」「安」「姐」「弩」等字形，不管「女」在哪個層級的組合，其筆劃的起筆和收筆形狀儘量做成一樣，只是將線條進行長短、寬窄的伸縮。這些筆劃就是將書寫線條程序化，每個模件的筆劃和結構都能進行固定設置，寫手們只要掌握數量不多的模件，就可以完成很多漢字的複製和組合。這樣就可以讓很多人同時書寫，很多人同時刊刻，合作刊刻出來的字體，也可以實現風格統一。但這樣做就將書法的藝術性磨滅，這些寫手寫出來的字不是「書法」創作，而是用筆和刀在操作「做字」工藝。

宋代刊刻的書籍還沒有這種模件化的製作方式，都是寫手按照書法的筆劃和結構原理進行書寫，儘管刻工在雕刻過程中有時會使有些筆劃變形，其字體還是可以納入書法的範疇的。

宋代以後，隨著書籍刊刻的數量增大，需要提高刊刻速度才能滿足需要，利用書寫模件製作的原理，就可以實現工場的流水化生產。沒有寫手的個性書寫，只要掌握好筆劃的造型規律，寫手和刻工的工作效率會大大提高。18世紀的清代內府就規定了刊刻三種不同字體的報酬，從報酬的多少可以看出這些刊刻字體的難易程度（表2）。

表 2　清內府規定刊刻不同字體的工價表〔註 24〕

書法字體	抄書（每千字）	刻工（每百字）
宋體（或匠體）	2 錢銀子	8 分
歐（陽詢）體	4 錢銀子	1 錢 6 分
標準體（楷書）	3 錢銀子	1 錢 3 分

　　從上表中可以看出歐體字書寫和刊刻的費用，是宋體（或匠體）的 2 倍，刊刻「標準體」楷書的費用居於二者之間。

　　人們閱讀書籍不是欣賞書法，只要字體整齊大方，刷印清楚就行，因而用行草書、篆隸書刊刻正文的很少，只是在序、跋中直接將作者的手稿進行刊刻，人們在閱讀文字的同時，也能欣賞作者的書法，這些序、跋兼有實用和藝術的功能。

（三）宋體字的造型結構易於閱讀

　　宋體字的結構也是從在刊刻的過程中不斷摸索形成的，其結構平穩，大方，清晰，方便閱讀。宋代書籍刊刻的字體在選擇時也注意到了這方面的問題，寫手們模倣的字體大都是橫平豎直的楷書字體。在書籍刊刻中，文字的筆劃只有直線、折線、斜線、弧線等區別，直線的規律容易掌握，其他幾種線條都將楷書的筆劃進行了改造。

　　除了改造筆劃，宋體字對楷書的結構進行了一些改造。楷書字形中完全為正方形或者矩形的情況比較少，但在書籍刊刻的字體中，就需要將字形改造成儘量規整的長方形或者正方形，這樣改造的目的就是達到視覺上的平衡。美國的心理學家魯道夫‧阿恩海姆對平衡的結構有比較精闢的論述：「向平衡結局發展的趨勢，也可以被看作是向簡化發展的趨勢。因為平衡能夠消除構圖的模糊性和不一致性，從而也就順便增加了構圖的簡化性。」〔註 25〕阿恩海姆認為，平衡的構圖可以消除模糊和不一致性，還能使人稱心和愉快。書法結構的平衡與刊刻字體的平衡是有區別的，前者基於動態平衡，即使是楷書，需要用靜態的線條表現出一種潛在的動力；而刊刻字體的平衡，需要靜穆和構圖簡化，是幫助閱讀更清晰、情緒更穩定的一種靜態平衡。

〔註 24〕任中奇：《古書價漫談》，載《藏書家》，2000 年第 2 期，第 125 頁。
〔註 25〕〔美〕魯道夫‧阿恩海姆著，滕守堯、朱疆源譯：《藝術與視知覺》，四川人民出版社，1998 年，第 76 頁。

　　爲了達到平衡，需要將內部筆劃進行合理排列，主要是將筆劃排布均勻，橫線、豎線比較容易處理，將空間儘量勻稱分割即可。斜線是比較複雜的問題，因爲在漢字楷書中，斜線有撇、捺，並且形態各異，長短各異，處理相對複雜一些。先要將斜線歸於所在的「模件」中，在其所在的最小「模件」中儘量處於平衡的位置，那麼，斜線在「模件」中處於什麼位置屬於平衡結構就很關鍵。

　　我們再來看上文所舉的幾個「之」字，斜線在前後的位置變化比較明顯。

《大易粹言》宋代　　　　《戍樓閒話》　　　　《日知錄》清代　　　　現代電腦字庫
　淳熙三年刻本　　　　明代天啟刻本　　　　康熙九年刻本　　　　　宋體字

圖 109　　不同時期的刊刻字體對斜線的處理

從宋代的字形到現代的電腦字體，「之」字的中間斜線，主要是傾斜角度的變化，可以發現，斜線與下邊線組成的角度慢慢地變大，最終定型爲接近 45 度的角，從最後的電腦字體「之」可以看出，這根斜線在這個字所在的方框中，幾乎處於對角線的位置，從幾個字形中，可以感覺到《大易粹言》中的「之」字最有活力，越往後越「死板」，到最後感覺現代電腦字庫的宋體字沒有一點生氣，但從靜態平衡的角度來說，這個「之」字更「穩定」，而明代、清代的「宋體字」朝這一靜態平衡的趨勢演變。

　　俄國畫家康定斯基分析了方形結構的抗張力，他畫了一個正方形，將其平均分爲四個小塊，將兩條對角線貫穿四個小正方形，用數字 1、2、3、4 表示邊線的抗張力，a、b、c、d 表示四個小方塊。在四個小方塊中，方塊 a 向 1、2 的張力爲「最鬆散的組合」，方塊 d 向 3、4 的張力爲「最大的擴張力」，小方塊 a 和 d 處於最大的對比之中。而小方塊 b 和 c 分別向 1、3 和 2、4 的張力處於和緩的向上、向下的抗張力，這樣的擴張力所產生的重量爲 d 方塊最重，a 方塊最輕。（圖 110）

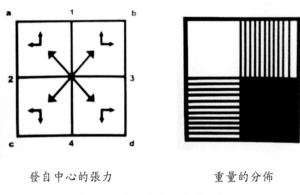

發自中心的張力　　　　　　重量的分佈

圖 110　圖形的張力和重量分佈

在這樣的一個正方形中，方塊 d 從視覺上來說是最重的一塊，如果用兩條對
角線將正方形進行分割，可以得出不同的視覺感受，即圖形和諧與不和諧的
問題。（圖 111）

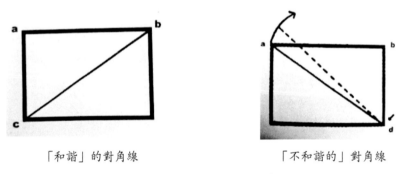

「和諧」的對角線　　　　　　　　「不和諧的」對角線

圖 111　對角線平衡示意圖

康定斯基認爲，上圖中左邊的對角線是和諧的、平衡的，原因是左圖中的△abc
比右圖中的△abd 更輕地壓在下面的三角形上，而右邊的對角線是有一種向上
偏離 a 點的趨勢，△abd 沉重地壓在下面的三角形上，導致重量都壓到 d 點上，
引起重量失衡〔註 26〕。通過分析得出，左邊的斜線是平衡的，右邊的斜線是
不平衡的。如果將宋體字歸入類似的圖形分析中，可以得出，撇畫儘量走對
角線是平穩的、和諧的，捺畫不能走對角線，需要將捺腳上揚，打破類似這
種斜線向上偏離 a 點，而導致視覺上產生右下方過重的情況。

〔註 26〕〔俄〕康定斯基著，羅世平等譯：《康定斯基論點線面》，中國人民大學出版
　　　　社，2003 年，第 86 頁。

　　啓功先生分析楷書時也有類似的結論。啓功
先生認爲楷書的結構有「先緊後鬆」的結字規律，
比如「三」，在實際書寫中，上面兩橫距離比下面
兩橫的距離要近一些才能平衡，感覺好看，否則
不好看，其他的部件如「川」「氵」「彡」等，也
是這樣的規律。對於一個字向外延伸的筆劃，與
中心點所組成的角度有大小之分，右邊的捺與豎
組成的角度最大，也就是說，捺的角度沒有與對
角線重合，而是上揚。啓先生在分析「米」字時

圖 112　啓功分析楷書筆
劃處理

（圖 112），將其置於一個方格中，他認爲∠8 比∠6 和∠7 的角度都要大，說
明的意思很明確，就是在處理楷書中的斜線時，捺不能與所對應的對角線重
合，否則會感覺到這個字的結構不平衡〔註27〕。

　　由此得知，人們在改造「之」字中這樣的斜線時，就是按照康定斯基所
說的這種原理進行的，撇畫的傾斜限度，可以與相應的對角線重疊，不會影
響整體的平衡結構。當然，不是說都要將撇畫與對角線重疊才是最平衡的，
在不同的「模件」中會有不同的情況，只是說可以與對角線重疊。那麼，捺
畫的斜線是如何安排角度的，以下舉例說明（圖 113）。

圖 113　宋體字捺畫的布局

以上三個字的捺畫向右下角延伸，都沒有與所在字框的對角線重疊，在結尾
處都有向右上方上揚的趨勢，以免右下角從視覺上感覺過重而導致「不平衡」
的情況。

　　明代和清代的寫手與刻工們在書籍刊刻中，對楷書不斷地改造，最終將
書籍刊刻字體脫離了楷書藝術發展的軌道，成爲只有在書籍刊刻中使用的「匠
體」，走上了一條與書法發展截然不同的道路。

〔註27〕　參閱啓功：《論書絕句》，生活‧讀書‧新知三聯書店，1997 年，第 222 頁。

第五節　宋代書籍刊刻楷書字體對人們書寫的影響

宋代的楷書基本上沒有脫離唐代所確立的範式，宋代書法家主要追求「尚意」的審美趣味，「北宋四家」都擅長楷書，總體上追求「古意」，但他們在楷書上下的工夫遠不及行草書，南宋時期的書法家在楷書方面也沒有太多的建樹。岳珂認爲：「國朝不以書取士，故士亦鮮以書名家。」〔註28〕儘管岳珂說這個話不一定很準確，至少不「以書取士」是楷書沒有得到發展的重要原因。當書法家們不太注重楷書的時候，以楷書刊刻爲主的宋代書籍在楷書的繼承與傳播方面起到了很大的作用。

宋代書籍刊刻的楷書字體沒有形成程序化的「匠氣」，書寫性比較強，整體上保留了手寫楷書的筆劃和間架結構，具備一定的藝術性。讀書人特別是學童，跟刊刻書籍接觸比較多，受書籍刊刻字體的影響應該是比較大的。

宋代的藏書家可考的有 200 多人，這些人除了藏書、看書，大部分人還有抄書的喜好。還有一些文化名人，平常也喜歡抄書。他們抄書跟寫手抄書不一樣，不是爲了刊刻牟利，而是爲了治學著述，或者學習書法，加強自身修養。記載宋代抄書有以下一些人：

1. 司馬光，字君實，陝西夏縣人，宋代著名史學家，他在 68 歲高齡還堅持抄書，他在《徽言》的末尾寫了自己抄書的情況：「余此書類舉人所鈔書，然舉人所鈔獵其辭，余所鈔覈其意；舉人志科名，余志道德。」他的目的爲「志道德」，陳振孫在《直齋書錄解題》記載司馬光抄書：「所抄自《國語》而下六卷，其目三百一十有二，小楷端重，無一筆不謹。百世之下，使人肅然起敬」。〔註29〕

2. 劉恕，字道原，筠州（現屬四川宜賓市）人，他是司馬光編寫《資治通鑒》的助手，《宋史・劉恕傳》講他「求書不遠數百里，身就之讀且抄，殆忘寢食」，宋次道知亳州時，家裏藏書很多，劉恕曾去宋次道家裏抄書，「獨閉合，晝夜口誦手抄，留旬日，盡其書而去，目爲之翳」〔註30〕。《宋史》介紹劉恕抄書是從他勤奮學習的角度說的。

〔註28〕岳珂：《寶眞齋法書贊》卷九，盧輔聖編：《中國書畫全書》，第二冊，上海書畫出版社，2009 年。

〔註29〕〔宋〕陳振孫撰，徐小蠻、顧美華點校：《直齋書錄解題》卷十，上海古籍出版社，1987 年，第 309 頁。

〔註30〕〔元〕脫脫等撰：《宋史・劉恕傳》列傳第 203，中華書局，1985 年，第 37 冊，第 13119 頁。

3. 李行簡，字易從，馮翊（今屬陝西）人，官至尚書刑部郎中，曾鞏在《隆平集》中說他：「聚書萬卷，多其自錄，人謂之書樓。」〔註31〕

4. 李常，字公擇，南康建昌（今屬遼寧葫蘆島市）人，《宋史‧李常傳》記載：「既擢第，留所抄書九千卷，名舍曰李氏山房。」〔註32〕蘇軾在《李氏山房藏書記》講述了李常抄書：「余猶及見老儒先生，自言其少時，欲求《史記》《漢書》而不可得，幸而得之，皆手自書，日夜誦讀，惟恐不及。」他是因爲年少時求書不易而抄書。

5. 葉夢得，字少蘊，江蘇吳縣人，一生抄了不少書，有一年夏日曬書，連續 20 多天才曬完，他在《避暑錄話》中這些書「其間往往多餘手自抄」。

6. 趙明誠，字德甫，山東諸城人，他見館閣的藏書有不少散逸出來，依靠親友在館閣任職的機會，將這些書「遂盡力傳寫，浸覺有味，不能自己」〔註33〕。

這些文化名人抄書雖然沒有直接說明是爲了學習書法而抄書，但他們在抄寫過程中自然也受到書籍中刊刻字體的影響。

書籍中刊刻的楷書字體主要功能是爲了閱讀，跟專門學習書法的字帖有很大的差別。這些差別除了寫手本身的書寫水平外，刀刻痕跡也使這些楷書字體與手寫楷書有一定的距離。

在宋代兩浙東路茶鹽司刊刻的《尚書正義》中，有一部分手寫的內容（圖114），這些字體有模倣刊刻刀法的筆劃。南宋刻本《尚書》的書頁上有宋元間人寫的批註（圖 115），這些手寫的文字有模倣刊刻字體的痕跡。字形方扁，以便排列整齊，並可以節約空間，這些都與刊刻字體的排布特點相似。

〔註31〕〔宋〕曾鞏：《隆平集校證》卷十四，中華書局，2012 年。
〔註32〕〔元〕脫脫等撰：《宋史‧李常傳》列傳第 103，中華書局，1985 年，第 31 冊，第 10929 頁。
〔註33〕〔宋〕李清照：《金石錄》後序，〔宋〕趙明誠撰，金文明校證：《金石錄校證》，廣西師大出版社，2005 年。

圖 114　《尚書正義》手寫文字局部　　圖 115　《尚書》批注文字局部

　　在上圖中，書寫的筆劃有很明顯的刊刻字體特徵，橫畫的收筆處有三角形上凸。《尚書正義》中的「文」「王」，《尚書》的批注文字「文」等。

　　這種追隨刊刻字體風格的做法，說明刊刻的刀法特徵在人們心中已經成為固定的模式，認為只要是書籍中的字體，就應該是這個模樣。模倣刊刻字體筆劃的做法在宋代以後的書籍抄寫中同樣存在。如明代抄本《書傳大全》《國初事績》，清代抄本《書直筆新例》等。

　　1.《書傳大全》（圖 116），共 10 卷，明代胡廣等輯，明代內府抄本，現存 2 卷於北京師範大學圖書館。這部書是《五經大全》之一，編撰於明代永樂十三年（1415），作為欽定教科書頒行天下，書寫的字體具有顏體和柳體的特點，受刊刻刀法的影響比較明顯。

　　2.《國初事績》（圖 117），共 1 卷，明代劉辰撰，明抄本，現存南京大學圖書館。這部書的字體以顏體為主，筆劃纖細，沒有粗細變化，有些筆劃根據刊刻刀法進行了改造。

　　3.《書直筆新例》（圖 118），共 4 卷，《新例須知》1 卷，宋代呂夏卿撰，清代影宋抄本。這部書為模倣宋本所抄，字形框架為顏體，橫細豎粗，橫畫的末尾用頓筆上挑，使其呈三角形上凸，這種處理與刊刻刀法很接近。

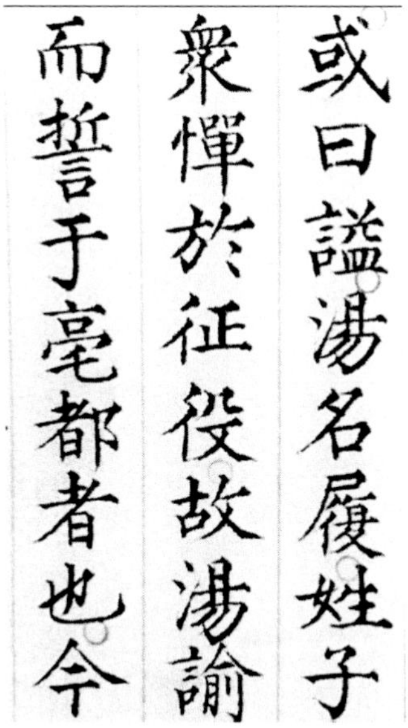
或曰謚湯名履姓子
衆憚於征役故湯諭
而誓于亳都者也今

圖 116 《書傳大全》明内府抄本局部

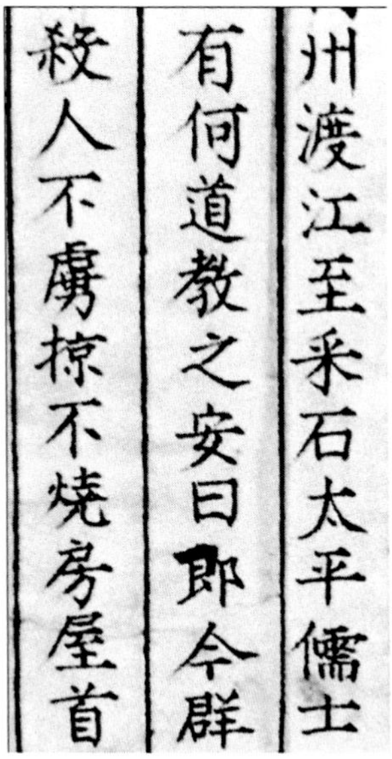
州渡江至采石太平儒士
有何道教之安曰郎今群
殺人不虜掠不焼房屋首

圖 117 《國初事績》明抄本局部

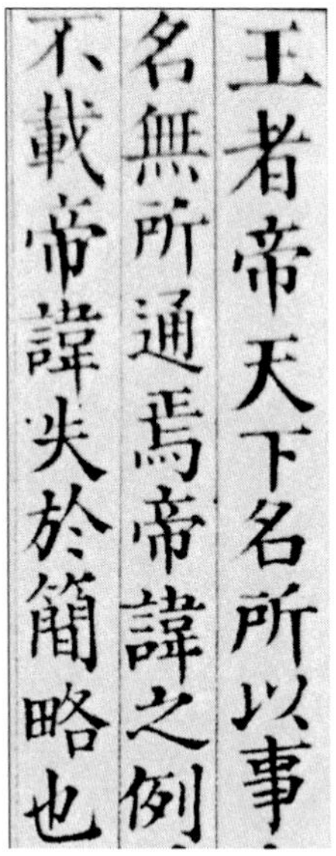
王者帝天下名所以事
名無所通焉帝諱之例
不載帝諱失於簡略也

圖 118《書直筆新例》清抄本局部

人們在抄寫書籍時依照刊刻的刀法進行操作，使這些字體與手寫的楷書筆劃有產生了一定的差距。除了抄寫書籍採用刊刻特徵之外，在其他的書寫中也有類似的現象，如宋代岳珂的《郡符帖》（圖 119）、姜夔的《跋王獻之保母帖》（圖 120），元代的趙孟頫《汲黯傳》（圖 121），清代的翁心存《賢良進卷》（圖 122）等，他們各自的楷書都不同程度地受到刊刻字體的影響。

在書籍刊刻中，岳珂抄寫的書不少，如《玉楮詩稿》就是他看到寫手寫的字不好而自己親自書寫的。姜夔字堯章，號白石道人，饒州鄱陽（今屬江西鄱陽）人，爲南宋著名文學家、音樂家，書法造詣也很深，對《蘭亭序》的考論尤爲突出。趙孟頫（1254～1322），元代書法家、畫家，浙江吳興人，他的楷書在元代代以及明清的影響很大，很多書籍用他的「松雪體」刊刻。翁心存（1791～1862），字二銘，號邃庵，江蘇常熟人，晚晴大臣。

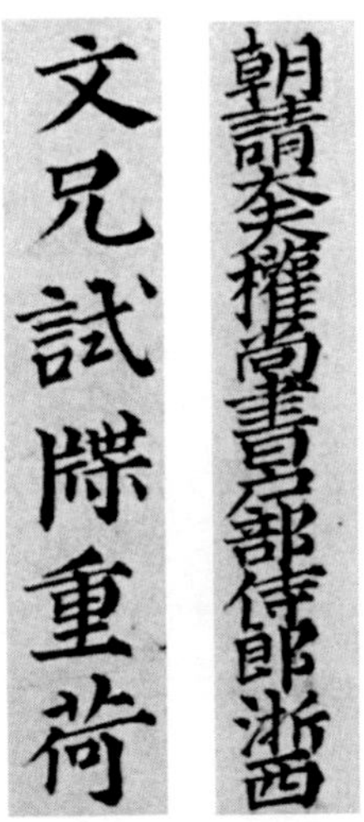

圖119　岳珂《郡符　　圖120　姜夔《跋王　　圖121　趙孟頫《汲　　圖122　翁心存《賢良
　　　　帖》局部　　　　　　　　獻之保母　　　　　　黯傳》局部　　　　　　進卷》局部
　　　　　　　　　　　　　　　帖》局部

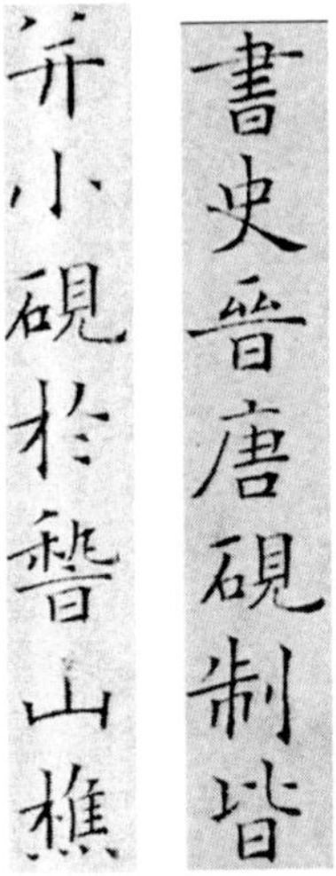

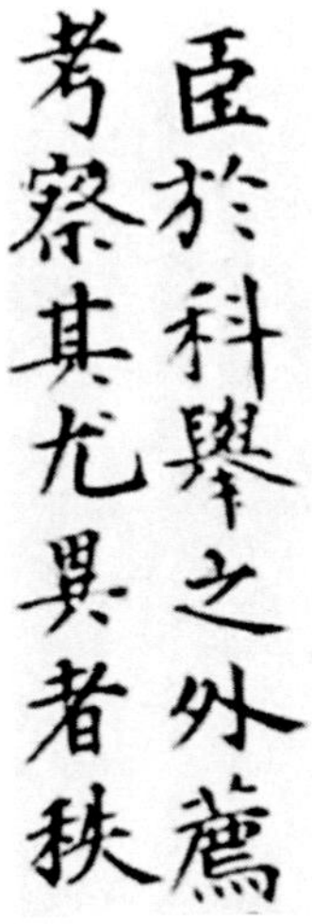

　　岳珂的《郡符帖》取法顏體，其筆劃提按明顯，特別是落款那行字，字形很扁，字距小，幾乎分不清上下字之間的筆劃，與很多書中的落款格式相似，書籍中由於字數多而通過壓縮的方式進行排列。姜夔的《跋王獻之保母帖》取法歐體，有褚遂良書法的結構特徵，他的筆劃乾淨挺拔，出鋒犀利，與刊刻的筆劃很相似。趙孟頫的《汲黯傳》，筆劃受書籍刊刻字體的影響很大。翁心存的楷書中也有刊刻的明顯特徵，如「尤」「秩」的橫畫，收筆處有三角形上凸。除了這些人的書法受影響外，清代金農的楷書，受書籍刊刻字體的影響也很大。

　　宋代書籍刊刻字體對人們書寫的影響是潛移默化的，與書法家的字體一樣，逐漸成為人們學習的對象。

小　結

　　宋代以前的書籍複製以抄寫為主，書籍刊刻已佛經居多，刊刻方式沒有成為主流，刊刻字體也沒有形成固定的模式，結字方式由斜畫緊接轉為平畫寬結，逐漸開啟寬博大方的刊刻風格。北宋時期逐漸由率意、散亂的字體轉化為仿顏體和仿歐體風格。北宋的佛經刊刻與書籍刊刻並行，相比較而言，佛經的字體粗壯，沒有烏絲欄，書籍的字體筆劃相對細小，大多數有烏絲欄，

經過北宋的過度與沉澱，從北宋晚期開始，唐代書法家的字體逐漸成爲書籍刊刻的主要字體。

宋代書籍刊刻所使用的楷書字體有仿顏體、仿歐體、仿柳體、仿碑誌體、仿瘦金體、仿蘇軾體等，其中以仿歐體、仿顏體、仿柳體爲主，其中以仿顏體的字形最爲豐富，有仿《麻姑仙壇記》式的顏體、仿《多寶塔碑》式的顏體、仿《勤禮碑》式的顏體、仿《東方朔畫贊》式的顏體，還有變異的顏體，這些字體中，根據粗細變化的各自形態，又細分爲粗線、細線的仿顏體。仿歐體的形態也比較豐富，有粗線仿歐體、中粗仿歐體和細線仿歐體等。

實際上，宋代書籍刊刻中的字體很難發現筆劃和結構都很純粹的字體出現，其特徵都具有交叉性，將其進行歸類也是一個很勉強的過程，某種字體的特點明顯一點，就歸入某種字體中，通過大致歸類才能將其說明得清楚一點，否則無法確切分析。

在歐體字中，往往有顏體、柳體或者魏碑的特徵出現，如宋代杭州刻本《陳書》中的歐體，這種字形很方正，有歐體的筆劃，但結字有顏體特徵。在顏體字中，也有歐體的特徵，比如淳祐五年（1245）左右的《家禮》福建刻本，書中有細線《麻姑》式的顏體，其中很多的鉤是歐體的形態。在顏體字中，也有其他的字體特徵的，比如開寶六年（973）四川刊刻的《佛說阿惟越致遮經》，字體有寫經體的特徵，也有《勤禮碑》的特徵，但很多的捺和結字具有魏碑的形態。在仿柳體字中，一般是柳體與其他字體的結合形式。

宋代刊刻字體的地域分佈的大致特徵，使用歐體刊刻的地區主要爲浙江杭州地區。使用顏體刊刻的地區主要爲四川、江西、安徽、福建等地，杭州也有使用顏體刊刻的情況，如《家禮》《樂府詩集》等有顏體字。使用柳體刊刻的地區主要爲江西、四川等地，但在杭州也有用柳體刊刻的。仿顏體、仿歐體、仿柳體這三種字體與南宋的三大刻書中心不是一一對應的，除了杭州用歐體刊刻比較典型外，三種字體都有交錯現象，一個地區沒有形成固定的刊刻字體，這與寫手、刻工的流動性有關係。

使用碑誌體刊刻的地區爲浙江杭州、江蘇鎮江等地。使用瘦金體刊刻的地區主要爲福建建陽，在安徽、杭州等地也有出現，這些地區的瘦金體都兼有歐體或者顏體的風格。使用蘇軾體刊刻的書籍比較少，使用這種字體刊刻的有《尚書正義》《陶淵明集》《頤堂先生文集》等，主要爲浙江和四川刻本。

北宋和南宋沒有明顯的字體差別，大多取法上述幾種字體，南宋比北宋

所刊刻的書籍整體上線條要細，字形要小，這是從節約油墨、紙張等成本方面考慮的。在官刻、家刻、坊刻等刊刻的書籍中，官刻的字體質量最高，其次是家刻，坊刻的刊刻字體相對要差一些。

　　書籍刊刻字體主要選擇方整寬博的字體作爲取法的對象。宋體字是書籍刊刻字體不斷加工改造的結果，它是起源於宋代、成熟於明代中期的字體，其筆劃和結構源自顏體、歐體、柳體，在求穩和求速的過程中，使其更加適應刀刻和閱讀。宋體字使用「模件」組合和簡易平穩的線條搭配，省去了書法中的很多筆墨細節，儘管字體很美觀，但其所謂的「藝術性」與書法藝術越來越遠。宋代書籍刊刻字體得到人們的廣泛認可，有很多人在書寫時模倣刊刻字體。

第四章　宋代書籍刊刻中的行草書、篆書、隸書

　　宋代刊刻的書籍，正文一般用楷書，有的出於解說篆隸書的需要而採用篆書和隸書，用行草書刊刻的書頁一般是序言和跋部分，寫這些行草書的書寫者一般不是專門刊刻書籍的寫手，而是一些有名望、有學問的人，他們的書法造詣普遍都高，大多是由寫序的人將文字在紙上手寫後直接上版，再由刻工雕刻，呈現出來的形態就是序作者的筆跡。所以這些行草書序、跋中有的寫得非常精彩，能與當時著名書法家的書法作品媲美。

　　序、跋的版面、框架尺寸與正文的框架一致，每行的寬度與正文的寬度相當。有些序、跋沒有豎條的行格線，按照自然書寫分行，這樣看上去更像完整的書法作品，上下字之間、行與行之間的整體感更強。按照經、史、子、集的順序將宋版書中的序、跋分為兩節進行分析。

　　由於用行草書書寫的序、跋比較多，只能選取書版中一篇文章中的半頁或者一頁作為圖例說明。牌記的字體比較豐富，既有楷書，又有行草書、篆書和隸書。

第一節　宋代書籍刊刻中的行草書（一）

　　在分析序、跋的同時，將其所在的書籍版本內容進行介紹，以便對其有一個全面的瞭解。

　　1.《春秋集注》，共 11 卷，附綱領 1 卷。宋代張洽撰，宋代寶祐三年（1255）臨江軍（今屬江西樟樹市）庠刻本。本書第 12 冊後面有方應發和楊子文的跋文。

　　方應發的跋文（圖 123）有 6 頁，大字，每半頁只有 4 行，每行 8 字。主要講述張洽「泛取先儒之至當精義而間附以己意」而成，稱讚這本書爲「集注哲之大成」，同時對張洽這部書的內容和意義進行了簡明扼要地述說，最後落款爲「僕生晚，安敢以蕪語系公書後。既刻於學官，因考其本末如此。寶祐乙卯中和節日郡文學莆陽方應發謹書」。記載的時間爲「寶祐乙卯」（1255）。方應發（1223～1289）字君節，福建莆陽人，理宗淳祐十年（1250）進士，浙東提舉。宋朝滅亡後，他隱居莆陽山中，直到元世祖至元二十六年（1289）病逝。他的書法筆劃灑脫勁挺，用筆果斷，結字大方規範，於嚴謹中蘊含靈動，當爲其上乘之作。

　　楊子文的跋（圖 124）有 4 頁半，每半頁 4 行，每行 10 字。落款爲「常山楊□□子文敬書於渚宮寓軒」。其內容講述了六經義有先儒講解而感召後學，並講述了宋代君子衍析精義，化解萬物蘊奧，這本著作讓後人都難以超越。同時講述了作者於甲辰在中原時就聽說過江西的張至一先生很擅長《春秋》之學，後來於寶祐癸丑（1258）到江陵（今屬湖北）與張啓叔結識，得知張至一爲張啓叔的父親。便從啓叔處借來一本他父親的書學習，稱其書語言簡練而道理通暢。後從啓叔處得知臨江郡將刊刻《春秋集注》，讓他寫序。楊子文，生卒年不詳，南宋時期人，其書法筆法靈動，不拘一格，以小草的使轉安排間架結構。

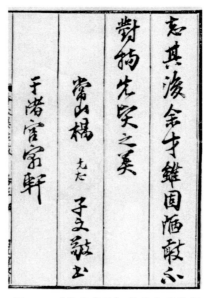

圖 123　《春秋集注》方應發跋局部　　　　圖 124　《春秋集注》楊子文跋局部

2. 《童溪王先生易傳》，共 30 卷，宋代王宗傳撰，宋代開禧元年（1205）建安劉日新宅三桂堂刻本。王宗傳字景夢，寧德（今屬福建）人，淳熙八年（1181）進士，在韶州州學任職。序為林焞所寫，共 4 頁。林焞字炳叔，寧德（今屬福建）人，與王宗傳為同學，並同為孝宗淳熙八年（1181）辛丑參加進士考試，林焞未中，後以特奏名的身份上榜。故林焞在序中說「余與童溪生同方，學同學，同及辛丑第，知其出處甚詳」。焞序講述了王宗傳撰寫書稿的經過，讚揚了他的品格和書的學術水平。評論了王宗傳的觀點，「有性本無說，聖人本無言」之語，則難免涉於異學。建安劉日新宅三桂堂地處當時的刻書中心，當地還有其他刻書地點刊刻過大部頭的書，如麻沙鎮劉仲吉宅於紹興三十年（1160）刊刻過 225 卷的《新唐書》，還刻過 50 卷的《增廣黃先生大全文集》；劉叔剛宅刊刻過 63 卷的《附釋音禮記注疏》。

林焞書寫的序（圖 125）字體為行楷，字字獨立，筆劃映帶自然，結體大方疏朗，書法功底深厚，與北宋蔡襄等人的書法風格接近。

圖 125　《童溪王先生易傳》林焞序局部

3.《押韻釋疑》，共 5 卷，拾遺 1 卷，宋代歐陽德隆撰，宋代嘉熙三年（1239）
禾興郡齋刻本。歐陽德隆爲江西吉安人，曾中進士。本書內容爲科舉考試的
學生作文時押韻而作。本書有莊端孫和余天任的序，莊端孫的序（圖 126）共
3 頁，在序言的末尾落款「嘉熙己亥孟夏中澣邑子莊端孫書」，得知其寫序的
時間爲 1239 年，與書籍刊刻時間相同。莊端孫的生卒年不詳。序中講述了韻
學的發展，從隋代發展至當朝，還有很多闕疑，歐陽德隆將其校訛，有利於
學子們使用。莊端孫的書法有顏眞卿的筆法，橫細豎粗，波折肥厚帶有雁尾，
字體修長。排布有行無列，頁面疏朗。

余天任的序（圖 127）寫於 1239 年的秋天，共 1 頁。余天任字子天，慶
元府昌國（今浙江舟山）人，《押韻釋疑》爲余天任在禾興任太守時主持刊刻。
他寫的序落款爲「嘉熙乙亥秋孟上澣日四明余天任」，行距大字距小，偶有粗
壯筆劃穿插其中，有些字線條細碎，整體向右下角傾斜。行距大，字距比較
小，上下字之間顯得有點局促。

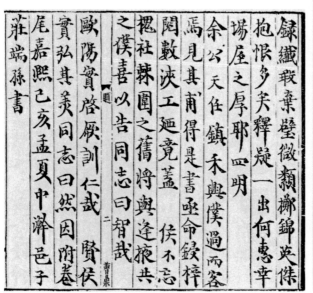

圖 126 《押韻釋疑》莊端孫序局部

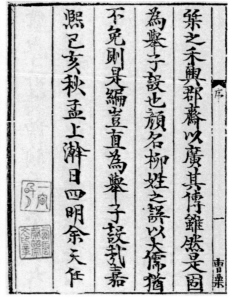

圖 127 《押韻釋疑》余天任序局部

4.《朱文公訂正門人蔡九峰書集傳》，共 6 卷，附《書傳問答》1 卷，宋代蔡沉著，南宋淳祐十年（1250）呂遇龍刊刻於江西上饒郡學。本書的正文有顏體，在上文已介紹。序（圖 128）為呂遇龍所寫，在序末尾落款為「淳祐庚戌九月既望，後學金華呂遇龍敬書」。文中說的庚戌為淳祐十年（1250），從他的落款中得知呂遇龍為浙江金華人。同時，他在序中還提到「倚席上饒」，他曾在江西上饒任過職。他寫的這篇序字形方扁，大多向右上角峻拔，結字內斂，有魏碑筆意，章法疏朗。

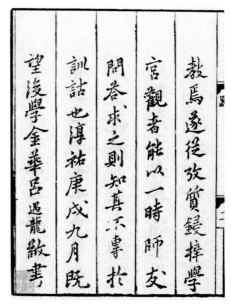

圖 128　《朱文公訂正門人蔡九峰書集傳》
呂遇龍序局部

5.《儀禮經傳通解》，共 37 卷，宋代朱熹撰，宋代嘉定十年（1217）南康道（今屬江西）院刻元明遞修本。張虙寫的序（圖 129）共 2 頁，講述了朱熹的門人黃榦輔助編次，自己在南劍陳史君處見到全書，並講述自己讀書的一些感想。落款為「嘉定癸未孟秋上澣四明張虙識」，嘉定癸未為 1213 年。張虙字子虙，慈谿（今屬浙江杭州）人，慶元二年（1196）進士，官至國子祭酒、權工部侍郎。〔註 1〕這篇序沒有烏絲欄，每半頁 7 行，行距大字距小，字體工穩，結體修長，中宮緊縮，有歐陽詢行書意味，其筆劃生動平和，不激不厲，其起筆處尖角較多，刀刻痕跡明顯。

〔註 1〕〔元〕脫脫等撰：《宋史・張虙傳》列傳第 166，中華書局，1985 年，第 35 冊，第 12293 頁。

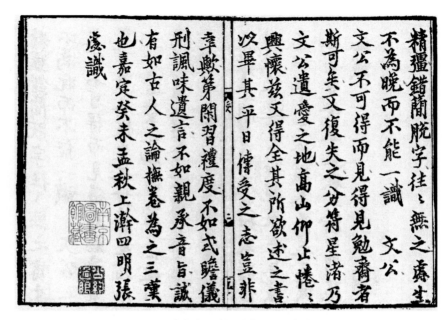

圖 129　《儀禮經傳通解》張慮序局部

　　6.《皇朝編年備要》，共 30 卷，宋代陳均撰，宋代紹定二年（1229）刻本。書中有陳均序（圖 130）、眞德秀序（圖 131）、鄭性之序（圖 132）、林岊序（圖 133）。

　　陳均（1174～1244）字平甫，福建莆田人，宋理宗初期官至太學生，後辭官回歸故里，本書爲編年史。陳均自寫序言共 3 頁，主要講了撰寫這部書的出發點，不敢與名公巨儒並行，只求作爲資料備忘。落款爲「前太學生莆田陳均拜手稽首謹識」，這行文字說明他此時已經辭官。書體爲行草書，筆劃清秀，剛健挺拔，使轉靈活，有歐陽詢行書意味，結體以縱向取勢，章法疏朗，頗有韻味。

　　眞德秀（1178～1235）字實夫，後又字景元、希元等，福建建安人，人稱「西山先生」。南宋理學家，與魏了翁齊名。這篇序寫於紹定二年（1229），其行草書取縱勢，結字較緊，偶而將部件排開，聚散有度，靈動而不流走，有古意，偶有粗壯豎畫支撐行氣，使疏朗的章法不至於沉悶。

　　鄭性之（1172～1255）字信之，長樂（今屬福建福州）人，受業於朱熹，嘉定元年（1208）進士，曾在樞密院任職，對朱熹理學有一定的推動作用。鄭性之的這篇序寫於紹定二年（1229），寫得比較放鬆，率意而爲，線條粗細相生，有顏眞卿書法意味。

　　林岊，生卒年不詳，字仲山，號蒼林子，福建福州人，孝宗淳熙十三年（1186）解元，曾在漳州、邕州等地任職。他的這篇序寫於紹定二年（1229）冬天，其書法線條細小，取勢縱長，不囿於法度，大方寬博。

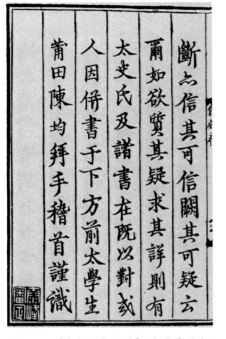

圖130　《皇朝編年備要》陳均序局部

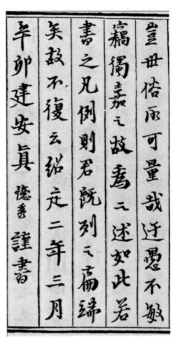

圖131　《皇朝編年備要》眞德秀序局部

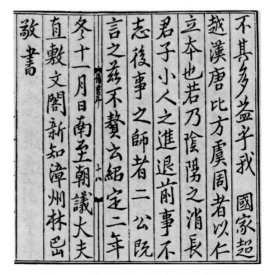

圖132《皇朝編年備要》鄭性之序局部　　　　圖133　《皇朝編年備要》林岊序局部

7.《通鑑紀事本末》，共 42 卷，宋代袁樞撰，宋代寶祐五年（1257）趙與懲刊刻，元明遞修本。孫星衍校正，書後有葉德輝、繆荃孫、楊守敬跋。《通鑑紀事本末》有兩個宋代刻本，除了這個版本以外，還有淳熙二年（1175）嚴陵郡癢刊刻的小字本，趙氏的這個版本爲湖州大字本。

趙與懲字德洲，另有別號爲節齋，浙江湖州人，爲宋太祖趙匡胤的第 10 代孫，嘉定十三年（1220）進士，官至淮浙發運使，之後知平江府。《宋史》評價其爲「所至急於財利，幾於聚斂之臣」。他寫的這篇序（圖 134）爲行草書，筆劃靈動，結字方整，大部分字形取縱勢，字的大小錯落，正斜自然，其中還有後人補版的楷書字形。

8.《新刊名臣碑傳琬琰之集》，本部書上集 27 卷，中集 55 卷，下集 25 卷，宋代杜大珪輯，宋刻元明遞修本。杜大珪爲眉山（今屬四川）人，生卒年不詳，他在序言（圖 135）中自己爲眉山進士，該序作於紹興五年（1194）。他在序中講述了神道墓誌比其他野史記載要可靠，野史的記載比較分散，而墓誌文字可信度高，可以爲後學提供研究資料。舉出韓愈的《韓洪碑》、杜牧的《譚忠傳》，都可以補充正史。此文用行草書書寫，筆劃露鋒多，線條飄逸，結字嚴謹。

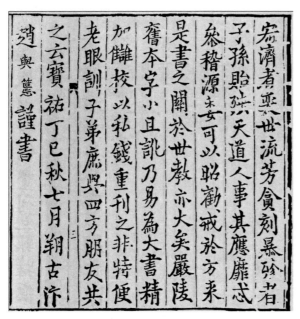

圖 134　《通鑑紀事本末》趙與懲序局部　　圖 135　《新刊名臣碑傳琬琰之集》杜大珪自序局部

9.《新編方輿勝覽》，宋代祝穆輯，祝洙增訂，宋代咸淳三年（1267）吳堅劉震孫刻本，祝穆為福建建寧府崇安人，祖籍安徽歙縣，其曾祖為朱熹的外祖父，祝穆的父親朱康國遷居福建，跟隨朱熹居住在崇安。祝洙字安道，祝穆之子，寶祐四年（1256）進士，曾任興化軍涵江書院山長。書中有呂午序（圖136），據《宋史》記載，呂午字伯可，安徽歙縣人，嘉定四年（1211）進士，起初做當塗縣丞，後官至起居郎兼史院官，任中奉大夫〔註2〕。該序共10頁，大字行草書，每半頁四行，每行8字，用蘇軾體書寫。序中內容講述了輿地的發展歷史，自夏禹時代就有輿地書籍，但記載的文獻資料不足。祝穆和其父親經常往來福建、浙江之間，孜孜不倦地訪問風土人情，根據所記載的筆記編輯成書，這樣就可以幫助學士大夫端坐家裏也能周知天下事。其落款為「嘉熙己亥良月望日新安呂午序」，嘉熙己亥為 1239 年。呂午的這篇序書寫風格比較統一，用蘇軾體書寫貫穿全篇，字體粗壯方扁，筆劃乾淨利落，牽絲少，謹嚴有序。

10.《致堂讀史管見》，共 30 卷，宋代胡寅撰，宋代嘉定十一年（1218）衡陽郡齋刻本，《致堂讀史管見》還有寶祐二年（1254）的宛陵（今屬安徽）刻本，據宛陵刻本後面劉震孫的跋（圖137），「震孫服膺是書有年矣。每惜江淅間獨欠此本，假守宛陵公餘細加讎校，乃刻置郡齋與學士大夫共之」，可知宛陵刻本應為之後的重刻本。胡寅（1098～1156）子明仲，人稱「致堂先生」崇安（今屬福建）人，胡安國弟弟之子。宋代宣和三年（1121）進士，《宋史》有傳。書中有劉震孫跋，共 2 頁。跋文介紹了本書的編撰非常嚴謹，「辭嚴義密，莫不以經為斷」，給予了高度評價。劉震孫（1197～1268）字長卿，劉摯六世孫，曾任宛陵知縣，之後在浙江湖州任知縣，後官至宗正少卿兼中書舍人，著有《書史會要》。該跋用行草書書寫，用筆灑脫，沒有羈絆，取法米芾行書，但不囿於米芾筆法，沒有米芾慣用的蟹爪鉤等筆劃，參入《聖教序》的一些筆法，文字大小錯落，排布協調，書法功底深厚。

〔註2〕　〔元〕脫脫等撰：《宋史・呂午傳》列傳第 166，中華書局，1985 年，第 35
　　　　冊，第 12296 頁。

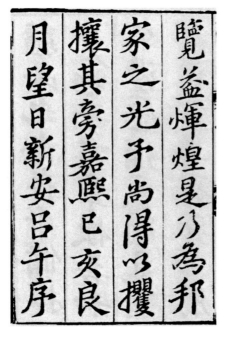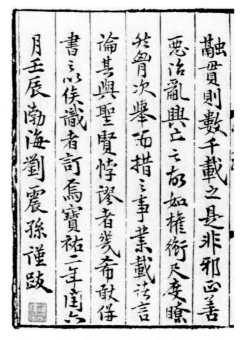

圖 136 《新編方輿勝覽》呂午序局部　　　　圖 137 《致堂讀史管見》劉震孫跋局部

　　11. 《陶靖節先生詩注》，共 4 卷，補注 1 卷，晉代陶淵明撰，宋代湯漢注，宋代淳祐元年（1241）湯漢福建刻本。陶淵明（352～427，一說 365～427），名潛，字元亮，諡號「靖節」，人稱「靖節先生」。潯陽（今江西九江）人，官至彭澤（今屬江西九江）縣令，兩個多月後棄官歸隱，著名田園詩人。書中的刻工有鄧生、吳清、蔡慶等，爲咸淳年間福建刻工，此書也應刊刻於這段時期。湯漢（1202～1272），字伯紀，號東澗，饒州安仁（今江西余江）人，年少時跟隨眞德秀，淳祐四年（1244）進士，做過象山書院山長，官至權工部尙書兼侍讀，南宋著名理學家。書中有湯漢的自序（圖 138），共 3 頁，文中講到「陶公詩精深高妙，測之愈遠，不可漫觀也」，擔心「千載之下，讀者不省爲何語」，故加了一些箋注，以助學人。序的落款爲「淳祐初元九月九日鄱陽湯漢敬書」，淳祐初元爲 1241 年，湯漢的書法清秀典雅，結字似歐陽詢，中宮緊縮，結體取縱勢，行距大，沒有行格，整體疏朗，刊刻技藝上流，保留書法原有韻味。

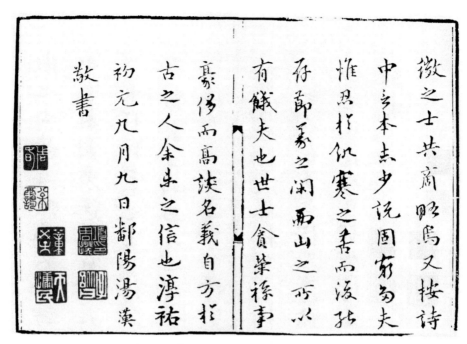

圖138　《陶靖節先生詩注》湯漢序局部

　　12.《西山先生眞文忠公讀書記》，甲集37卷，乙集下22卷，丁集2卷。宋代眞德秀撰，宋代開慶元年（1259）福州官刻元修本。眞德秀（1178～1235）字景元，福建建州人，曾在家築造西山精舍講學，被稱爲「西山先生」。慶元五年（1199）進士，曾在泉州、隆興、潭州、福州等地任職，後官至翰林學士、提舉萬壽觀兼讀等，他對理學的貢獻比較大。本書的內容爲綜合了天地陰陽、道德性命等，爲宋以來理學研究者必讀書目。書中有湯漢序（圖139），共4頁，序中講到本部書的編排情況：「《西山先生讀書記》惟甲、乙、丁爲成書，甲、丁二記近年三山學官已刊行，乙記上則《大學衍義》是也，其下卷未及繕寫。」落款爲「開慶改元十月初吉門人番陽湯漢謹書」，開慶改元爲1259年。其書法取法魏碑，兼有行草書的筆劃，字形短長合度，以拙取勝，章法疏朗，恬靜典雅。這篇序比《陶靖節先生詩注》序晚寫近20年，書寫習慣沒有變，字字獨立，但筆劃和結體都更爲成熟，特別是線條更有質感，沒有火氣。

　　13.《李侍郎經進六朝通鑑博議》，共10卷，宋代李燾撰，南宋宋畢萬後裔宅富學堂刻本。李燾（1115～1184）字任甫，眉州（今屬四川）人，著名史

學家。書中有陳之賢序（圖140），此序寫於紹熙三年（1192），共2頁，主要
內容講述士大夫沉湎於有用之學，平日無暇談經研史，導致胸中無了然。宋
代以科舉取士，對於史學不能全面掌握，李燾日編月累，對於史學研究很深，
這部書有益於學者反覆考證，這樣胸中就自然有了眞趣。落款爲「紹熙三載
孟冬之一日秀國陳之賢序」。陳之賢的書法有顏柳筆意，露鋒多，筆劃生動，
結字方整，排布緊湊得體。

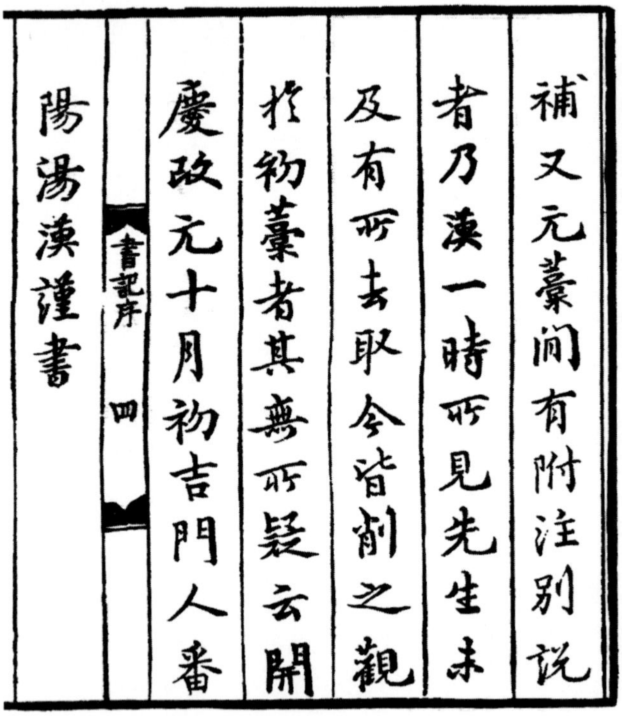

圖139 《西山先生眞文忠公讀書記》湯漢序局部　　圖140 《李侍郎經進六朝通鑒博議》
陳之賢序局部

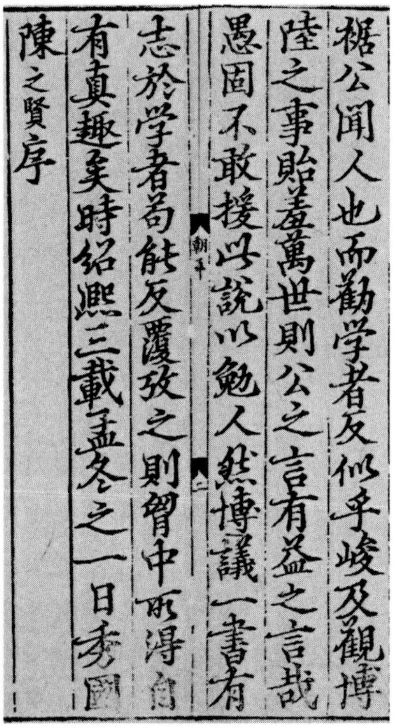

14.《三因極一病證方論》，共18卷，宋代陳言撰，宋刻本。陳言，生卒
年不詳，字無擇，浙江鶴溪人，精通方脈之學。文前爲他的自序，講述了編
書的緣由，「余紹興辛巳爲葉表弟梈伯材集方六卷，前敘陰陽病脈證，次及所
因之說，集注《脈經》，類分八十一門，方若干道。」同時，他講了分爲180
門類，得方1500多道。該序爲行草書，筆劃的連接基本上局限於內部結構，
筆法靈動，由於刻工對行草書的理解不夠，很多靈動的筆劃都用尖角或者方
筆刊刻，導致很多地方滯澀，不能完全表現行草書的韻味。

15.《自警編》，共 5 卷，宋代趙善璙撰，宋代端平元年（1234）九江（今屬江西）郡齋刻本。趙善璙，生卒年不詳，字德純，歙縣（今屬安徽）人，後遷居南海（今屬廣東），宋太宗趙光義的七世孫，嘉定元年（1208）進士，官至尚書刑部郎、中奉大夫。該序共 2 頁，講述了自己編書的緣由，曾經讀詩以自警，通過三年的餘暇彙集了當朝諸公言行，編成書以便自己能夠嘉言善行。落款為「嘉定甲申正月望漢國趙善璙序」，嘉定甲申為 1214 年。文字用行草書寫，沒有行格，每半頁 5 行，結體大方，文字大小錯落，筆劃精到，取法二王，「列」「類」「數」等字有《蘭亭序》《聖教序》的韻味。

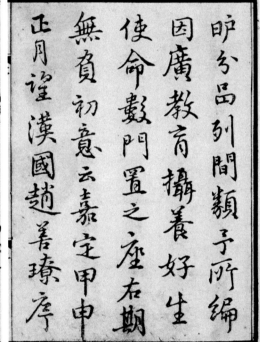

圖 141 《三因極一病證方論》陳言自序局部　　　圖 142 《自警編》趙善璙自序局部

16.《記纂淵海》，共 195 卷，宋代潘自牧輯，根據書中有浙江地區的刻工吳洪、陳文、陳正等名字，以及貞、匡、愼、敦、廓等字的缺筆避諱情況，書中有很多俗字，得知此書應刊刻於寧宗（1195～1224）或稍後時期，浙江地區的坊刻本。從潘自牧的自序（圖 143）「金華潘自牧編」「嘉定己巳九月朔從事郎新差充福州州學教授潘自牧序」等文字得知，他應為浙江金華人，做過福州州學教授。另據元代吳師道《敬鄉錄》卷 13 記載，得知其字牧之，慶元

丙辰（1196）進士，其父叔等人與朱熹、呂祖謙過往密切。潘自牧還做過太平（今屬浙江）、常山（今屬浙江）縣令。潘自牧自序共 3 頁半，在文中寫了類書的作用，講到之前的《藝文類聚》和本朝的《太平御覽》《冊府元龜》，資料可謂大備，但這些書都側重於記事，讓後人只能「凝滯於事實之內，而不能推移變化於言意之表」，他便參照前代紀事體而編纂此書，合 195 卷，80 萬字，分爲論議、人倫、人事、接物、問學等 22 部。他書寫的行草書筆劃生動，有很多篆隸的筆劃，如「便」「前」等字，按照篆隸的結構以行草書的筆劃書寫，文字中迴旋的筆劃較多，轉承啓合都得心應手，由於刻工的原因，導致有些筆劃刊刻得比較僵硬，失去了原有韻味。

17. 《誠齋四六發遣膏馥》，共 10 卷，宋代楊萬里撰，周公恕輯，宋代紹熙年間（1190～1194）刻本，有劉煥、劉炳先、劉繼先遞修。楊萬里（1127～1206），字廷秀，吉州吉水（今屬江西）人。紹興二十四年（1154）進士，曾在永州零陵做縣丞，適張浚遭貶官至永州，張浚自勉以正心誠意之學，楊萬里服其教，將自己的書齋名定爲「誠齋」，人稱「誠齋先生」。楊萬里生前將自己的著作結集爲 8 集，本部書收有 7 集，並且每集都有遺漏。書中有錢谿墊序（圖 144），他在序中講到「四六膏馥」的釋名，「四六膏馥者，誠齋、梅亭二先生之鉅筆也，先生饜飫乎六藝之文，醞鬱乎百氏之作。散其芳潤於翰墨間，傳誦所至，豈直輕雞林之金重洛陽之紙哉？彼窺其一斑者，猶能味其腴薰其香」〔註3〕。錢谿墊的序共 1 頁，行草書，落款爲「時淳祐戊申中元日錢谿墊序」，淳祐戊申爲 1248 年。其書法取法顏眞卿，結字大方穩重，筆劃勁挺圓潤，有個別字採用古文和篆書寫法，如「四」「豈」等。有些字比較誇張，如「序」的末筆拉得很長。

18. 《十二先生詩宗集韻》，共 20 卷，宋代裴良甫輯，宋刻本。根據書中的桓、愼、敦、廓等卻末筆的避諱情況，可推測此書刊刻於寧宗即位（1195）前後。從裴良甫的自序「絳人裴良甫師聖書」來看，裴良甫字師聖，絳（今屬山西）人，其他生平事蹟不詳。「十二先生」指李白、杜甫、韓愈、柳宗元、高適、孟郊、曾鞏、歐陽修、王安石、蘇軾、黃庭堅、陳師道。書籍刊刻的目的是將兩朝的詩「探夫宗派，庶見其學之原流」，將有淵源的詩按照韻部進行彙編。書中有裴良甫的自序（圖 145），共 2 頁，取法蘇軾，同時兼有魏碑

〔註 3〕 〔宋〕楊萬里撰，周公恕輯：《誠齋四六發遣膏馥》，第一冊錢谿墊序，宋刻本。

筆法。結體謹嚴，字形方扁，大小交錯，鈎、捺腳出鋒明顯，筆劃方圓結合，筆力內聚，頗有功力。

19.《五燈會元》，共 20 卷，宋代釋普濟撰，南宋刻本。普濟（1179～1253）俗姓張，號大川，浙江奉化人，曾在浙江南部諸寺修行，後在靈隱寺圓寂。「五燈」指李遵勖的《天聖廣燈錄》、釋道明的《聯燈會要》、釋道原的《景德傳燈錄》、釋正受的《嘉泰普燈錄》、釋惟白的《建中靖國續燈錄》等 5 部經典著作的總稱，共計 150 卷，這幾部書講述了禪宗的源流，有很多重複內容。釋普濟便將這些書繁複的地方刪除，撮其要旨，彙編成一部書。文中的桓、玄、愼、廓等字缺末筆避諱，應爲南宋時期的刻本。書中有王橚的楷書序，還有釋普濟的行草書自序（圖 146）。自序共 1 頁，落款爲「淳祐壬子冬住山善濟書於直指堂」，淳祐壬子爲 1242 年。內容用大字行草書書寫，每半頁 4 行，筆劃靈動飄逸，結字寬博，字形大小錯落，筆鋒運用自如，刊刻精到，少有刀痕。

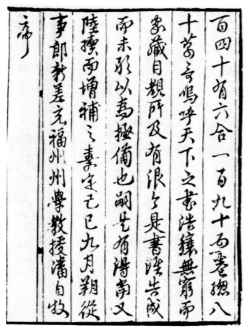

圖 143　《記纂淵海》潘自牧自序局部　　圖 144　《誠齋四六發遣膏馥》錢弜埜序局部

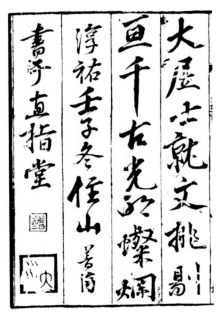

圖 145 《十二先生詩宗集韻》裴良甫自序局部　　圖 146 《五燈會元》釋普濟自序局部

第二節　宋代書籍刊刻中的行草書（二）

　　20.《陶淵明詩》，共1卷，附雜文1卷，晉代陶潛撰，南宋紹熙三年（1192）曾集刻本。曾集在編輯陶淵明詩文時沒有分卷，今人將其分開，分為詩、文各一卷。曾集字致虛，生卒年不詳，贛州（今屬江西）人。他與呂祖謙為中表親戚，年少時受業於張栻（1133～1180），官至南康軍（今屬江西星子）知縣。曾集的跋（圖147）共1頁，行草書書寫，筆劃和結字取法黃庭堅，字形長短變化，交錯排布，中宮收緊而外圍擴張，在行筆過程中增加提按動作，出現戰掣的搖擺筆劃，其捺腳出鋒少，去巧存拙。序頁有粗框沒有內格線，在上半部分留有空白，章法一任自然，就像一副完整的書法作品。

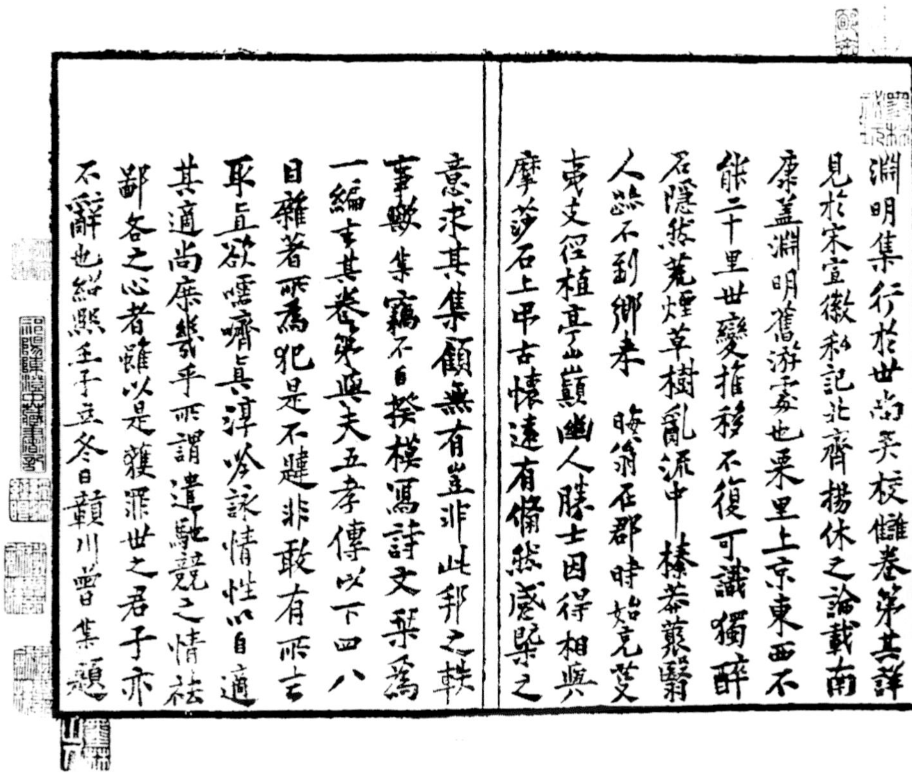

圖 147　《陶淵明詩》曾集跋

21.《新刊經進詳注昌黎先生文》，共 40 卷，附外集 10 卷，遺文 3 卷，唐代韓愈撰，宋代文讜注，王儔補注。文讜字詞源，普慈（今屬四川樂至）人；王儔字尚友，武信（今屬四川遂寧）人。書中有史丙、李正、王公濟、楊先等刻工，屬於南宋時期四川人，本書應爲南宋中期四川眉山刻本。書中還有張洽於紹定二年（1229）的池州補刻本。書前有杜莘老的序（圖 148），共 2 頁。杜莘老爲四川眉山人，杜敏求之孫，杜甫的第 13 世孫，他在序的開頭寫有他的身份「殿中侍御史杜莘老」。該序爲行楷，沒有行格，筆劃和結體取法顏眞卿，字形整體向右下角傾斜，筆劃厚實，起收分明，出鋒少，書寫率性而爲。

22.《昌黎先生集考異》，共 10 卷，宋代朱熹撰，宋代紹定二年（1229）張洽在池州刊刻。朱熹編寫這部書主要是看到當時的《昌黎集》版本較多，有很多錯誤，讓讀者難辨其善惡，便編寫《考異》10 卷讓讀者「得以參伍而筆削」。張洽（1161～1237）字德元，臨江清江（今屬江西）人，嘉定元年（1208）

進士，其生平前文已述。書中有張洽的跋（圖 149），他在跋尾寫道：「聞有愚見一二，亦各繫卷末，以俟觀者採擇云。紹定己丑十有一月辛卯日南至門人清江張洽謹識」〔註4〕。可見這是他在池州做通判時主持刊刻的。張洽的跋共2頁，行楷，書法結字緊湊，用筆非常謹慎，筆筆落實，有魏碑意味。不拘字的大小，通篇布局清爽乾淨。

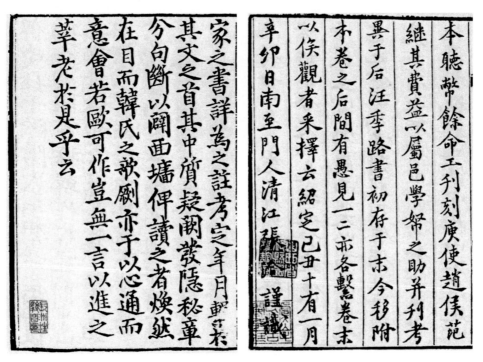

圖 148 《新刊經進詳注昌黎先生文》杜莘老　圖 149 《昌黎先生集考異》張洽跋局部
　　　　序局部

23. 《乖崖先生文集》，共 12 卷，宋代張詠撰，附錄 1 卷，宋代咸淳五年（1269）伊廙崇陽（今屬湖北）縣齋刻本，其中第 7 卷至第 12 卷以及附錄有明代賜書樓抄本。張詠（946～1015）字復之，號乖崖，濮州鄄城（今屬山東）人，宋代太平興國五年（980）進士，曾在益州（今屬四川）、杭州、永興軍（今屬陝西）等地任職，官至太常博士、樞密院直學士。本書爲郭森卿根據張詠遺文編寫。書中有龔夢龍寫於咸淳五年（1269）的序（圖）150，共 2 頁，在序中講述：「乖崖鍾定張公侗儻有大志，爲國朝名臣」，對其進行稱讚，然後講述了刊刻的經過。全文用行草書書寫，筆劃纖細，結字規整，落落大方，

〔註4〕〔宋〕朱熹：《昌黎先生集考異》，宋代張洽池州刻本，第 6 冊，張洽跋。

由於刻工的原因，有些轉折筆劃有點生硬，刷印有點墨色不均勻，有洇墨現象，影響整體效果。

24.《施顧注東坡先生詩》，共 42 卷，宋代蘇軾撰，施元之、顧禧、施宿注，宋代嘉泰六年（1213）刊刻，淮東倉司景定三年（1262）鄭羽補刻本。施元之字德初，生卒年不詳，浙江湖州人，邵靜二十四年（1154）進士，官至衢州（今屬浙江）刺史、贛州（今屬江西）知府。顧禧字景藩，生卒年不詳，吳郡（今屬江蘇蘇州）人，不求聞達，閉門著述，為鄉人所重。施宿（1164～1213）字武子，為施元之兒子，紹熙四年（1193）進士，官至知盱眙軍，嘉定年間（1208～1224）以朝散大夫提舉淮東常平倉。本書按照時間順序，對蘇軾的詩歌進行編纂，為世人所重。本書的正文為傅穉寫版，傅穉字漢孺，與施元之同鄉，主要寫歐體字，對《九成宮》《化度寺碑》用功尤勤。原刻的刻工有周珪、羅文、呂拱、馬良等人，之後於景定三年（1262）由鄭羽主持補版。補版的刻工有曹寶、高永年、潘振等人。鄭羽在補版時寫了一篇跋（圖 151），跋文只有半頁，茲錄如下：

> 坡詩多本，獨淮東倉司所刊明淨端楷，為有識所寶。羽承乏於茲，暇日偶取觀，汰其字之漫者，大小七萬五百七十七計一百七十九板。命工重梓，他時板浸古漫字，浸多漕之人好事必有賢於羽者矣。景定壬戌中元吳門鄭羽題。〔註5〕

鄭羽，生卒年不詳，寶祐年間（1253～1258）任建康（今屬南京）安撫司參議官。此跋為鄭羽用行楷書寫，字體清秀，筆劃提按分明，沒有粗細變化，字體內部斜接筆劃多，字形取縱勢，用左右傾斜的姿態打破行氣的呆板。

25.《寶晉山林集拾遺》，共 8 卷，宋代米芾撰，宋代嘉泰元年（1201）筠陽（今屬江西）郡齋刻本。米芾（1051～1107）字元章，號襄陽漫士，襄陽（今屬湖北）人，曾做南宮舍人，人稱「米南宮」。官至禮部員外郎，著名書法家，為「北宋四家」之一。因其酷愛晉代二王書法，將書齋定名為「寶晉齋」。《宋史》本書收錄米芾的詩賦諸文，書後有米憲跋（圖 152）。米憲為米芾之孫，共 5 頁，其中有 1 行落款「米憲拜手謹書」佔了 1 頁。主要講述了米芾的家藏和著述的一些基本情況，對米芾也進行了褒揚：「先祖南宮，以文章翰墨雄視一代。當崇寧聞，名動天子，擢從外郡，對便殿，進奉常博士，

〔註5〕〔宋〕蘇軾撰，施元之、顧禧、施宿注：《施顧注東坡先生詩》，宋刻本，鄭羽補版跋。

踐南宮舍人，駸駸清望矣。」〔註6〕米憲的書法傳承米芾，筆鋒運用靈活，用筆灑脫，鉤法、捺筆、轉折均似米芾。

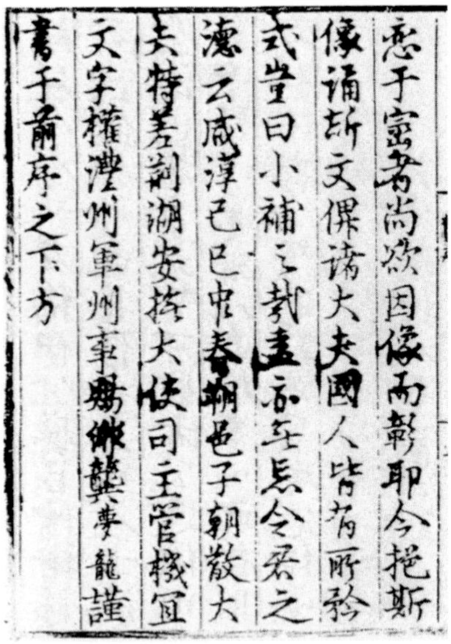

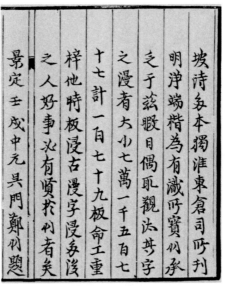

圖 150　《乖崖先生文集》龔夢龍序局部　　圖 151　《施顧注東坡先生詩》鄭羽跋局部

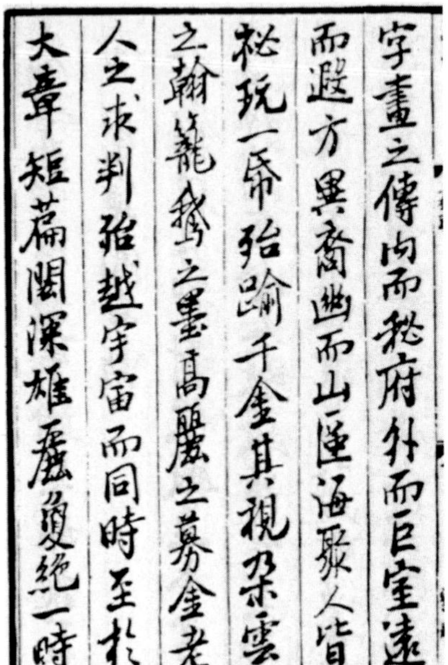

圖 152　《寶晉山林集拾遺》米憲跋局部　　圖 153　《會稽三賦》史鑄序局部

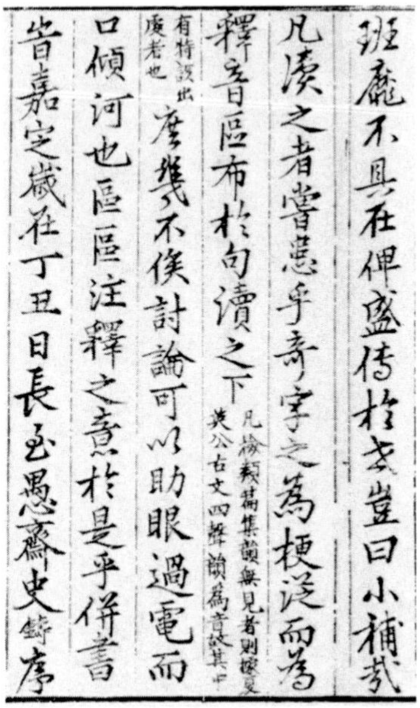

〔註 6〕〔宋〕米芾撰：《寶晉山林集拾遺》，宋代嘉泰元年筠陽郡齋刻本，第 10 冊，米憲跋。

　　26.《會稽三賦》，宋代王十朋撰，宋刻元修本，有顧廣圻補抄本。王十朋爲浙江溫州人，前文已介紹。《會稽三賦》是指《會稽民事堂賦》《會稽風俗賦》《會稽蓬萊閣賦》。書中有史鑄的序（圖 153），史鑄字顏甫，號愚齋，浙江紹興山陰人，該序共 3 頁，用行草書書寫，其筆劃清秀挺拔，結字方扁，內部筆劃排布勻稱，書法功底深厚，落款爲「時嘉定歲在丁丑日長至愚齋史鑄序」，表明其寫序的時間爲 1217 年，他對《會稽三賦》的傳播起了一定的推動作用。

　　27.《義豐文集》，共 1 卷，宋代王阮撰，宋代淳祐三年（1243）王旦刻本，有傅增湘、李盛鐸跋。王阮（？～1208）字南卿，江西德安人，南宋隆興元年（1163）進士，曾爲濠州（今安徽鳳陽）、撫州（今屬江西）知府。該書原有 5 卷，刊刻時還存第 1 卷詩歌。書前有趙希塈的序（圖 154），書後有吳愈的後序（圖 155）。趙希塈，生卒年不詳，他在序的末尾署名「大梁人趙希塈題」，大梁今屬河南開封。這篇序寫於淳祐八年（1248），共 2 頁，講他在淳祐戊申冬多得到《義豐文集》，覺得「爲之撫卷，其所抱負，豈不偉哉」，便寫序加以推薦。通篇用行草書寫，大小錯落，章法自然，不拘泥於行格，筆劃生動，圓潤而有力度，書法功底深厚。

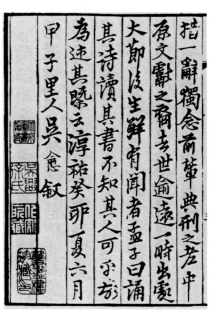

圖 154　《義豐文集》趙希塈序局部　　　　圖 155　《義豐文集》吳愈序局部

　　吳愈，生卒年不詳，其在序中寫「吾邑王公先生」，得知他與王阮爲同鄉，他應爲江西德安人，其落款爲「淳祐癸卯夏六月甲子裏人吳愈敘」，淳祐癸卯爲 1243 年，這篇後序比趙希墅的序要早幾年，趙氏的序很可能是重印時補上去的。吳愈的序共 3 頁，用行草書寫，字體靈動，結字大方，字形大小交錯，穿插得心應手，刊刻精到，刀痕不明顯。

　　28.《新刊劍南詩稿》，共 20 卷，宋代陸游撰，宋代淳熙十四年（1187）嚴州（今屬浙江）郡齋刻本。陸游（1125～1210）字務觀，號放翁，浙江越州（今屬紹興）人，官至翰林學士、寶章閣待制等，南宋著名詩人，爲後人留下 9000 多首詩。本書爲陸游結集最早的詩集，先期編寫詩集的是陸游在嚴州的同事宣教郎蘇林，蘇林五個月後離任，便由嚴州的稅務括蒼鄭師尹續編，陸游自己也參與校訂。書中有鄭師尹的序（圖 156），共 2 頁，主要講述了選錄的經過和數量，共計 2531 首編成 20 卷。之前的舊詩傳襲失眞，便將其校正，以便「傳信而無疑」。鄭師尹的序爲行草書寫，有部分文字缺失，筆劃嚴整，結字嚴謹，由於刊刻原因，導致方筆很多，刀刻痕跡明顯。

　　29.《渭南文集》，共 50 卷，宋代陸游撰，宋代嘉定十三年（1220）陸子遹溧陽（今屬江蘇常州）學宮刻本。陸子遹字懷祖，是陸游的第七個兒子，曾任溧陽知縣和嚴州知州。本書爲陸子遹在溧陽任職時刊刻，書中有他的序，共 1 頁，他在序中講述編寫緣由：

> （陸游）稟賦宏大，造詣深遠，故落筆成文，則卓然自爲一家，
> 人莫測其涯矣。蓋今學者皆熟誦《劍南》之詩，《續稿》雖家藏，世
> 亦多傳寫，惟遺文自先太史未病時，故以編輯，而名以《渭南》矣。
> 第學者多未之見，今別爲五十卷。凡命名及次第之旨，皆出遺意，
> 今不敢紊。乃鋟梓溧陽學宮，以廣其傳。〔註7〕

　　陸子遹的序（圖 157）爲行草書，筆劃乾淨，牽絲圓轉，方整而不失生動，字字獨立，沒有連筆字組，在框格的上半部分留有兩個字的白，通篇風格統一。

　　30.《重校鶴山先生大全文集》，共 110 卷，目錄 2 卷，宋代魏了翁撰，宋代開慶元年（1259）四川刻本。魏了翁（1178～1237）字華父，邛州浦江（今屬四川）人，《宋史》記載其「英悟絕出」，被鄉里人成爲「神童」，15 歲就能

〔註7〕〔宋〕陸游撰：《渭南文集》，宋代嘉定十三年陸子遹溧陽學宮刻本，第 1 冊，陸子遹序。

「著韓愈論」，孝宗慶元五年（1199）進士，官至禮部尚書、資政殿學士等。〔註8〕本書刊刻時正好趕上蒙古人入侵四川，蒙古人從端平年間（1234～1236）入蜀，導致開慶元年（1259）四川還處於戰亂狀態，社會經濟遭到破壞，所以本書刊刻所用的紙墨都不精，特別是沒有請刊刻精良的刻工，導致刊刻筆劃變形，質量比較差。

書中有吳淵的序（圖158），共3頁。吳淵（1190～1257）字道父，安徽宣州人，嘉定七年（1214）進士，官至兵部尚書，任過福州知府、福建安撫使等職。其書法字形方扁，峻拔右肩，筆劃靈動，書頁中沒有行格，有行無列，字的大小長短交錯，可惜刻工將其筆劃都進行了簡化，導致其棱角很多，很多字形無法識別，書法氣韻缺失。

31. 《梅亭先生四六標準》，共40卷，宋代李劉撰，李致忠先生推斷爲建陽刻本。李劉（1175～？）字公甫，號梅亭，撫州（今屬江西）人，年輕時跟隨眞德秀，嘉定元年（1208）進士，官至中書舍人、寶章閣待制等。四六文就是駢體文，四字六字對偶成句，也有人稱爲四六文體。書中有羅逢吉的序（圖159），共1頁。羅逢吉在落款中提到「門人羅逢吉謹書」，可見其爲李劉的門人，與李劉同時代，應活動於江西一帶。這篇序不長，對李劉有一定的褒獎：

> 梅亭先生言語妙天下，而四六尤膾炙人口。比眉山所列《類稿》已盛行於世，客有求逢吉所藏四六，欲鋟之梓，適先生以義曹召，弗敢請。客求益堅，姑授以先生初年館月湖及湖南、蜀川所作，名曰《四六標準》，繼此當陸續以傳。門人羅逢吉謹書。〔註9〕

這些話講出了羅逢吉對李劉的崇拜，也道出了人們對李劉四六句的喜愛，編寫此書在情理之中。這篇序用行書寫就，筆劃清秀，結字緊湊，布局疏朗，樸實無華，但筆劃有點過於瘦硬。

〔註8〕〔元〕脫脫等撰：《宋史‧魏了翁傳》列傳第196，中華書局，1985年，第37冊，第12965頁。

〔註9〕〔宋〕李劉撰：《梅亭先生四六標準》，宋刻本，第1冊，羅逢吉序。

圖156 《新刊劍南詩稿》鄭師尹序局部　　圖157 《渭南文集》陸子遹序局部

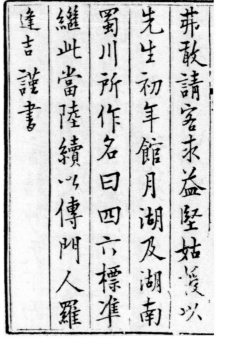

圖158 《重校鶴山先生大全文集》吳淵序局部　　圖159 《梅亭先生四六標準》羅逢吉序局部

32. 《友林乙稿》，共 1 卷，宋代史彌寧撰，宋代嘉定（1208～1224）刻本。史彌寧，字安卿，生卒年不詳，浙江寧波人，曾任湖南邵陽知府。他是當時著名人士史浩的侄子，史浩（1106～1194）字直翁，紹興十五年（1145）進士，在孝宗時期（1163～1189）做過宰相。《友林乙稿》是《友林詩稿》的第二集，第一集已軼。文中有一篇序（圖 160），共 1 頁，作者署名為「域」，經清代潘祖蔭在《滂喜齋藏書記》中考證，得知叫「域」的人為鄭域，字中卿，三山（今屬福建福州）人，淳熙十一年（1184）進士。他在序中說「歲在乾道之癸巳（1173），太師文惠魏王先生帥閩，域以庠序諸生蒙眄睞寵甚，侍立函丈，飽聆博約。詩埒黃、陳，詞軼晁、晏，片文單字，膾炙士林。域時年二十有一」，按照 1173 年鄭域 21 歲計算，得知他當為 1153 年生，在序中還講到跟隨史彌寧，提到「後四十年，隨影湘南」〔註 10〕，那他寫序時已經 60 多歲了。他寫的書法線條圓潤，講究線條的彈性，直線少，結字寬鬆，將法度寓於靈動蕭散之中。

33. 《聖宋名賢五百家播芳大全文粹》，共 100 卷，目錄 7 卷，宋代魏齊賢、葉芬輯，據李致忠先生推斷，此書於紹熙年間（1190～1194）刊刻於建陽魏齊賢的富學堂。魏齊賢字仲賢，為福建麻沙地富學堂的經營者，葉芬有可能為魏氏專門請來編書的人。書中有一篇序（圖 161），落款為「紹熙改元庚戌八月朔南徐許開仲啓序」，紹熙改元庚戌為 1190 年，南徐今屬南京，許開仲啓，生卒年不詳。該序共 2 頁，中間有文字缺失，行草書，其書法整體打破行格的限制，大小錯落，字形取縱勢，筆劃優雅靈動，沒有火氣。

〔註10〕　〔宋〕史彌寧撰：《友林乙稿》，宋代嘉定刻本，第 1 冊，鄭域序。

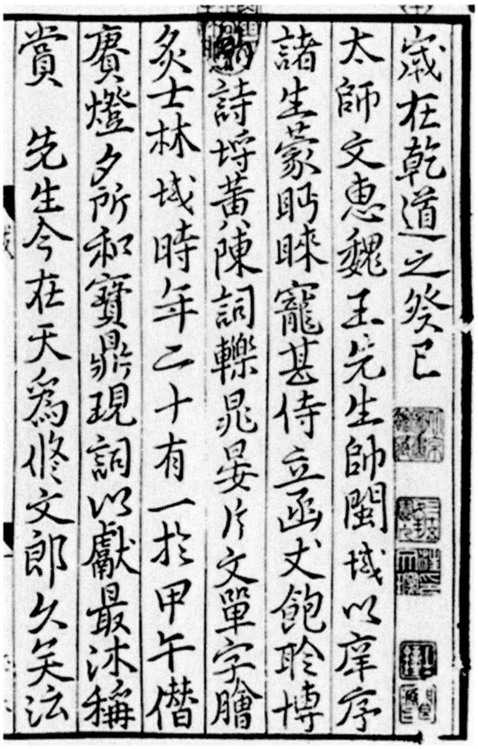

歲在乾道之癸巳

太師文惠魏王先生帥閩域以庠序

諸生蒙盼睞寵甚侍立函丈飽聆博

約詩埒黃陳詞轢晁晏片文單字膾

炙士林域時年二十有一於甲午借

賡燈夕所和寶鼎現詞以獻最沐稱

賞　先生今在天為修文郎久矣泫

圖 160　《友林乙稿》鄭域序局部

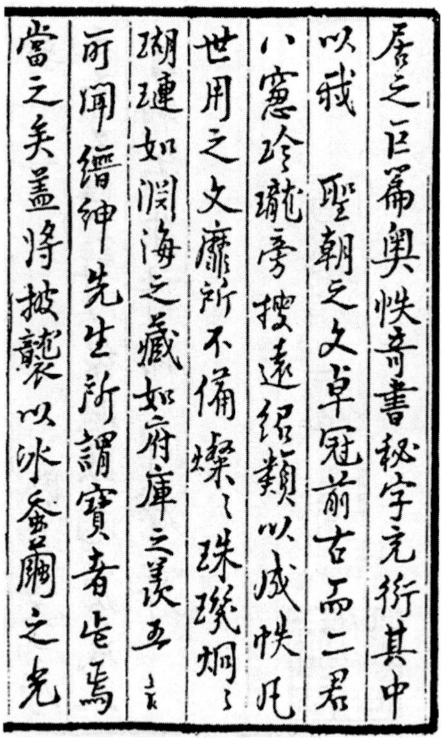

居之巨篇奥帙奇書秘字充衍其中

以戕　聖朝之文卓冠前古而二君

八窓玲瓏旁搜遠紹類以成帙凡

世用之文靡所不備燦燦珠璣炯炯

湖璉如閎海之藏如府庫之羨五

所聞縉紳先生所謂寶者皆焉

當之矣蓋將披襲以冰蠶繭之光

圖 161　《聖宋名賢五百家播芳大全文粹》許開仲啓序局部

33.《崑山雜詠》，共 3 卷，宋代龔昱輯，宋代開禧三年（1207）崑山（今屬江蘇）縣齋刻本。龔昱字立道，生卒年不詳，江蘇崑山人，爲龔明之的第二個兒子，爲李衡的學生，他無意於科舉，但他的才學爲鄉里所重，人稱其「龔山長」，與陸游交往甚密，陸游於開禧三年（1207）寫有《寄龔立道》，稱其「吳中第一流」，可見龔昱在當地頗有影響。書中有范之柔序（圖 162），共 1 頁半，講述了他的朋友龔昱的編書經過，以及這部書的價值。「崑山雖處海隅，素號壯縣，古蹟今事接於見聞者不一。若人物習俗，文章論議，繫治亂、關風教者，蓋有志焉。此書既闕，遂使一邑之事湮沒無傳」，爲了將鄉邑之事流傳於世，龔昱利用閑暇時間「細大不遺」加以收集整理，爲「代圖經之作」。〔註 11〕范之柔，字叔剛，生卒年不詳，范仲淹的第五代孫，江蘇吳縣人，後移居江蘇崑山。乾道八年（1172）進士，官至禮部尚書。該序的字體爲

〔註 11〕〔宋〕龔昱輯：《崑山雜詠》，宋代開禧三年崑山縣齋刻本，第 1 冊，范之柔序。

行楷，筆劃和結字都非常嚴謹，筆筆落實，沒有任何含糊之處，從其筆劃中可以看到柳公權的特點，同時也具有碑誌的拙味。

34.《竇氏聯珠集》，共 5 卷，唐代竇常等撰，宋代淳熙五年（1178）王崧刻本。書中的竇氏是指唐代的五位兄弟，即竇常、竇群、竇庠、竇牟、竇鞏。將他們的詩進行編纂，有如聯珠。這五兄弟爲京兆金城（今陝西興平）人，他們大都爲進士及第，身居朝廷要職。他們主要活動於唐代宗、德宗、憲宗幾朝。書後有王崧跋（圖 163），他的書法結字方扁，有唐楷和魏碑的意味，字距大行距小，其主要筆劃的起筆和收筆附帶的細碎筆劃較多，讓人感覺不清爽。

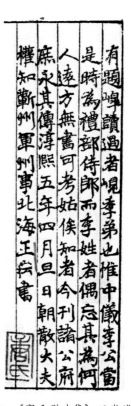

圖 162　《崑山雜詠》范之柔序局部　　　圖 163　《竇氏聯珠集》王崧跋局部

35.《韻語陽秋》，共 20 卷，宋代葛立方撰，據陳先行先生根據避諱和刻工名字推斷，本書的刊刻時間爲南宋中前期。葛立方（？～1165）字常之，潤州丹陽（今屬江蘇）人，後來遷居吳興（今浙江湖州），紹興八年（1138）進士，官至吏部侍郎。本書主要評論漢魏以來的詩歌流派，重意境不重句格工

拙，提出自己的觀點，即唐人由於一句話或者一首詩出名，但查看其他詩文，平庸之作很多，所以按一篇的水平來評價詩人的做法不妥，他覺得只有杜甫的詩能經得起推敲，非一般人能比。《四庫全書總目提要》評價這部書為「宋人詩話之善本」。

書後有沈洵的跋，共半頁，行草書，在其跋前還有兩頁跋（圖 164），落款為「隆興甲申中元丹陽葛立方書」，隆興甲申為 1164 年，根據沈洵的落款「乾道二年（1166）八月既望，左朝請郎行秘書省校書郎兼戶部員外郎沈洵題」可以看出，沈洵的跋（圖 165）寫在葛立方自跋的後兩年，其文字書寫風格與沈洵的一致，可以認定這 2 頁半為他們兩人中的一人所寫。沈洵為儀徵（今屬江蘇）人，紹興二十一年（1151）進士，從跋中得知他當時為左朝請郎行秘書省校書郎兼戶部員外郎。其書法中宮緊收，字形取縱勢，筆劃方圓結合，從「晉」「渭」「刑」等方筆結構看，其書法取法魏碑較多，兼有行草書筆法。

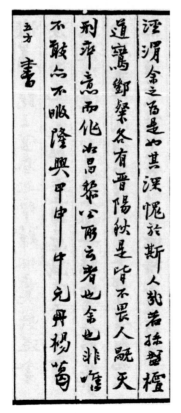 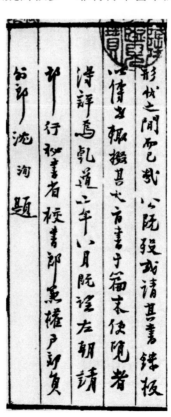

圖 164　《韻語陽秋》葛立方自跋局部　　　圖 165　《韻語陽秋》沈洵跋局部

　　36.《中興以來絕妙詞選》，共 10 卷，宋代黃昇輯，宋代淳祐九年（1249）劉誠甫刻本。黃昇字叔暘，號花菴，又號玉林，生卒年不詳，福建人。胡德方在序中說他早年棄科舉，一心讀書而吟詠自適。本書收錄南宋以來 88 家詞，同時也收錄了黃昇自作詞 38 首。書中有黃氏於淳祐九年（1249）的自序（圖166）和胡德方序（圖 167），黃昇在自序中說「親友劉誠甫謀刊諸梓」，書的末尾也有劉誠甫的牌記。

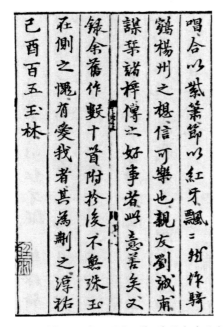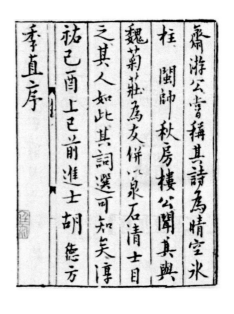

圖 166　《中興以來絕妙詞選》黃昇自序局部　　圖 167　《中興以來絕妙詞選》胡德方序局部

　　黃昇自序有 2 頁，行草書，其書法筆劃規整，收放自如，結字似王羲之《聖教序》，穩重而又靈動，排布疏朗。

　　胡德方的序有 1 頁半，行草書。胡德方，生卒年不詳，從他的落款得知為淳祐八年（1249）進士。他在序中對黃昇及他的書進行了介紹：

　　　　古樂府不作，而後長短句出焉。我朝鉅公勝士，娛戲文章亦多及此。然散在諸集，未易偏窺。玉林此選，博觀約取，發妙音於眾樂，並奏之際，出至珍於萬寶畢陳之中，使人得一偏，則可以盡見詞家之奇，厥功不亦茂乎？玉林蚤棄科舉，雅意讀書，間從吟詠自適。閩學受齋游公，嘗稱其詩為晴空冰柱，閩帥秋房樓公，聞其與魏菊莊為友，並以泉石清士目之，其人如此，其詞選可知矣。淳祐

己酉上巳前進士胡德方寄直序。〔註12〕

胡德方對黃昇的爲人進行了讚揚，對他的詞選也充分肯定。胡德方的書法以瘦硬爲主，偶有粗筆，結字瘦長，藏鋒多露鋒少，筆劃內斂，字中的牽絲自然生動，刀刻痕跡不明顯。

37.《百川學海》，共100種，179卷，宋代左圭編，南宋咸淳刻本。左圭字禹錫，號古獻山人，浙江鄞縣（今屬寧波）人。書中有左圭於咸淳九年（1273）寫的自序（圖168），共2頁多2行。講述了自己日積月累編纂了數百家之說，後人可以有眾多流派探索其淵源，「因壽諸梓，以浦其傳」，其目的很明確，就是將各家的雜說進行歸類，以防失傳。左圭的自序筆劃乾淨，法度謹嚴，結字方整，大方生動，但個別筆劃由於刊刻的原因，顯得有點生硬。

38.《聖宋千家名賢表啓翰墨大全》簡稱《翰墨大全》，原書140卷，現存日本17卷，昭和五十六年（1981）日本八木書店影印過這部書，沒有編纂者名字，書中有吳兔然序（圖169）。吳兔然字景仲，生卒年不詳。他在序中落款爲「慶元庚申孟冬之月哉生明錦谿吳煥然景仲書於介石菴」，慶元庚申爲1200年，孟冬之月哉生明爲農曆十月初三，錦谿今屬江蘇崑山，由此得知，吳兔然可能爲江蘇崑山人。也有人認爲錦谿是福建建陽某地，理由是吳兔然於1196年寫過葉棻編的《聖宋名賢四六叢珠》的序，這本書刊刻於建安，而福建建安有錦溪這個地名，也叫交溪。他在那本書裏落款爲「慶元丙辰九日錦谿吳兔然景仲序」。吳兔然在《聖宋千家名賢表啓翰墨大全》中寫的這篇序爲行書，字體工穩，筆力精到，出鉤比較尖銳，結字大方，有一定的書法功底。

在宋代書籍刊刻中，有一些牌記爲行草書，比如建安的黃善夫、劉元起、建安虞氏、劉氏天香書院、福建漕治吳堅等人。

「建安黃善夫刊於家塾之敬室」與「建安劉元起刊於家塾之敬室」的書寫風格接近，都爲行楷書，點和豎的起筆都爲尖筆，中宮收緊，穩重又有生氣。

〔註12〕　〔宋〕黃昇輯：《中興以來絕妙詞選》，宋代淳祐九年劉誠甫刻本，第 1 冊，胡德方序。

圖168　《百川學海》左圭自序局部　　　　圖169《翰墨大全》吳奐然序局部

　　黃善夫字宗仁，劉元起字之問，兩人主要生活於南宋寧宗時期，都爲福建建安人。黃善夫刊刻過劉宋裴駰等撰的《史記集解索隱正義》130卷，唐代李賢撰的《後漢書注》120卷，唐代顏師古撰的《漢書注》100卷，唐代韓愈撰的《新刊五百家注音辨昌黎先生文集》40卷（慶元元年（1195）本），宋代蘇軾撰的《王狀元集百家注分類東坡先生詩》25卷。劉元起於慶元元年（1195）刊刻過《漢書》100卷和《後漢書》120卷。他們所刊刻的書在目錄之後標有代表性的牌記。

　　建安虞氏爲福建建安人，刊刻有《老子道德經》4卷，分爲《道經》和《德經》，書中的「愼」字減筆避諱，應於孝宗（1189）以後刊刻。在書中有行書「建安虞氏刊於家塾」的牌記，其書寫刊刻分格與黃善夫、劉元起的牌記相近，起筆處尖角多，充分顯示了刊刻的地域風格。

　　建安魏仲立，南宋中期人，刊刻過《新唐書》，他刊刻的書中有「建安魏仲立宅刊行收書賢士伏幸詳鑒」的牌記，這些字體與建安其他幾人的牌記刊刻風格有形似之處，起筆處也有尖角，「安」字的寫法比其他的要靈活，「刊」字「刂」中的豎鉤不出鉤。

　　吳堅字彥愷，仙居（今屬浙江台州）人，淳祐四年（1244）進士，咸淳年間（1265～1274）任建寧知府，他主持刊刻了《邵子觀物篇漁樵問對》《張子語錄》《龜山語錄》等書，在牌記中寫有行書「後學吳堅刊於福建漕治」，

這些書應是他在建寧任上刊刻。

　　天香書院劉氏爲福建人劉氏的書院名。「劉氏天香書院之記」的牌記爲行草書，筆劃靈動，其中的「劉」「書」等字牽絲較多，天香書院刊刻有《監本纂圖重言重意互注論語》等書，楊守敬根據書中的避諱，推斷爲宋末刻本。

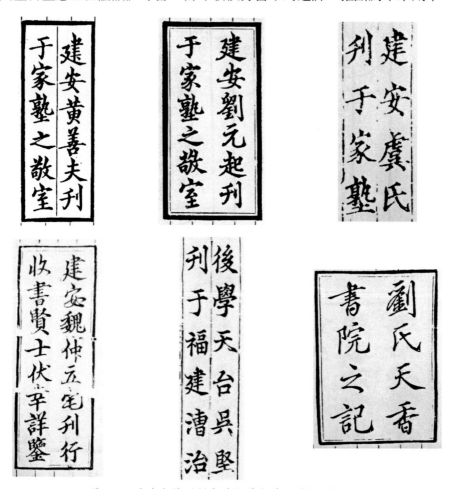

圖 170　宋代書籍刊刻中的行草書牌記圖例（一）

　　有些人在刊刻的書中加有廣告性質的牌記，如《重廣眉山三蘇先生文集》中有董應夢的行書牌記，牌記文字爲「饒州德興縣莊谿書癡子董應夢重行校正，寫作大字，命工刊板衡用皮紙印造，務在流通，使收書英俊得茲本，板端不負於收書矣。紹興庚辰除日因筆以紀誌歲月云」。饒州今屬江西省，董應夢在書中還有行書牌記「銀山莊谿董應夢集古堂校正善本」。董應夢爲書坊主人，董氏有時還在書中刊刻隸書牌記。

在《東萊先生詩武庫》的目錄後有楷書「東萊呂氏編於麗澤書院」的牌記，在這行字的旁邊刊有墨圍的四行字：「今得呂氏家塾手抄武庫一帙，用是為詩戰之，具固可以掃千軍而降勁敵，不欲秘藏，刻梓以淑諸天下收書，君子伏幸，詳鑒謹諮」。這四行字用行草書書寫，結字以方塊為主，字距和行距都比較大，筆劃靈動。

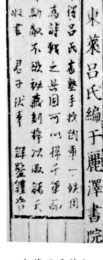

董應夢行書牌記　　　　　東萊呂氏牌記

圖171　宋代書籍刊刻中的行草書牌記圖例（二）

第三節　宋代書籍刊刻中的篆書、隸書

宋代書法名家中，擅長行草書的書法家很多，但擅長篆書和隸書的書法家不多。南宋紹興十一年（1141）奉宋高宗聖旨而摹刻的《紹興米帖》（圖172），共10卷，收集了米芾的各種書體，裏面收集有米芾的篆書和隸書。米芾的隸書結字方整，筆劃圓轉靈活，有些字形還有楷書的筆劃。

宋代書籍中有一部分採用的篆書和隸書刊刻，這些書籍之所以採用這些字體，完全是出於正文內容表達的需要，就是說在這些書的內容為講述篆書和隸書，需要摹寫篆書和隸書字形，有的在牌記中使用篆書和隸書，起到標記的作用。

圖172 米芾《紹興米帖》局部

採用篆書或者隸書刊刻的有《說文解字》《新集古文四聲譜》《嘯堂集古錄》《重校鶴山先生大全文集》。

1. 《說文解字》（圖 173），共 15 卷，漢代許慎撰，宋代徐鉉等校定，南宋中期杭州地區刊刻，元代補刻本。許慎（約 58～147），字叔重，汝南召陵（今屬河南）人，博通經籍，精於文字學。《說文解字》為文字學研究和字書編撰的開山之作，儘管書中還存在很多錯誤，但分析字形和字的本義等方面為後世所重。徐鉉（917～992），字鼎臣，江蘇揚州人，官至校書郎，精於小學，其篆書主要寫李斯的鐵線篆，隸書也比較擅長。本書的字形主要為篆書和楷書，有少數古文字形。篆書為徐鉉所寫，線條圓轉，筆劃粗細均勻，結構勻稱。

2. 《新集古文四聲譜》（圖 174），共 5 卷，宋代夏竦撰，宋刻本。夏竦（985～1051）字子喬，江州德安（今屬江西九江）人，自幼好學，通曉經學、史學，還精通陰陽律曆，《宋史》還記載他識古文，學奇字，官至陝西經略安撫使等職。書中刊刻的篆書和古文字形筆劃纖細圓潤，收筆出尖，結構取縱勢，版式疏朗。

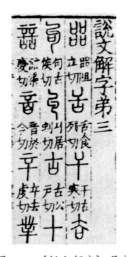

圖 173 《說文解字》局部　　　　圖 174 《新集古文四聲譜》局部

3. 《嘯堂集古錄》（圖 175），共 2 卷，宋代王俅撰，宋刻本。王俅生活在北宋末年至南宋初期，字子弁，濟州任城（今屬山東濟寧）人，書中有劉邠序，他在序中講王俅每得一器款識，一定要描摹下來並妥善收藏，一共積累了 30 多年。本書的標題用隸書刊刻，筆劃粗壯，橫畫和豎畫沒有起筆和收

筆動作，直來直去，結字方正，轉折也沒有提按動作。書中描摹的篆書字形爲大篆，主要依據器皿上的字形原樣描摹，線條勻稱。全書的書頁爲上半部分爲篆書，下半部分爲楷書，章法疏朗，刊刻質量優良，基本上看不到刀痕。

　　4.《重校鶴山先生大全文集》（圖 176），共 110 卷，目錄 2 卷，宋代魏了翁撰，前文已敘述刊刻詳情。書中有佚名後序，講述了魏了翁的相關事蹟。由於本書刊刻於端平年間蒙古人在四川開戰時期，刊刻質量比較差，筆劃和結構都偏離原字形，刀刻痕跡明顯，嚴重影響其藝術性。

圖 175 《嘯堂集古錄》局部　　　圖 176 《重校鶴山先生大全文集》局部

　　　在牌記中，有一部分書坊的名字是用篆書或者隸書刊刻的，除了將字形寫好之外，還有很多裝飾性的外邊框，邊框有細單線的，也有細雙線的，有的爲線條比較粗的單線，整個的墨色重，比較顯眼。

　　　世綵堂廖氏的牌記刻得比較有特色，基本上用篆書（圖 177），也有其他字體。其外邊框有好幾種變化，有方正單線，在四個角用四個方塊裝飾，有的封口，有的不封口，有時候用很線條厚實的橢圓做邊框。其文字內容爲「世綵堂廖氏刻梓家塾」，分兩行書寫，行距很小，兩行字的外圍空間比較大。世綵堂爲廖剛的御封堂名，廖剛爲福建順昌人，北宋宋徽宗崇寧五年（1106）進士，官居三朝要職，威望極高。「世綵」的含義是他的祖輩三代都比較長壽，累世以華髮奉養之意。其牌記篆書線條筆劃內斂挺拔，收筆處出尖，結構比較方整。

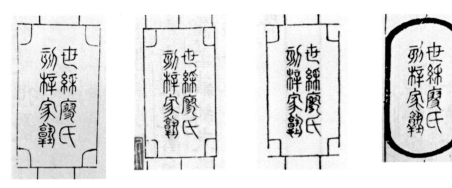

圖 177　世綵堂廖氏刻書篆書牌記

　　此外，還有建安黃氏、樂安存耕書塾等牌記也有篆書。建安黃氏的牌記
爲篆書「建安黃氏刻梓」（圖 178）。這幾個篆書字形筆劃圓轉，有大篆書法特
徵。

　　在《通鑑紀事本末》的書前有「樂安存耕書塾」（圖 179）的藏書牌記，
對借書者提了一些要求：

　　　　《顏氏家訓》曰：「借人典籍，必須愛護，先有缺壞就爲補治，
　　此亦士大夫百行之一。」或有狼籍（藉）几案，分散部帙，多爲童
　　幼婢妾所點污，風雨貓鼠所毀傷，實爲累德。愚謂世有久假不歸者，
　　何異盜跖，又顏氏之罪人也。〔註13〕

　　樂安書塾還有一塊類似的牌記文字，其內容爲「讀書當置淨几之上，不
可於手中翻揉。仍須逐板輕揭，若以指爪拿之，冊角皆成痕摺，浸易損破。
近世士大夫往往留意衣服器玩，委曲愛護，至書籍則不然。何倒置如此。右
《忠正德文集・讀書訓》節錄。」從這些文字可以看出書塾主人對書籍的愛
護，也忠告讀書人，不要損壞書籍，並且借書後要歸還，借書不還的與「盜
跖」無異。當然，作者都是引用《顏氏家訓》等典籍的語錄，這些經典語錄
值得後人借鑒學習。其中書塾的名稱用篆書書寫，篆法規範，結構嚴謹，筆
劃勻稱清晰，上下用雙橫線隔開。

　　「饒州德興莊谿㟞龍應夢集古堂善本」（圖180），其名爲董應夢所用，除
了用集古堂外，還有「董應夢宅經史局」「董應夢宅書局」等名稱，主要從事
刻書、賣書，在《夷堅乙志》卷十六《董穎霜傑集》中記載有董應夢爲人刊
刻書籍的故事。

────────────

〔註13〕　（宋）袁樞撰：《通鑑紀事本末》，宋淳熙二年嚴陵郡癢刻本，第 1 頁。

在《李學士新注孫尚書內簡尺牘》中有「蔡氏家塾校正」（圖 181）的隸書牌記。其筆劃沒有頓挫提按，有的橫畫和捺有比較誇張的上挑。「余氏萬卷堂」（圖 182）牌記用隸書書寫，橫畫兩頭都向上出鉤，豎彎鉤向歐體筆劃，四周用單線墨圍，四角用正方形缺角做裝飾。

圖 178　建安黃氏牌記

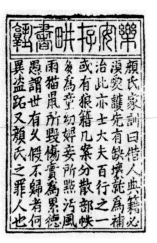

圖 179　安樂存耕書塾牌記

圖 180　饒州集古堂牌記

圖 181　蔡氏家塾牌記

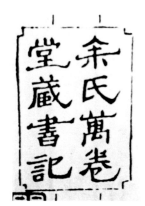

圖 182　余氏萬卷堂牌記

小　結

宋代書籍刊刻中使用的行草書和篆隸書，行草書風格多樣。篆書和隸書的風格相對要少，篆書和隸書在宋代的發展比較緩慢，人們對篆書和隸書的

古法相對比較陌生。就書籍刊刻中的行草書，大部分爲名人所寫，他們具有相當的文化修養和書法修養，從而可以瞭解到當時讀書人的書法特點，這些刊刻書籍中的行草書相對比較清秀，沒有出現大起大落的豪放書風，寫得都比較內斂，主要是受到刊刻版面的限制，無法從容地縱情揮灑，總體來說具有以下一些特點。

一、復古與「尚意」書風明顯

宋代書籍刊刻中的序、跋、牌記中的行草書，具有宋代的「尚意」書風，宋代的書風由歐陽修編纂《集古錄》極力倡導學古，充分認識到當代與古人的顯著差距，與蔡襄一同爲扭轉時代書風進行不懈的努力。經過蘇軾、黃庭堅、米芾等人的不斷實踐，宋代書法全面復興。他們作爲時代書風的代表，在唐代「尚法」的基礎上利用禪宗的思想，走向一條「尚意」之路。其「尚意」的主要表現爲打破束縛，擺脫法帖的既定程序，努力在筆墨中發揮性靈，將自己的人格、才情、學問寓於書法之中，突出古雅之美，隨意賦形，排布錯落。同時，努力從魏晉時期的書法中尋找眞趣，力追蕭散神韻。書籍刊刻不同於眞正的書法創作，在格式上和筆劃的揮灑方面都無法過多地表現。有的偏於楷書，比如湯漢書寫的《西山先生眞文忠公讀書記》序、錢谿埜書寫的《誠齋四六發遣膏馥》序，楷書的筆劃還比較多，這些人的書法功底深厚，行草書線條具有彈性，由於受版式的影響而難以完全表現自己的書法水平。

在復古方面，從趙善璙在《自警編》中寫的自序，可以看出他取法王羲之《聖教序》的明顯痕跡，有些字形幾乎是從《聖教序》中照搬過來的。同時，趙氏受唐代楷書的影響也很明顯，有些結構也沿用唐楷的處理方式。龔夢龍書寫的《乖崖先生文集》序和吳愈書寫的《義豐文集》序也有《聖教序》的特徵。王崧書寫的《寶氏聯珠集》跋、范之柔書寫的《崑山雜詠》序、張洽書寫的《昌黎先生集考異》跋、眞德秀書寫的《皇朝編年備要》序，從筆法到結字，都有魏碑的特點。

二、南宋追隨「北宋四家」書風

「北宋四家」的書法在南宋時期得到全面推廣，從刊刻的書籍中都能找到各自的追隨者。趙希墍書寫的《義豐文集》序具有蔡襄的書法風格，結字方整，筆劃圓潤飽滿。米憲書寫的《寶晉山林集拾遺》跋，直接學其祖父米

苪的書法，筆劃採用側鋒出尖，講求「放筆一戲空」的灑脫做法，字形的正斜處理任其自然。呂午書寫的《新編方輿勝覽》序，深受蘇軾書法的影響，筆劃肥厚，起筆和轉折的側鋒處理，以及豎鉤的出鋒等，都是從蘇軾書法中來。其方扁字形和部件中筆劃的穿插方法，都有蘇軾書法特徵。裴良甫書寫的《十二先生詩宗集韻》自序，也有蘇軾書法的特點。釋普濟書寫的《五燈會元》自序，兼有米芾和蘇軾的書法特點。曾集書寫的《陶淵明詩》跋，取法黃庭堅《松風閣》，字形長短不一，峻拔一角，中宮緊湊，筆劃向四方輻射，同時兼有蘇軾《黃州寒食帖》的書法特點。

三、刊刻刀法影響行草書的氣韻

刊刻刀法對行草書氣韻影響最大的是《重校鶴山先生大全文集》，「透過刀鋒看筆鋒」，可以觀察出吳淵書寫的序，原作筆劃和字形都很生動，圓轉靈活，刊刻之後棱角分明，筆劃嚴重變形，出現一些行草書中不曾有的牽絲和線條，完全失去了行草書應該有的圓潤。在其他書籍的刊刻中，有一部分受到刊刻刀法的影響，比如潘自牧書寫的《記纂淵海》自序，其轉折都非常勉強，有的折筆被直接刊刻成角，特別是畫圈的筆劃，有的直接刊刻成三角形，之所以刊刻成這樣，一方面與刻工對書法的理解有關，同時也跟刻工做事的敷衍有關，因為他們是按照字數來計件取酬，將圓轉的筆劃刻成方的能省去不少旋轉書版和轉動刻刀的時間。從這部書的序言中選出幾個字形，可以探測刊刻刀法對書法線條的破壞程度。

圖 183　《記纂淵海》潘自牧序中刀法對字形的影響

從以上幾個字形來看，刀刻對行草書的字形破壞很嚴重。「及」的右上角，其轉折部分直接被一刀刻掉，形成兩個尖銳的三角。「敢」的右邊連筆部分，在筆劃的行進中都是尖銳的筆劃，使上下之間無法順暢連接。「當」被直接當作楷書刊刻，下邊的大包圍結構圓弧被刻成了橫豎鉤，其左下方與大圓弧相呼應的圓弧被刊刻為豎和橫兩個分開的筆劃。還有嚴重的刊刻失誤問題，「新」

字除了右上角圓弧被刻成三角形外，左右部件的連接筆順都被改變了，從左下角向右上方挑出去的筆劃刻成了將中間的橫畫與右邊相連，讓字形很費解。

　　當然，宋代書籍中將行草書刻得很糟糕的情況不具普遍性，大部分還是遵循原貌刊刻，其中也不乏精品，這些文字完全與書法家的字帖相媲美，由於很多原因導致很多行草書精品沒有廣泛流傳。

第五章　宋代書籍刊刻的寫手、刻工

　　書籍刊刻涉及寫手、刻工、印工、裝背工等，但對於刊刻字體研究而言，與其關係最直接的是寫手和刻工，本章討論這部分人的社會地位和生存狀態。

　　宋代的官刻、私刻、坊刻三大刻書系統中，寫手的身份和地位有些不同。官刻的寫手經過培訓才能上崗，工資待遇有保障，書寫水平相對比較高。民間專門靠抄書謀生的寫手，他們的書寫水平參差不齊，讀過書並且經過訓練的寫手，書寫水平相對較高，而其他以寫版作為副業的農民寫手，他們農忙時幹農活，農閒時寫書版；也有一些其他行業的手工業者，也以刊刻書籍作為副業，這些業餘的寫手，其書寫水平自然比專門以此謀生的專業寫手要低。宋代的寫手的名字可考者不多，即使有記載，文字內容也很簡單，比如宋人劉熉介紹了建陽的寫手余煥，說他「工大小篆，筆勢奇偉不常，予嘗使之書聖賢言」〔註1〕，內容比較少。宋代書籍刊刻的刻工，可考者有 3000 多人，但記載他們身世的文獻也很少。

　　宋代有些書籍為名人寫的版，他們不屬於「寫手」之列，但在書籍刊刻中，他們幹了與「寫手」相同的工作，故將他們放在寫手中討論。

第一節　參與正文寫版的宋代名家

　　前面已經分析了名家書寫的序、跋，他們書寫的文字被直接刊刻入書，這些序、跋不僅文字內容經典，從藝術特色來說，這些書頁也可以看成書法經典。宋代刊刻的書籍中，有一部分書籍的正文為當時的名家所寫。

〔註1〕〔宋〕劉熉：《贈篆字余煥序》，《雲莊集》卷5。

在私刻和坊刻中，有的是名人自己刊刻自寫的詩文，他們不願意請人寫版，堅持自己寫；有些人出於朋友關係，當朋友出版詩文時幫助寫版。還有一些對書版要求特別高的書坊店主，他們本身是讀書人，文化素養和書法水平都不低，有時會請書法名家寫版。以上這幾種書寫者都不是專門的寫手，他們不需要像工匠一樣勞作，不需要為了多掙錢而趕工期，他們可以比較精細地書寫，經過他們寫版的書籍字體質量比較高，書寫規範，錯誤少，因而這些書籍值得關注。前文已介紹的《施顧注東坡先生詩》，正文為傅穉書寫，傅氏擅長寫歐體，周密在《癸辛雜識·施武子被劾》講到傅穉為「漢孺」，本書「遂俾之鋟版」。

1. 《古今絕句》（圖 184），共 3 卷，宋代吳說輯。吳說字傅朋，錢塘（今屬浙江杭州）人，南渡後曾任轉運使、知信州等職，吳說的外祖母與王安石的妻子為親姐妹，故吳說與王安石以後親戚關係。吳說擅長「遊絲書」，這種書法線條纖細，圓轉無骨，但在當時被很多人推崇。書的末尾有吳說的自跋：

> 說少日，嘗觀山谷老人為同郡胡尚書（諱直孺）以研箋寫杜陵、臨川絕句，錯綜聞見，參以行草。亦概聞其緒言，謂古今絕句，造微入妙，無出二家之右。說近歲嘗以所聞質諸當代詩匠，咸謂斯言可信不疑。今二集行於世者，凡一百二十卷，每欲檢尋絕句，如披沙揀金，徒勞翻閱。暇日掇拾，自為一編，……曰《古今絕句》，手寫一本，鋟木流傳……紹興二十三年歲在癸酉三月二十九日，錢塘吳說題。〔註2〕

吳說在這段文字中講述了選編和書寫的相關內容，他於紹興二十三年（1153）所寫，他書寫正文的字體為顏體，具有《勤禮碑》的特徵，線條圓潤，字形取縱勢，結構中有歐體特徵。另有他流傳至今的行書《明善宗簿帖》（圖 185），筆劃靈動，很有力度，使轉靈活，字形方正，注重筆劃的細節，古雅清新。

〔註2〕〔宋〕吳說輯：《古今絕句》，宋刻本，吳說自跋。

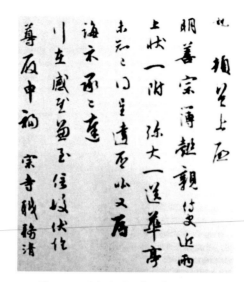

圖 184　吳説楷書《古今絕句》局部　　圖 185　吳説行書《明善宗簿帖》

2. 《歷代故事》（圖 186），共 12 卷，本書刊刻於嘉定五年（1212），為楊次山手書，此時楊次山已是 74 歲高齡，沒有書稿撰寫者人名。楊次山為南宋中期人，祖籍河南開封，官至昭慶軍節度使，後改封為會稽郡王，是寧宗時期恭聖仁烈皇后楊桂枝之兄。楊次山的楷書筆劃具有唐楷特徵，結字傳承魏晉書風，字形姿態各異，沒有按照既定模式書寫，拙味濃厚。

3. 《注鶴山先生渠陽詩》（圖 187），魏了翁撰並書。魏了翁（1178～1237），號鶴山，邛州蒲江（今屬四川）人，寧宗慶元五年（1199）進士。官至禮部尚書、吏部尚書資政殿學士等職。魏了翁的楷書取法顏真卿《麻姑仙壇記》，字體寬博率意，筆劃沒有過多的修飾，樸實無華。

4. 《蘭亭續考》（圖 188），共 2 卷，俞松輯，其內文為俞松自己所寫，刊刻於南宋淳祐四年（1244）。俞松，字壽翁，自己署名為吳山人，吳山今屬浙江杭州，與「蘭亭雅集」的紹興會稽山陰只有一水之隔。在此書之前已有《蘭亭考》，這部書為高似孫在桑世昌的《蘭亭博議》基礎上刪減而成。桑世昌為陸游的外甥，淮海（今為蘇魯皖豫的交界地）人，世居天台（今屬浙江台州）。桑世昌在完成書稿時請高似孫的父親高文虎作序，而高似孫在桑氏書稿的基礎上進行刪減，以《蘭亭考》的書名刊刻出版。

圖 186 楊次山書《歷代 　圖 187 魏了翁書《注鶴山先 　圖 188 俞松書《蘭亭續考》
　　故事》局部 　　　　　生渠陽詩》局部 　　　　　局部

5.《草窗韻語》（圖189），共6卷，爲周密自撰詩集，正文爲周密自己書寫，刊刻於咸淳七年（1271）。周密（1232～1298）字公瑾，號草堂，南宋詞人，著名文學家，祖籍山東濟南，後居吳興（今浙江湖州），寶祐年間（1253～1258）任義烏令，著有《武林舊事》《齊東野語》等。他書寫的《草窗韻語》正文爲細線歐體，筆劃勁挺纖細，結字緊湊，取縱勢，書頁排布疏朗。周密的行書（圖190）線條剛硬，方折多，圓轉的筆劃少，沒有粗細變化，中宮緊縮，結字方正，很少有牽絲相連。

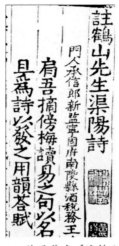

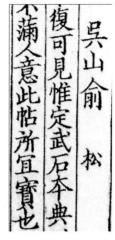

圖189 周密書《草窗韻語》局部 　　　　　　圖190　周密行書

　　6. 嘉泰六年（1213）刊刻的《施顧注東坡先生詩》（圖 191）爲傅稗寫版，傅稗的身世在第四章第二節已作介紹，他與本書的注作者之一施元之爲浙江湖州同鄉。除了書寫本書外，傅稗還書寫過《會稽志》。傅稗主要寫歐體字，兼有顏體特徵，但字形沒有歐體那麼嚴謹，結構鬆散一些，兼有顏體的方正體勢。

　　7. 王思恭一個人抄寫 1000 卷本《文苑英華》（圖 192），在書的後記中說：

> 吉州致政周少傅府，昨於嘉泰元年（1201）春，選委成忠郎新差充筠州臨江軍巡轄馬遞鋪權本府使臣王思恭專一手抄《文苑英華》，並校正重複，提督雕匠，今已成書，計一千卷，其紙劄工墨等費，並係本州印匠承攬，本府並無干預，今申說照會，四年八月一日，權幹辦府張時舉具〔註3〕。

　　文中說到「四年八月一日」的年份應該爲 1204 年。王思恭，生卒年不詳，據記載其爲「充筠州臨江軍巡轄馬遞鋪權本府使臣」。這部書從 1201 年開始刊刻，至 1204 年完成，一共花了 4 年時間。當時主持刊刻這部《文苑英華》的周必大（1126～1204）對王思恭的抄寫頗爲讚賞，寫了一首《予刻文苑英華千卷頗費心力使臣王思恭書寫校》稱讚王思恭：「倚樹而吟據槁梧，自憐爾雅注蟲魚。汝曹更作書中蠹，不愧鯤鵬海運歟。」王思恭的字體屬於細線仿歐顏體，結構方整，歐體和顏體的特徵都有，筆劃沒有明顯的提按，豎鉤的歐體特徵明顯。

圖 191 《施顧注東坡先生詩》局部　　　　圖 192 《文苑英華》局部

〔註 3〕孫毓修、陳彬龢、查猛濟撰：《中國雕版源流考・中國書史》，上海古籍出版社，2007 年，第 56 頁。

8.岳飛的孫子岳珂在寫完《玉楮詩稿》後,請人謄錄書稿,書寫者的書法惡俗不可觀,淳祐元年(1242),他便下決心自己書寫,每天抄寫一部分,連到海寧去訪友都將紙墨帶到船上,直到抄完才回來,一共 107 版。岳珂的生平在介紹他撰寫的《愧郯錄》中已經介紹,《愧郯錄》為南宋中後期浙江刊本。《玉楮詩稿》的書頁沒有搜集到,我們可通過他的寫本《郡符帖》(圖 193)瞭解他的書寫風格。

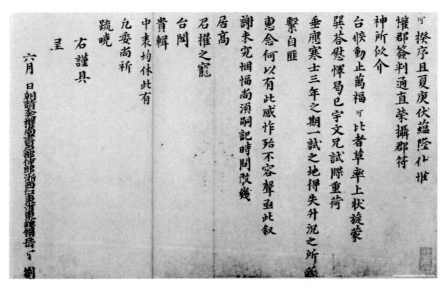

圖 193　岳珂《郡符帖》

　　岳珂書寫的《郡符帖》基本上按照書籍刊刻的字體書寫,特別是落款,其橫細豎粗的筆劃形態與刊刻的字體非常相似。他的書法取法顏真卿《勤禮碑》,提按分明,有的筆劃出鋒很鋒利,乾脆利落。上文已經分析他的書法受書籍刊刻的影響很深。

　　9. 袁州本《郡齋讀書志》為宋代晁公武撰,分為經、史、子、集 4 部,共 45 卷,正文為劉瑜書寫。劉瑜的楷書兼有顏真卿《勤禮碑》和《麻姑仙壇記》的特點,字形方整,筆劃提按分明,字距和行距都比較緊湊。

第二節　宋代書籍刊刻的成本及利潤

　　在探討寫手和刻工的待遇之前,有必要先瞭解經營書籍刊刻的書坊商人有什麼樣的收益,只有瞭解了他們刊刻書籍的成本和利潤,分析寫手和刻工

的收入才會有更為直接的比較。商人掙錢是主要目的，他們在給工匠們下發工錢的同時，要考慮自己能掙多少錢，很多宋代書籍的版心刊有字數和刻工的名字，寫上這些信息的目的，就是在書籍刊刻時出現問題，可以追究事故責任和計算工錢。在有些宋代刊刻書籍的末尾記載了書籍刊刻的成本，通過比對分析，可以算出刊刻書籍的大致利潤。

宋代刊刻的書籍中有的是不盈利的，比如佛教的很多經書，只是收點工本費，可以提供印版給讓人們自己去刷印。開寶四年（971）宋太祖讓張從信去成都負責刊刻《大藏經》，歷時12年共計刻了13萬塊書版，在太宗時期被運到開封，太平興國八年（983）在鴻臚寺專門設立印經院進行刷印，各大寺院可以請印經院幫忙印書，只需付一部分紙墨費。汀州的並元禪寺、松江的興聖院以及婺州的開元寺等都曾派人前往刷印《大藏經》。

南宋陸游在《渭南文集》中記載：「傭書人韓文持束紙支頭而睡，偶取觀之，《劉隨州集》也。乃以百錢易之，手加裝褫。」〔註4〕這段話說出了傭書人的境況，也透露了書籍的價格，100文錢買了一本劉長卿的《劉隨州集》。

元祐四年（1089）八月，杭州知州蘇軾上奏朝廷說：

> 臣勘會市易務原造書板用錢一千九百五十一貫四百六十文，自今日以前，所收淨利，已計一千八百八十九貫九百五十七文，今若賜與州學，除已收淨利外，只是實破官本六十一貫五百一十二文。

〔註5〕

用約61.5貫的本錢造出價值約1890貫的書版，可見利潤是成本的近30倍。

北宋理學家陳襄在《古靈集》中說的「大凡商賈之人多是富戶，不窘於衣食，苟無百倍利必不肯樂為」〔註6〕並非虛言。當然，官府也要收點稅，當時的商業稅一般包括過稅2%和住稅3%，過稅要重複徵收，所以總稅率有可能高於5%，但徵收完這些稅後，商人的利潤依然很高。

日曆是官府才能刊刻的，禁止民間售賣，屬於官府的壟斷經營。乾道四年（1168），太史局委託兩浙轉運司刊刻的日曆，每本賣300文〔註7〕。

〔註4〕〔宋〕陸游著，馬亞中、涂小馬注：《渭南文集校注》卷二六，浙江古籍出版社，2015年。

〔註5〕〔宋〕蘇軾：《蘇東坡全集》卷五十六，北京燕山出版社，2009年。

〔註6〕〔宋〕陳襄：《古靈先生文集》卷十四，《與福建運使安度支書》，宋紹興三十一年（1161）陳輝刻本。

〔註7〕〔清〕徐松：《宋會要輯稿・職官》18之92，31之8，中華書局，1957年。

書籍的刊刻成本、刷印數量、定價，這三項決定書籍的利潤，成本越低，印數越多，利潤越高，先看書籍的刊刻成本。宋代刊刻的書籍中，有幾種書附帶刊刻了圖書的成本和定價，現列舉如下。

一、《小畜集》的成本和售價

在紹興十七年（1147）刊刻的《小畜集》末尾，刊載了沈虞卿補寫的跋文：

> 黃州契勘諸路州軍間有印書籍去處，竊見王黃州《小畜集》，文章典雅，有益後學，所在未曾開板，今得舊本計一十六萬三千八百四十八字，檢准紹興令：諸私雕印文書，先納所屬，申轉運司選官詳定，有益學者，聽印行。除依上條申明施行，今具雕造《小畜集》一部，共八冊，計四百三十二版。合用紙墨工價下項：
>
> > 印書紙並副板四百四十八張，表背碧青紙一十一張，大紙八張，共錢二百六文足。賃板棕墨錢五百文足，裝印工食四百三十文足，除印書紙外共計一貫一百三十六文足。見成出賣，每部價錢五貫文省。右俱如前。紹興十七年七月。」〔註8〕

這部書一共 8 冊，共計 432 塊版，印書紙和副板 448 張，表背碧青紙 11 張，共計支出 206 文足；還花費賃板棕墨錢 500 文足和裝印工食錢 430 文足，除了印書紙之外共計 1136 文足，售價 5000 文省。

二、《大易粹言》的成本和售價

淳熙三年（1176）年刊刻的《大易粹言》，書中記載的相關費用爲：

> 今具《大易粹言》一部，計二十冊。合用紙數、印造工墨錢下項：紙副耗共一千三百張，裝背饒青紙三十張，背青白紙三十張，棕墨糊藥印背匠工食等錢，共一貫五百文足，賃板錢一貫二百文足。庫本印造見成出賣，每部價錢八貫文足。右俱如前。淳熙三年正月日，雕造所貼司胡至和具。〔註9〕

《大易粹言》共計 20 冊，其相關費用爲：紙副耗 1300 張和裝背饒青紙 30 張，以及背青白紙 30 張，棕墨糊藥印背匠的工錢和伙食費 1500 文足，賃板錢 1200 文足，每部售價 8000 文足。

〔註 8〕 〔宋〕王禹偁撰：《王黃州小畜集》，《中華再造善本》，北京圖書館出版社，2004 年。

〔註 9〕 〔宋〕曾穜輯：《大易粹言》，《中華再造善本》，北京圖書館出版社，2006 年。

三、《漢雋》的成本和售價

淳熙十年（1183 年）刊刻的《漢雋》共 2 冊，楊王休在書後附說：

> 象山縣學《漢雋》，每部二冊，見賣錢六百文足，印造用紙一百
> 六十幅，碧紙二幅，賃板錢一百文足，工墨裝背錢一百六十文足。
> 〔註10〕

從以上三部本書可以大致得出，《小畜集》共計 8 冊，售價 5000 文足，每冊價格為 625 文足。《大易粹言》共計 20 冊，售價為 8000 文足，每冊售價為 400 文足。《漢雋》共計 2 冊，售價 600 文足，每冊售價為 300 文足。

那麼，這三種圖書的刊刻成本和利潤之間是什麼關係呢？

《小畜集》的成本上說明是除掉印書紙費用為 1136 文足，這句話的表述不清楚，既然是除掉印紙錢，那麼其他的費用就是 500 文足加上 430 文足，得出數值才 930 文足，顯然 930 文足和 1136 文足之間，正好是印紙的費用 206 文足的差數。所以，1136 文足應該是整個書的成本了。1136 文足的成本與售價 5000 文足進行換算，利潤是成本的 3.4 倍。

《大易粹言》中寫出的成本是棕墨糊藥印背匠的工錢和伙食費 1500 文足，賃板錢 1200 文足，共計 2700 文足，紙錢沒有說明，2700 文足不包括紙張錢，只能與其他書進行比對，得出大致的費用。

李致忠在《宋版書敘錄》〔註11〕中，通過與《續世說》的價格比對，分析了大致的紙張費用。

紹興二十八年（1158 年），沅州公使庫刊刻的孔平仲《續世說》，共計 6 冊 12 卷，書中刊載的費用有二則，分別為：

> 沅州公使庫重修整雕補到《續世說》一部，一十一卷，一百五
> 十八板，用紙三百一十六張。右俱如前。

> 今具印造《續世說》一部，計六冊，合用工食等錢如後：印造
> 紙墨工食錢，共五百三十四文足，大紙一百六十五張，計錢三十文
> 足，工墨錢計二百四文足；一裱褙青紙物料工食錢，共二百八十一
> 文足，大青白紙共九張，計錢六十六文足，面蠟工錢計二百一十五
> 文足，以上共用錢八百一十五文足。右具在前。

從書中得知《續世說》用了大紙 165 張，花費 30 文足，每張紙 0.115 文足，

〔註10〕葉德輝著，李慶西校：《書林清話》，復旦大學出版社，2008 年，第 126 頁。
〔註11〕李致忠：《宋版書敘錄》，北京圖書館出版社，1994 年，第 40 頁。

大青白紙 9 張，花費 66 文足，每張紙 7.33 文足。

按照紙張的這個標準計算，舒州公使庫所刊刻的《大易粹言》用印書紙 1300 張，裝背饒青紙 30 張，以及背青白紙 30 張，經過比對後得知：1300 張印書紙，按照每張 0.115 文足計算，其費用約爲 150 文足；60 張裝背紙，按照每張 7.33 文足計算，其費用約爲 440 文足。

這樣計算後，得出《大易粹言》的全部紙錢爲 590 文足，加上其他費用 2700 文足，費用共計爲 3290 文足，售價 8000 文足，利潤是成本的 1.43 倍。

刊刻書籍的利潤，不是靠單書的定價高來實現的，單本書的價格不算高。這些利潤與上文說的「百倍利潤」相差太遠，但這並不矛盾，因爲還有一項重要內容沒有計算，就是書籍刊刻的數量，很明顯，印量越大，利潤越高。

宋代書版能重複刷印多少次成爲利潤的關鍵問題。

書版雕刻使用的材質，存放書版環境的溫度、濕度，文字雕刻水平，印工的刷印技術等，都會影響書版的使用壽命。宋代刊刻使用的材質爲木材，有棗木、梨木、樺木等，木材的特點是遇水容易膨脹，用水浸泡過久後會引起木質疏鬆，甚至會導致散落爲木屑。如果存放的環境太乾，書版容易開裂；環境太濕，書版容易發黴，細菌侵蝕書版，溫度和濕度對於保存書版都非常重要。同時，刻工雕刻的文字如果太淺，或者筆劃根部不穩固，容易引起筆劃脫落缺損，印工刷墨太重或者刷印動作粗糙，很容易在刷印時損壞書版。對於書版的印數，有以下觀點。

上文已經提到蘇州太守王琪於嘉祐四年（1059）刊刻了《杜工部集》10000 部售賣，每部售價 1000 文，說明一副書版能印刷 10000 部書。

朱熹曾說：「如千部文字、萬部文字，字字如此好，面面如此好，人道是聖賢逐一寫得如此。聖人告之曰：不如此。我只是一個印板印將去，千部萬部雖多，只是一個印板」。〔註12〕朱熹說一副書版能印刷上萬部。佛教書籍的印量都比較大，如《增訂過淫敦孝篇》《感應篇直講》和《化劫寶卷》的印數也達到了一兩萬部。

錢存訓在他的《中國古代書籍紙墨及印刷術》中介紹，16 世紀末，耶穌會教士利瑪竇寫了《中國札記》，講述一個熟練工人，每天可完成 1500 張的印刷量。而在後來 19 世紀初的傳教士和來華的外交官的著述中，說一個印刷

〔註12〕 黎靖德輯：《朱子語類》，見《文淵閣四庫全書》第 700、702 冊，臺北商務印書館，1983 年影印本。

工人每天工作 10 個小時，可以印刷 3000 至 6000 張，每一塊書版，初印可達 16000 張，如果字跡清楚，稍微加工調整，之後還可以印刷 10000 張，相當於整個印數加起來可以刷印 26000 部書〔註 13〕。

　　近人吳雲弢認為，一套新雕刻的大字書版，可以印書上萬部，而一般的小字體書版，可以印書七八千部。小字本書版如果刷印過多，書版的木質就會被墨汁齧得變硬發脆，容易產生漫漶。雖然修補之後還能繼續使用，但效果不如之前刷印的清晰。〔註 14〕

　　小字本刻版由於線條太細，容易被墨汁膠著，產生漫漶，不能刷印太多。刷印總數能上萬，一天或者一次能刷印多少數量而不會變形？

　　蘇格蘭傳教士米憐認為，一個中國工人用一塊刻版刷印，一天可以印出 2000 張。米憐還指出，雕版不能連續使用，要間歇性使用，在刷印了 2000 到 3000 張以後，需要清洗印版，將其晾乾〔註 15〕。而英國傳教士麥都思則認為，一副書版一天能連續刷印 3000 張〔註 16〕。

　　他們兩個人的觀點不太一致，2000 與 3000 之間的數量差距比較大。

　　清代表道光年間的翟金生認為，木做的活字印刷印二百部之後，筆劃就會脹大模糊，比不上泥活字連續刷印上萬部而不變形。〔註 17〕

　　翟金生的話說明，木活字書版刷印 200 張以後，木材會膨脹，導致筆劃變粗模糊。美國賈晉珠認為，建陽的書坊，為了追求利潤而連續刷印，刷印 300 部以後，書版吸水變形嚴重，他認為單次刷印 300 部是極限〔註 18〕。吳雲弢認為，整塊的書版一次可以刷印 500 張，應該以 500 部為計算單位〔註 19〕。

〔註 13〕　錢存訓：《中國古代書籍紙墨及印刷術》，北京圖書館出版社，2002 年，第 166 頁。

〔註 14〕　吳雲弢：《聊城刻書與出版業的興衰概況》，中國人民政治協商會議山東省委員會文史資料研究委員會編：《文史資料選輯》第 4 輯，山東人民出版社，1982 年，第 109 頁，第 128 頁。

〔註 15〕　轉引自 J. P. McDermott, ASocial History ofthe Chinese Book, Hong Kong: Hong Kong University Press, 2006, p.23.

〔註 16〕　卡特著，吳澤炎譯：《中國印刷術的發明和它的西傳》，（上海）商務印書館，1957 年，第 39 頁。

〔註 17〕　參閱張秀民著，韓琦增訂：《中國印刷史》，浙江古籍出版社，2006 年。

〔註 18〕　L. Chia, Printing for Profit: The Commercial Publishers of Jianyang Fujian (11th17th Centuries), Cambridge: Harvard University Asia Center, 2002.

〔註 19〕　吳雲弢：《聊城刻書與出版業的興衰概況》，中國人民政治協商會議山東省委員會文史資料研究委員會編：《文史資料選輯》第 4 輯，山東人民出版社，1982 年，第 109 頁，第 128 頁。

　　由於主客觀條件的不同，書版的質量也會不同，能一次刷印的數量也會不一樣。宋代的書版能一次性刷印的數量，可以確定為 200 張至 500 張之間，至於米憐和麥都思說的 2000 張至 3000 張，很可能是印工用不同的書版輪流刷印，得出一個印工一天的工作總量。

　　由上文的分析可以得知，一塊書版可以刷印上萬次，也就是說可以刷印上萬部書。之後累計的刷印，只需要支付棕墨和印工的費用。這已經沒有寫手和刻工的費用，意味著圖書的利潤就越高，一部書中幾十倍的利潤能夠實現。

第三節　宋代書籍刊刻寫手、刻工的生存狀況

　　宋代刊刻的書籍多，寫手和刻工在當時都屬於比較需要的職業。宋代以前，已經有不少專門為別人抄書的人，他們被稱作「傭書」，如闞澤、班超等人早年也做過傭書，他們通過抄書換取一定的報酬。從關於傭書的記載來看，傭書的人都生活都比較窘迫，如《南史》記載南朝的王僧孺，「家貧，常傭書以養母」，還記載了沈崇傃的事蹟，講「崇傃六歲丁父憂，哭誦過禮。及長，事所生母至孝。家貧，常傭書以養」〔註 20〕。由於貧困而給別人抄書的還有南北朝時期的房景伯、劉芳、崔光、趙隱等人。比如《北史·劉芳傳》記載：

> 雖處窮窘之中，而業尚貞固，聰敏過人，篤志墳典。晝則傭書以自資給，夜則誦經不寢，至有易衣並日之弊，而澹然自守。不急急於榮利，不戚戚於貴賤，乃著《窮通論》以自慰。常以諸僧傭寫經論，筆跡稱善，卷直一縑，歲中能入百餘匹。如此數年，賴以頗振。由是德學大僧，多有往來。〔註 21〕

　　劉芳的傭書「卷直一縑」，是底層傭書人特別羨慕的待遇了。

　　唐代有專門的抄手、經生，他們專門抄錄佛經和官府文件。據張九齡《唐六典》記載，在唐玄宗時期，集賢院有寫御官 100 人、造筆直 4 人，秘書省有楷書手 80 人、製筆匠 6 人，弘文館有楷書手 75 人、製筆匠 3 人，司經局有楷書手 25 人。凡是選去當寫手的，除了書法優秀之外，還要求出身好。甘

〔註 20〕李延壽：《南史孝·義傳下》，中華書局，2013 年。
〔註 21〕轉引自宋原放主編，王有朋、宋原放輯注：《中國出版史料·古代部分（第一卷、第二卷）》，湖北教育出版社，2004 年，第 413 頁、414 頁。

肅敦煌藏經洞發現的寫經卷，在敦煌卷子後寫有名字的不少，比如秘書省楷書手孫玄爽抄寫了《妙法蓮花經卷第五》，弘文館楷寫手王智菀抄寫了《妙法蓮花經卷第七》。經生書寫的文字楷法遒美，書法造詣極深。寫經的字體被後世廣泛流傳，被稱為「經生書」。錢泳在《履園叢話》中說：「有唐一代墨蹟，告身而外，惟佛經尚有二一，大半皆出於衲子道流，昔人謂之經生書。」〔註22〕《宣和書譜》卷十稱：「有唐三百年，書者特盛，雖至經生輩，其落筆亦自可觀。」〔註23〕這些專業抄經的人，大都經過專業的書法訓練，其中水平高的，「足以抗顏、歐、褚」〔註24〕。

宋代的手工作坊一般位於城市裏面或者城市周邊，工匠們服務的場所隨著市場的位置分佈。比如宋代的蘇州，以矸布為業的工匠有上萬人，他們大多數是從農村出來的，屬於農村的剩餘勞動力，在城市裏沒有固定的住所，「家住江南、江北各縣」，他們在所服務的城市人眼裏屬於「外來單身游民」。比如，刻工董明在於南宋靖康元年（1126）在湖州刊刻《思溪藏經》，在刻完這部書後，第二年又去紹興刊刻《資治通鑒》，之後於紹興九年（1139）去臨安刊刻《漢官儀》和《唐文粹》，過了近20年後，又去明州（今寧波）刊刻《昭明文選》。生活沒有固定的地址，有刊刻任務時會與其他人臨時組成一個團隊，完工後團隊解散，人員的流動性比較大。

給人寫書版的寫手書法水平普遍不低，但待遇很低，只能掙到微薄的收入。有時抄手將任務完成了還得不到工錢。2015 年在國家典籍博物館展出的敦煌寫本《禪宗要義》，其後面就有寫手因拿不到工錢而寫了不滿的話：「寫書今日了，因何不送錢？誰家無賴漢，回面不相看。」

寫手的收入微薄，導致有的寫手被人利用而幹一些違法的事掙錢。

歐陽修在嘉祐二年（1057）的上書文中記載：「近年舉人，公然懷挾文字，皆是小紙細書，抄節甚備。每寫一本，筆工獲錢三二十千。」〔註25〕幫助參加科舉考試的學生作弊，用很小的字抄寫一些文字資料，每本獲利20 貫至30貫，如果單算單本工價的話已經相當高了，如果被追查的話，風險也很高。有些書商也刊刻一些小字體的「巾箱本」給科舉學子們作弊。

〔註22〕〔清〕錢泳著，張偉校：《清代史料筆記：履園叢話》，中華書局，1979 年。
〔註23〕盧輔聖編：《中國書畫全書》，第二冊，上海書畫出版社，1993 年，第 18 頁。
〔註24〕啓功：《唐人寫經跋語》，《啓功叢稿·題跋卷》，中華書局，1999 年。
〔註25〕〔宋〕歐陽修：《歐陽修全集》，卷 111，《條約舉人懷挾文字劄子》，中華書局，2001 年，第 1677 頁。

　　除此之外，宋代還有人直接印刷假鈔獲利，蔣輝就因刊刻假鈔而被抓過兩次。宋代《朱子大全集》卷十八、十九《按唐仲友狀》記載，蔣輝於淳熙四年（1177）六月，與人合夥偽造會子，事發後被關進台州的監獄，被派去酒務服役。蔣輝雇人代他服役，自己仍然出去刊刻書籍。淳熙八年（1181），時任台州知府的唐仲友令蔣輝去刊刻《荀子》《揚子》等書。後來義烏弓手去找蔣輝前去證對公事，被唐仲友派人搶回，讓他在刊刻書籍的同時再逼他偽造假會子，並威脅如果不做就要殺了他，蔣輝只好順從。之後又事發，他再一次被抓而關進監獄。〔註26〕

　　為了保證商販們的利益和避免不正當競爭，宋代的開封、建寧、臨安等地成立了書業團行。凡是與刊刻書籍相關的相關經營者，都納入團行管理。團行為首的人叫作行頭或者行老，這個職位一般由經營規模比較大的經營者擔任。建立團行後，工匠們都有匠籍，不管各自的籍貫在哪裏，行團都要建立一個名冊，這樣做有幾個原因。首先是為朝廷服務，朝廷的手工業作坊需要一些工匠去服役，他們直接找行老，可以精選高水平的匠人。如果地方政府還有商品或工匠的需求，就可以找當頭的行老協商，行老代表本行業的人談好價格和其他相關問題，可以保障商品的價格和工匠們的基本收入不受損害。其次是抵制外人入行。外人入行需要交納一定的費用，即「行例」，這就是給有技術而無能力交入行費的底層工匠設的坎，同時也對行業內的人有保護作用，以便維持現有秩序避免惡性競爭。宋代商販的利益有時可以通過團行得到保障，但對於寫手和刻工，這種組織只能保證他們的行業穩定，而不能為他們向雇傭主爭取更多的工錢。

　　宋代書籍刊刻的寫手和刻工都是按照字數算工錢，完成的數量越多，他們得到的工錢就越多。也就是說，寫和刻的速度跟書籍的成本沒有直接關係，雇傭他們的老闆只根據數量給錢。但是寫、刻的速度跟個人的收入有直接關係，每天抄寫、刊刻的字數越多，那麼他當天的收入就越高。

　　南宋寶祐元年（1253）刊刻的《磧砂藏》〔註27〕佛經，其中《法苑珠林》的「延聖比立惟拱書」卷六十六之末，有一些關於付給刻工費用的文字記載。

〔註26〕　參閱張秀民著、韓琦增訂：《中國印刷史》，浙江古籍出版社，2006年，第659頁。

〔註27〕　本小節所列舉的《磧砂藏》《法苑珠林》刻工工價，引自楊繩信：《歷代刻工工價初探》，載上海新四軍歷史研究會印刷印鈔分會編：《歷代刻書概況》，印刷工業出版社，1991年，第553～556頁。

文字內容為「延聖比立惟拱」抄寫，也就是說，這些佛經在刊刻過程中沒有
產生抄寫費用，只有刻工刻字的費用。

> 延聖比立惟拱書。

> 大宋國平江府崑山縣朱塘鄉第四保夏里中村居住，崇奉佛女弟
> 子徐氏六三娘，……謹發誠心，捐施淨財入磧砂延聖院大藏經坊，
> 命工刊造《法苑珠林》第六十六卷，連意旨字共五千五百一十六字，
> 每字工錢五十文舊會，總計錢二百七十五貫八百文舊會。

> 寶祐元年七月日奉佛女弟子徐氏六三娘謹題。

文中所說的刊刻價格標準為每字 50 文舊會。在《磧砂藏》的其他「願文」中，
也有相似的記載。《磧砂藏》第四的願文為：

> ……葉蔵情旨謹施淨財四百七十二貫七百文，恭入本府城東磧
> 砂延聖院大藏經坊，刊造《光明童子因緣經》一部四卷，計一萬五
> 千七百五十七字。

文中說明字數為 15757 字，施淨財 472700 文，計算後得出每字的工價為 30 文。

通過這樣的方式，整理出兩本書的工價表：

表 3　《法苑珠林》刻工工價表

刻書時間	卷次	全卷資費	本卷字數	每字工價
紹定六年（1233）4 月	第 1 卷	90366 文	約 12000	約 7.5 文
端平元年（1234）10 月	第 22 卷	56000 文	約 9400	約 6 文
嘉熙元年（1237）2 月	第 5 卷	87544 文	約 13468	約 6.5 文
嘉熙元年（1237）2 月	第 4 卷	78320 文	約 11200	約 7 文
淳祐四年（1244）5 月	第 32 卷	471060 文	13426	約 35 文
淳祐八年（1248）3 月	第 26 卷	450000 文	約 7000	約 65 文
寶祐元年（1253）元月	第 61 卷	430500 文	8650	50 文舊會
寶祐元年（1253）元月	第 62 卷	674500 文舊會	13490	50 文
寶祐元年（1253）6 月	第 70 卷	509500 文舊會	10190	50
寶祐元年（1253）7 月	第 66 卷	257800 文舊會	5516	50 文舊會
寶祐元年（1253）8 月	第 52 卷	537000 文十七界官會	10740	50 文
寶祐元年（1253）8 月	第 67 卷	431500 文十七界官會	8630	50 文
寶祐元年（1253）8 月	第 68 卷	546000 文十七界官會	10920	50 文
寶祐元年（1253）9 月	第 63 卷	623800 舊會	12476	50 文

表 4　《磧砂藏》部分經卷工價表

刻書時間	經名	施錢數額	經文字數	每字工價
端平元年（1234）4 月	佛說觀無量壽佛經	50508 文	約 7500	約 6.7 文
端平二年（1235）3 月	如來莊嚴智慧光明入一切佛境界經	30000 文	約 8300	約 3.6 文
端平二年（1235）3 月	稱讚淨土佛攝受經	20000 文	約 4500	約 4.5 文
嘉熙二年（1238）5 月	《太子慕魂經》等	55 貫官會	約 5000	約 11 文
嘉熙二年（1238）9 月	大乘遍照光明藏無字法門經	30 貫	約 3000	約 10 文
嘉熙二年（1238）12 月	替恭敬經	30 貫	約 3000	約 10 文
嘉熙三年（1239）元月	《佛說德護長者經》卷上	60 貫	約 6000	約 10 文
嘉熙三年（1239）2 月	《佛說無上依經》卷下	60 貫	約 6000	約 10 文
嘉熙三年（1239）12 月	入法界體性經	454 官會	約 4300	約 10.5 文
嘉熙四年（1240）6 月	采華違王上佛受決經	10 貫	約 900	約 11 文
嘉熙四年（1240）8 月	申日兜本經	18 貫	約 1100	約 16 文
淳祐元年（1241）5 月	伽耶山頂經	53900 文	約 3700	約 15 文
淳祐三年（1243）12 月	《放光般若波羅蜜經》卷五	257730 文	8591	30 文
淳祐三年（1243）12 月	《佛說大乘無量壽莊嚴經》卷上	366780 文	12226	30 文
淳祐四年（1244）4 月	千眼千臂觀世音菩薩陀羅尼神咒經	319620 文	9132	35 文
淳祐四年（1245）元月	《放光般若波羅蜜經》卷十九	179000 文	5964	30 文
淳祐四年（1245）12 月	《佛說光明童子因緣經》卷四	472710 文	15757	30 文

表 5　南宋（1233～1253 年）刻工工價表

時　間	每字工價	時　間	每字工價
紹定六年（1233）4 月	7.5 文	嘉熙四年（1240）6 月	11 文
端平元年（1234）4 月	6.7 文	嘉熙四年（1240）8 月	16 文
端平元年（1234）10 月	6 文	淳祐元年（1241）5 月	15 文
端平二年（1235）3 月	3.6 文、4.5 文	淳祐三年（1243）12 月	30 文

嘉熙元年（1237）2 月	6.5 文、7 文	淳祐四年（1244）4 至 5 月	35 文
嘉熙二年（1238）5 月	11 文	淳祐五年（1245）1 至 12 月	30 文
嘉熙二年（1238）9 至 12 月	10 文	淳祐八年（1248）3 月	65 文
嘉熙三年（1239）1 至 2 月	10.5 文	寶祐元年（1253）1 至 9 月	50 文
嘉熙三年（1239）12 月			

　　從以上第三個表可以看出，工價從早期的 3.6 文，增加至晚期的 65 文，其中的差價相差很大，工錢翻了 20 倍，但刻工得到的實值沒有改變。南宋時期的通貨膨脹比較屬害，同時，貨幣的使用比較混亂，導致貨幣折現比較麻煩。其貨幣政策爲「省陌」制，也就是說，將紙幣換成現錢使用時要打折。

　　宋代的錢幣在折現時會根據不同的行業來定，就是說每個行業都有各自的匯率。市面上流通的貨幣單位「陌」，原則上換算是 1 陌爲 100 文，但實際的「陌」的實值不足 100 文，就是說，這些貨幣在使用時，先折現再流通。在北宋的京城汴京，1 陌在官方的交易中折現爲 77 文，在實際的交易中，只能值 75 文。在蔬菜、魚、肉類的交易中，1 陌值 72 文；在金銀的交易中，1 陌值 74 文，在珍珠、雇奴婢、買蟲蟻的交易中，1 陌值 68 文，在支付膽抄文字的費用時，1 陌值 56 文。就杭州而言，匯率與開封一樣，1 陌值 77 文，但到了南宋晚期，1 陌的實值爲 50 文〔註28〕。

　　由於戰爭等原因，宋廷濫發貨幣，引起通貨膨脹。南宋從乾道四年（1168）開始，每三年發行一界會子，一直到嘉熙四年（1240），共發行了 18 界會子。新會子發行後，之前的會子就需要按折價兌換，會子的界數越往前，兌換新幣時越不值錢。但到了淳祐七年（1247），規定第 17 界、18 界會子不立限，相當於取消了三年一屆的分界辦法，不按照之前的舊的收回，新的發出去，結果更加導致物價上漲，《桐江集》卷六記載：「自更易關子（指賈似道金錢關子）以來，十八界二百不足以貿一草履」〔註29〕。第 18 界會子的 200 文買不到一雙草鞋。

　　南宋 18 界會子的發行時間和流通期限如下：

〔註28〕　參閱〔宋〕孟元老：《東京夢華錄》卷三《都市錢陌》，〔宋〕吳自牧：《夢梁錄》卷十三《都市錢會》。
〔註29〕　〔元〕方回：《桐江集》卷六，明成化刻本。

表6　南宋會子發行時間和使用期限表

界數	發行時間	期限	界數	發行時間	期限
第1界	乾道四年（1168）	3年	第10界	紹熙元年（1190）	3年
第2界	乾道五年（1169）	3年	第11界	嘉泰元年（1201）	9年
第3界	乾道七年（1171）	6年	第12界	嘉泰三年（1203）	6年
第4界	乾道九年（1173）	6年	第13界	開禧元年（1205）	9年
第5界	淳熙四年（1177）	3年	第14界	嘉定二年（1209）	22年
第6界	淳熙六年（1179）	6年	第15界	嘉定四年（1211）	20年
第7界	淳熙十一年（1184）	9年	第16界	紹定五年（1232）	9年
第8界	淳熙十三年（1186）	9年	第17界	端平元年（1234）	30年
第9界	淳熙十五年（1188）	3年	第18界	嘉熙四年（1240）	

　　如果從已整理出的工價中找到幾個時間點與上表對應，就能知道那個價格屬於哪一界發行的會子。比如，嘉熙晚期，會子的折算價已經跌至每貫80至130文實值〔註30〕，嘉熙三年（1249）2月刊刻《磧砂藏》的工價爲每字約10文，當時的情況是，取當時的最高折算價130文，10文會子的實值爲1.3文，再按照當時市陌折算，文字工作爲1陌換50文，則1.3文在市場中的實值爲0.65文。

　　楊繩信經過考證後，得出在端平元年（1234），在發行第16、17界會子之際，1貫舊會值新會330文，新會一發行就遭到貶值，一貫新會也只值429文，那麼，端平二年（1235）3月刊刻的《磧砂藏》工價是每個字3.6文，先按照新會的折算方法，得出實值1.54文，再按照「文字五十文陌」換算後的刻工工價實值不到1文〔註31〕。

　　一名刻工一天能雕刻多少文字，就可以知道當時的刻工每天能掙多少錢。

　　宋代的官刻圖書，有些刊刻部門有固定的工匠，寫手、刻工有工作量和規定的待遇，比如元祐五年（1090）規定，校對人員每人每天校對21紙，「楷書課程舊制每日寫二千字，遇入冬書寫一千五百字。並各置工課手歷，每日抄轉書勘點檢，月終結押」〔註32〕。寫手寫版每天書寫2500字，之後改爲2000

〔註30〕　〔宋〕吳泳：《鶴林集》卷23「與馬光祖互奏代」。

〔註31〕　楊繩信：《歷代刻工工價初探》，載上海新四軍歷史研究會印刷印鈔分會編：《歷代刻書概況》，印刷工業出版社，1991年，第555頁。

〔註32〕　〔清〕徐松：《宋會要輯稿・食貨》職官十八，中華書局，1957年。

字，入伏或者多至再減 500 字，這些工作量都登記在冊，每 10 天上報秘書省，每個月集中上報到尚書省。明確了寫手書寫的字數是每天 1500 字至 2500 字。

　　楊繩信考證了明萬曆四十年（1612）刊刻的《徑山藏》，得知該書共計 8770 字，共有刻工 31 人，從萬曆四十年的六月至十月，歷時五個月。其中的端司禹和潘沔兩位刻工，每人每個月能刻 4000 字，算下來平均每人每天刻 130 字。這兩個人技術算比較熟練的，其他一般的刻工只能刻 100 字左右〔註 33〕。

　　刻工每天的雕刻數量為 100 字至 130 字之間，假定一名刻工每天刻 120 字，每字 0.65 文，那麼南宋時期嘉熙年間的每天的實際收入大概為 78 文。考察的這段時間正好處於通貨膨脹比較嚴重的時期，如果往上估算的話，刻工的工價也就每天 100 文左右。

　　刊刻的寫手收入沒有記載，只有抄書的一些記載。《宋會要輯稿‧食貨》54 之 18 中提到，崇寧年間（1102～1106），朝廷雇人抄書，每天抄寫 2500 字，每個月的工錢是 3500 文，每天的工錢為 117 文。淳熙年間（1174～1189）秘書省雇人抄書，字數為 5000 萬，共花費 5000 貫，折算完後，寫手的工錢為每千字 100 文，如果按照抄每天寫 2500 字計算，寫手每天能得到工錢 250 文。

　　上文中所說的《小畜集》《大易粹言》等書，將工墨錢都算到了一起，還有一些宋版書也只記載了合在一起的數額，沒有分開說明。

　　在《嘉泰會稽志》的末尾記載：

　　　　紹興府。今刊《會稽志》一部二十卷，用印書紙八百幅，古經紙一十幅，副葉紙二十幅，背古經紙平表一十幅，工墨錢八百文，每冊裝背□□文。右俱如前。嘉泰二年五月日手分俞澄、王思忠具。
　　　　安撫使司校正書籍傳釋。〔註 34〕

文中刊刻《嘉泰會稽志》的工墨錢一共為 800 文，包括抄手、刻工的工錢和棕墨錢，單獨寫的裝背的錢由於文後有脫文，沒有顯現。

　　刊刻於慶元六年（1200）的《二俊文集》，是陸機和陸雲的合集。書後記載了相關的費用：

　　　　《二俊文集》一部，共四冊。印書紙共一百三十六張，書皮表背並副葉共大小二十張，工墨錢一百八十文，貰板錢一百八十六文，

〔註 33〕　楊繩信：《歷代刻工工價初探》，載上海新四軍歷史研究會印刷印鈔分會編：《歷代刻書概況》，印刷工業出版社，1991 年，第 559 頁。

〔註 34〕　轉引自張秀民：《中國印刷史》，浙江古籍出版社，第 161 頁。

裝背工糊錢……（衍文）右俱如前。二月日印匠諸成等具。〔註35〕
《二俊文集》的工墨錢共計 180 文，沒有分開說明寫手、刻工的具體費用。

　　根據上文的分析大致得出刻工的工價為每天 78 文，由於沒有更多的資料，只能根據宋代以後有明確記載工價的資料，比對寫手和刻工在費用中分攤的比例，得出寫手的大致工價。

　　明代萬曆二十九年（1601）刊刻的《方冊藏》，明確記載了寫工和刻工的工價。

> 萬曆二十九年刻《方冊藏》，每字一百，計寫工銀四釐，刻工銀三分五釐，每版一塊兩面刻成滿行，通計費銀三錢六分（每版一塊兩面俱二十行，行二十字，共計八百字）。同時北監刊《廿一史》靡萬金有奇。〔註36〕

從這段文字可以看出，抄寫 100 字的費用為 4 釐，雕刻 100 字的費用為 3 分 5 釐，就單字計算，雕刻一個字的費用是抄寫一個字的 8.75 倍。

　　上文算出刻工的大概費用是每字 0.65 文，根據寫手與刻工的工價比，那麼寫手寫一個字的費用為 0.0743 文。上文官府規定每名寫手在不同的季節抄寫的文字為 1500 字至 2500 字之間，取寫手抄寫的平均值，即每人每天抄寫 2000 字，可以算出每名抄手每天的收入實值為 148.6 文。

　　通過比較可以得出，宋代抄手的收入為刻工收入的兩倍有餘。

　　通過下面的材料，可以看出當時寫手和刻工的這些工錢，具有怎樣的購買力。

　　《臨汀志》記載，端平年間（1234～1236），汀州（今屬福建）「捐見錢六千緡為糴本，歲儲五千足石」〔註37〕。當時每石米的價格為 1200 文，即一斗米的價格 120 文，寫手一天的工錢能買一斗多米，刻工辛苦一天就只能買半斗米了。如果去消費的話，南宋中期，100 文可以在越州買一雙可以在室外踩雨水的木屐〔註38〕。端平初年，100 文可以在小飯店吃一頓簡單的飯食〔註39〕。

〔註35〕 陸心源：《皕宋樓藏書志》，清光緒年間萬卷樓藏本。

〔註36〕 〔宋〕查慎行：《人海記》，轉引自張秀民著，韓琦增訂：《中國印刷史》，浙江古籍出版社，2006 年，第 668 頁。

〔註37〕 《永樂大典》卷 7892《汀》，《臨汀志》，第 4 冊，第 3643 頁。

〔註38〕 〔宋〕陸游：《陸游集·劍南詩稿》卷 31《買屐》，第 819 頁，轉引自程民生：《宋代物價研究》，人民出版社，2008 年，第 599 頁。

〔註39〕 〔宋〕耐得翁：《都城紀勝·酒肆》，第 590 冊，第 4 頁，轉引自程民生：《宋代物價研究》，人民出版社，2008 年，第 599 頁。

宋寧宗（1195～1224）時，湖州按照朝廷的指令每天製造鎧甲二副，「所用工匠，並是追逮，則非應募。其人在甲局，每日等差支錢，日二百，下至一百五十文，固不敢減剋。然只能養其一身，而不能養其一家」〔註40〕。這些工匠的工資為每天 150 文至 200 文，只能養活一個人，無法養活一家人。

顯然，每天 100 文至 200 文的收入屬於低收入，刻工的收入低於 100 文，更加沒有生活保障。與宋代相隔幾百年之後的明代，刊刻工匠的境況依然沒有太大的改觀。周紹明分析晚明刊刻工匠的待遇之後總結，「這些流動工人（寫手、刻工）極少有儲蓄，至少有一小部分沒有自己的家庭（一部書籍的刻工通常姓氏相同，很可能他們是親戚，但在我們所知的 6000 名明代刻工中極少發現父子）」〔註41〕。

第四節　宋代書籍刊刻寫手、刻工的技術傳承

宋代的寫手和刻工的社會地位不高，其身份是「工匠」，他們的技術傳承沒有專門的文字記載，只能通過其他具有普遍意義的「工匠」技術傳承，大致瞭解寫手和刻工的技術傳承特點。

宋代對手工技術特別重視，從業人員分為官府手工作坊工匠和民間作坊工匠。官府手工業作坊的工匠有一套嚴格的規章制度，這些工匠的來源，除了從民間選用的工匠，還有官奴婢、官雜戶和刑徒。每年固定一個時間，從官奴婢、官雜戶中選用一部分人，送到專門機構進行培訓後從事工匠工作。男刑徒從事的是比較勞苦的工作，女刑徒可以從事稍微輕便一點的工作。官府在進行工匠培訓時，有一種「法式」，相當於平常工作的規範操作手冊，從業人員都要根據這個規範去操作。在法式中有制度、名例、功限、科例和圖樣等內容。例如，宋代的建築法式比較出名的有《營造法式》《元祐法式》等。

從民間選用的工匠，要求「材力強壯，技能工巧者」，進行登記造冊，根據需要輪流選用，班期從一年到五年不等，規定這些工匠不得改變職業。據《唐六典》記載：「工巧作業之子弟，一入工匠，不得別入諸色。」〔註42〕到

〔註40〕　〔宋〕王炎：《雙溪類稿》卷 23《申宰執乞權住造甲》，第 1155 冊，第 690頁，轉引自程民生：《宋代物價研究》，人民出版社，2008 年，第 353 頁。

〔註41〕　〔美〕周紹明（Joseph P・McDermott）著，何朝暉譯：《書籍的社會史——中華帝國晚期的書籍與士人文化》，北京大學出版社，2009 年。

〔註42〕　《唐六典》卷七，1836 年刊本。

了明朝以後稍微放寬一點，如果選用的人由於其他原因不能入官府從事工匠工作，可以用錢抵役，交納一定數額的錢之後可以免役。

民間的工匠將技術視作一個家族賴以生存立足之本，他們的技藝往往沒有專門的文字記載，但具有固定的操作規範和模式，需要言傳身教才能學會。在他們眼中，這種技術的傳承都是本家族的事情，絕不能外傳，一旦外傳出去，會影響到本家族人員的生存。因而，工匠技藝的傳承具有一定的封閉性。在一個家族內，某項成熟的技術，只能在本家族中傳承，並且傳男不傳女，家中沒有男丁的，傳給女兒以後，受傳的女兒不能外嫁。葉夢得在《石林避暑錄話》中說到諸葛家族製筆的一個事例：「筆蓋出於宣州，自唐惟諸葛一姓，世傳其業。治平嘉祐前，有得諸葛筆者，率以爲珍玩，云一枝可敵它筆數枝。」〔註43〕諸葛家族世代製筆，能夠將筆製造得比較精良，技藝也不外傳。

工匠技藝在家族封閉傳授的同時，有些行業的技術也有師徒傳授的，這些行業社會的需求量大，或者家族沒法將秘訣代代相傳而可以師徒傳授，這種傳授方式成爲家族技藝傳授的有利補充。從唐代開始我國已經有手工業培訓的行會，行會的對從業者有規範要求，招收的學徒也有一些規定，至明清時期，行會對培訓和收徒規定就很完備。比如，師父帶學徒時，規定了學徒的禮金、出師的年限，出師的技術標準，明確師徒之間各自的權利和義務。學徒在沒有出師之前，不能獨自攬活掙錢，幹活的各項事情都聽師父的，出師之後，規定一定年限才能獨立接活。徒弟在學習過程中還有在師父家幹一些雜活，這段時間，師父欺壓、虐待徒弟的現象經常發生〔註44〕。

在書籍刊刻技藝中，寫手的文化素養比刻工、印工都要高，在整個書籍刊刻工匠中，他們屬於「最有學問的人」。從前幾章的分析可以看出，宋代書籍刊刻寫手抄寫的文字都是傳承有序的書法字體，跟明清書籍中的「宋體字」有很大的區別。寫手的傳承應屬於「書法」訓練的範疇，不是簡單地只學習宋體字的模件進行組合，其書寫水平應是從小書法訓練中積累起來的。

從文獻記載來看，宋代購買法帖都比較貴。比如，宋仁宗時期，定州的李家以收藏的定武《蘭亭序》石刻製作拓片出售，「每本須錢一千，好事者爭取之」〔註45〕。一本法帖需要 1000 文。在仁宗時期饒州的薦福寺藏有唐代歐

〔註43〕 〔宋〕葉夢得：《石林燕語》，中華書局，1984 年。

〔註44〕 高奇：《中國古代的工匠培訓與技藝傳授》，載《中國職業技術教育》，2008 年第 2 期。

〔註45〕 〔宋〕何薳：《春渚紀聞》，卷 5《定武蘭亭敍刻》，中華書局，1983 年，第 74 頁。

陽詢的拓片，「墨本直千錢」〔註46〕，每一本的價格也是 1000 文。一般的工匠每天收入只有 100 文左右的情況下，花十多天的工錢去買一本字帖的情況應該不多，一般家庭的小孩學習書法應該大部分是跟老師學，由老師手寫範字，學生跟著寫。

宋代的學校都有規定，老師每天爲學生寫一定數量的範字，讓學生根據老師的範字學習。現舉《金石萃編》收錄的至和元年（1054）《京兆府小學規》，明確了書法、背誦、作文等相關要求：

一、教授每日講說經書三兩紙，授諸生所誦經書文句、音義，題所學書字樣，出所課詩賦題目，撰所對屬詩句，擇所記故事。

二、諸生學課分爲三等：

第一等

每日抽籤問所聽經義三道，念書一二百字，學書十行，吟五、七言古、律詩一首，三日試賦一首（或四韻），看賦一道，看史傳三五紙（內記故事三條）。

第二等

每日念書約一百字，學書十行，吟詩一絕，對屬一聯，念賦二韻，記故事一件。

第三等

每日念書五、七十字，學書十行，念詩一首。〔註47〕

這段文字中明確規定教師「題所學書字樣」，就是說爲學生書寫範字，學生每天學習書法的數量是「學書十行」。很明顯，學生學習書法沒有另外的字帖當作教材使用。

宋代卷數多的書籍，在刊刻時往往由很多人組成的團隊完成，其中的寫手們也應該有師徒傳授的現象，從上文的字形分析可以看到，同一個地區的寫手書寫風格有明顯的共性，他們之中有師徒相授或者互相借鑒學習的現象。

刻工的「工匠」身份比寫手更實一些，如果說寫手的書寫還需要讀書和長期訓練的話，刻工的技術學習則比書法學習的週期要短，只要老師教的方法對頭，學徒很快就能學成出師。從現代金陵刻經處的刻工技藝傳承來看，

〔註46〕〔宋〕惠洪：《冷齋夜話・梁溪漫志》，卷 2《雷轟薦福碑》，上海古籍出版社。

〔註47〕〔清〕王昶：《金石萃編》，卷一三四。

從事刻工的學員不需要有相關的基礎，學習門檻低，需要掌握髮刀、挑刀的動作要領，其口訣是「發刀深透，挑刀快速」，學習一年左右能做基本的雕刻工作，而學習雕刻宋體字則需要三年的時間〔註48〕。

小　結

　　宋代書籍刊刻的寫手、刻工有專門從事這個行業的工匠，也有業餘兼職的其他人員。儘管有不少名人也參與書版的書寫，但他們不屬於工匠，他們的社會地位和生存狀態比工匠要好。

　　宋代從事商業書籍刊刻經營的書坊主人，通過行團洽談生意和參與行業內的重要事情，他們的書籍買賣收益都很高，如果是刊刻社會特別需要的書籍，一套書版能印刷上萬冊，他們獲利是所花成本的幾十倍。而從事刊刻工作的寫手和刻工，大多屬於城市周邊沒有固定住所的單身流民，他們平均每天的收入為 100 文左右，他們中很多人因為貧困而沒有家庭。從宋代所刊刻的書籍卷尾記載，寫手、刻工的處境很被動，有時書籍刊刻完了還有要不到工錢的現象。

　　寫手和刻工的技術傳承具有封閉性，他們往往在一個家族或者一個團隊中傳承，這樣做可以防止外來人員加入本行業形成惡性競爭，可以保證刊刻技術傳承有序，有利於技術革新。

〔註48〕陳筱嬌：《金陵刻經處雕版印刷技藝傳承研究》，南京藝術學院碩士論文，2011年。

結　語

　　書籍刊刻是宋代文化的重要組成部分，兩宋時期實現了由寫本時代過度到印本時代的重要轉型。書籍刊刻與書法藝術的完美結合，使得宋版書一直爲世人所重。宋代將唐代書法家的楷書作爲書籍刊刻的主要字體，對於唐代楷書的繼承與傳播具有積極意義。

一、宋代社會的物質文化發展促進書籍刊刻全面繁榮

　　書籍刊刻技術發展到宋代已經相當成熟。書籍刊刻所需要的筆、紙、墨的生產技術不斷提高，並且形成了一定的生產規模。製筆業在安徽、浙江、四川已經比較流行，並且有了一些毛筆品牌。造紙技術廣泛應用，宋代從多方面開發造紙資源，生產的紙有麻紙、藤紙、竹紙等，紙張的紋理更加細密、堅滑，印刷用紙的製造主要在安徽、浙江、江西、四川等地。宋代的製墨技術日益成熟，在傳統的製墨工藝中加入酒、膠、麝香、皂莢、黃檗等物質，用於防蟲防潮、增色增香。

　　宋代社會的文化發展促進書籍刊刻。主要包括以下三個方面：1.佛教發展迅速，抄經不能滿足大量複製佛經的需要。2.朝廷實行「重文抑武」政策和科舉制度改革，書籍的需求量增大。3.宋代商品經濟發展帶動圖書市場繁榮，書籍刊刻成爲商業經營的重要組成部分。

二、宋代書籍刊刻的楷書字體具有明顯的地域差異

　　宋代書籍正文刊刻以楷書字體爲主，有少量的篆書、隸書和行草書；序、跋刊刻以行草書爲主，有少量的篆書、隸書，書籍刊刻保存了不少名人書跡。

北宋書籍刊刻楷書字體從無序向有序發展，逐步確立將仿顏體、仿歐體、仿柳體等字體作為書籍刊刻的主要字體。北宋後期和南宋的書籍刊刻字體差異不明顯。

南宋書籍刊刻的楷書字體風格呈多樣化發展，出現了明顯的地域差異：

1. 用仿顏體刊刻書籍的地區有福建、四川、江西、安徽、湖南、浙江等地，以福建建陽和四川成都居多。字體風格有仿《麻姑仙壇記》顏體、仿《勤禮碑》顏體、仿《東方朔畫贊》顏體、仿《多寶塔碑》顏體、變異的顏體等。

2. 用仿歐體刊刻的地區主要集中在浙江地區，包括杭州、金華、紹興等地。有些地區將仿歐體與仿顏體進行融合，形成仿歐顏體。

3. 用仿柳體、仿碑誌體、仿瘦金體、仿蘇軾體等刊刻的書籍，沒有形成明顯的地域特色，這些字體大多與仿顏體、仿歐體進行融合，形成混合字體。

三、宋代書籍刊刻對楷書字體進行改造並對人們書寫產生影響

書法家的楷書字體進入書籍刊刻體系要遵循兩個條件：1.書法家有一定的社會影響，具備一定的群眾基礎。2.字體方正適合書籍刊刻。

書籍刊刻對楷書的改造遵循簡化平衡的原則，主要為筆劃的曲線改造、折角的改造等方面。這種改造屬於字體工藝改造，不屬於書法藝術創新。

宋體字是書籍刊刻對楷書字體進行工藝改造的結果。宋體字取法歐體、顏體、柳體等字體的筆劃和結構，將楷書部件進行「模件」處理再進行組合，使其易寫易刻，便於閱讀。宋體字與楷書的區別在於，楷書的筆劃中含有動態的張力，是蘊含節奏和動態的平衡，欣賞時會引起人內心的情緒變化；宋體字字形追求穩定的靜態平衡，閱讀時不易引起情緒變化。宋代書籍刊刻字體處於宋體字的萌芽階段，沒有形成固定的改造模式，宋體字到明代中期才基本定型。

宋代書籍刊刻字體對人們書寫產生一定的影響，很多人模倣書籍刊刻的特徵書寫。

四、宋代書籍刊刻中的行草書屬於「尚意」書風

宋代書籍刊刻的行草書具有很多種風格，總體來說具有以下三個方面的特徵：

1. 復古與「尚意」書風明顯。宋代書籍刊刻中的行草書有不少作品追求

魏晉書法的古雅情趣，很多人取法王羲之行草書。如趙善璙、龔夢龍、吳愈的行草書取法王羲之《聖教序》。還有一些受魏碑的影響，如王崧、范之柔、張洽、眞德秀等人的行草書帶有魏碑的特徵。

2. 南宋追隨「北宋四家」書風。南宋書籍中刊刻的行草書，很多追隨「北宋四家」書風，如呂午、裴良甫學蘇軾書法，米憲、釋普濟學米芾書法，曾集學黃庭堅書法，趙希墍學蔡襄書法。

3. 書籍刊刻刀法對行草書的氣韻產生一定的影響。刊刻刀法容易將圓轉的筆劃刻成方角，使上下連貫的筆劃出現帶棱角的硬折。有的刻工將行草書按照楷書刀法刊刻，導致很多連接的筆劃不順暢。

五、宋代書籍刊刻的寫手與刻工的生存狀況差

宋代書籍刊刻正文寫版，有的由藏書家或者書法名家完成，他們書寫一絲不苟，楷法遒美，堪稱書籍刊刻字體的典範。大部分書籍寫版由專門的寫手完成。寫手寫完版後，由刻工雕刻。儘管從事書籍刊刻經營的商人利潤很高，但他們給寫手、刻工的工錢很少。寫手、刻工屬於匠人，基本上屬於城市游民，很多沒有家庭，掙的工錢只能維持個人的簡單生活。寫手、刻工創造的價值與他們的工錢不相稱。

總之，宋代書籍刊刻與書法之間實現了技術與藝術的完美結合，雖然這種刊刻以實用為主，與藝術性強的刻帖有本質區別，但書籍刊刻達到了跟刻帖相似的功效，可以說，宋代書籍刊刻字體是「唐尚法」的再一次展示。

由於現存北宋刊刻的書籍比較少，該研究沒法掌握北宋和南宋全部書籍刊刻使用字體的全貌。同時，還有一些問題值得進一步探討，比如宋代寫手、刻工的身世，他們進入書籍刊刻行業應有的技藝標準，不同寫手的書寫習慣等，這些不但能拓展書法史的相關研究，對書籍版本鑒定也能起到一定的作用。

參考文獻

典籍

B

1. 〔清〕畢沅：《續資治通鑒》，中華書局，1957 年
2. 〔清〕畢沅：《中州金石記》，商務印書館，1936 年

C

1. 〔宋〕陳彭年：《鉅宋廣韻》，上海古籍出版社，1983 年影印
2. 〔宋〕陳振孫撰，徐小蠻、顧美華點校：《直齋書錄解題》，上海古籍出版社，1987 年

F

1. 〔南朝宋〕范曄撰，〔唐〕李賢等注：《後漢書》，中華書局，1965 年
2. 〔唐〕封演撰，趙貞信校注：《封氏聞見記校注》，中華書局，2005 年

G

1. 〔東晉〕葛洪：《抱朴子》，中華書局，1986 年

H

1. 〔宋〕洪邁：《容齋續筆》，上海古籍出版社，1978 年
2. 〔宋〕洪适：《隸釋·隸續》，中華書局，1986 年
3. 〔清〕黃丕烈撰，繆荃孫編：《堯圃藏書題識》十卷，江陰繆氏刻本

L

〔清〕盧文弨：《抱經堂文集》，清乾隆六十年刻本

M

〔民國〕馬宗霍輯：《書林藻鑒·書林紀事》，文物出版社，1984 年

O

1. 〔宋〕歐陽修著，鄧寶劍、王怡琳注：《集古錄跋尾》卷五，人民美術出版社，2010 年
2. 〔宋〕歐陽棐撰，〔清〕繆荃孫校輯：《集古錄目十卷》，清雲自在堪叢書本

3. 〔宋〕歐陽修：《歐陽修全集》，中華書局，2001 年

Q

1. 〔清〕錢謙益：《牧齋初學集》，上海古籍出版社，1985 年
2. 〔清〕錢泰吉：《甘泉鄉人稿》，華東師範大學圖書館藏，清同治十一年刻、光緒十一年增修本
3. 〔清〕錢大昕：《元史‧藝文志》，二十五史補編本
4. 〔清〕錢曾撰，管庭芬、章鈺校正：《讀書敏求記》，上海古籍出版社，2007 年
5. 〔清〕錢泳：《履園叢話》，清道光十八年述德堂刻本
6. 〔清〕瞿鏞：《鐵琴銅劍樓藏書目錄》，江蘇廣陵古籍刻印社，1985 年

S

1. 〔遼〕釋行均：《龍龕手鏡》，中華書局，1985 年
2. 〔明〕宋濂等撰：《元史》，中華書局點校本，1976 年
3. 〔清〕施鴻保：《閩雜記》，福建人民出版社，1985 年
4. 〔清〕孫星衍、邢澍：《寰宇訪碑錄》（五冊），中華書局，1985 年
5. 〔清〕孫從添：《藏書紀要》，臺北廣文書局，1979 年
6. 〔宋〕蘇軾：《蘇東坡全集》，中國書店，1986 年

T

〔元〕陶宗儀：《書史會要》，上海書店，1984 年

W

1. 〔宋〕王溥：《五代會要》，上海古籍出版社，1987 年
2. 〔清〕王昶：《金石萃編》，清嘉慶十年刻同治錢寶傳等補修本
3. 〔宋〕王欽若等撰：《冊府元龜》，中華書局影印宋刻本，1989 年
4. 〔宋〕王應麟編撰：《玉海》，江蘇古籍出版社、上海書店，1987 年
5. 〔唐〕魏徵、令狐德棻等：《隋書》，中華書局，1965 年、1973 年
6. 〔宋〕王明清：《揮塵錄》，上海書店出版社，2015 年

X

1. 〔明〕謝肇淛：《五雜組》，上海書店，2001 年
2. 〔漢〕許慎：《說文解字》，中華書局，1963 年
3. 〔宋〕薛居正：《舊五代史》，中華書局，1976 年
4. 〔清〕徐松：《宋會要輯稿》，中華書局，1957 年

Y

1. 〔北魏〕楊衒之撰，楊勇校：《洛陽伽藍記校箋》，中華書局，2006 年
2. 〔清〕楊守敬：《日本訪書志》十六卷，宜都楊氏刻本，1897 年
3. 〔清〕葉昌熾撰，柯昌泗評：《語石 語石異同評》，中華書局，2005 年
4. 〔清〕葉昌熾：《藏書紀事詩》，上海古籍出版社，1989 年
5. 〔宋〕葉夢得：《石林燕語》，中華書局，1984 年
6. 〔清〕于敏中、彭元瑞等著，徐德明標點：《天祿琳琅書目 天祿琳琅書目後編》，上海古籍出版社，2007 年
7. 〔清〕永瑢、紀昀等：《影印文淵閣四庫全書》，臺灣商務印書館股份有限公司影印

Z

1. 〔宋〕趙明誠撰，金文明校證：《金石錄校證》，廣西師大出版社，2005 年
2. 〔清〕趙翼：《陔餘叢考》，中華書局，1963 年
3. 〔宋〕曾鞏：《隆平集校證》，中華書局，2012 年
4. 《中華再造善本·唐宋編》，北京圖書館出版社，2002 年—2006 年

專著

B

1. 白壽彝主編：《中國通史》，上海人民出版社，1999 年
2. 白化文：《敦煌漢文遺書中雕版印刷資料綜述》，《敦煌語言學研究》，1988 年
3. 北京圖書館金石組編：《北京圖書館藏中國歷代石刻拓本彙編》，中州古籍社，1989 年
4. 北京圖書館編：《中國印本書籍展覽目錄》，1952 年 10 月

C

1. 曹寶麟：《中國書法史·宋遼金卷》，江蘇教育出版社，2002 年
2. 曹之：《中國古代印刷術的起源》，武漢大學出版社，2015 年
3. 曹之：《中國古籍編撰史》，武漢大學出版社，1999 年
4. 陳方既、雷志雄：《書法美學思想史》，河南美術出版社，1994 年
5. 陳國慶：《古籍版本淺說》，遼寧人民出版社，1957 年
6. 陳寅恪：《金明館叢稿二編》，上海古籍出版社，1980 年

7. 陳垣：《史諱舉例》，中華書局，2006 年

8. 陳志平：《書法史料學》，人民美術出版社，2010 年

9. 池小芳：《中國古代小學教育》，上海教育出版社，1998 年

10. 程千帆，徐有富：《校讎廣義：版本編》，齊魯書社，1991 年

11. 程章燦：《石刻刻工研究》，上海古籍出版社，2008 年

12. 崔爾平選編：《歷代書法論文選續編》，上海書畫出版社，2012 年

D

1. 丁傳靖：《宋人軼事彙編》，中華書局，1981 年

2. 杜信孚、杜同書：《全明分省分縣刻書考》，線裝書局，2001 年

3. 段本洛、張圻福：《蘇州手工業史》，江蘇古籍出版社，1986 年

4. 敦煌研究院編：《敦煌書法庫》，甘肅人民美術出版社，1995 年

F

1. 范鳳書：《中國私家藏書史》，大象出版社，2001 年

2. 方曉陽、韓琦：《中國古代印刷工程技術史》，山西教育出版社，2013 年

3. 方愛龍：《南宋書法史》，上海古籍出版社，2008 年

4. 傅璇琮、謝灼華編：《中國藏書通史》，寧波出版社，2001 年

5. 傅增湘：《藏園群書題記》，上海古籍出版社，1989 年

G

1. 顧志興：《浙江出版史研究——中唐五代兩宋時期》，浙江人民出版社，1991 年

2. 顧志興：《浙江印刷出版史》，杭州出版社，2011 年

3. 故宮博物院明清檔案部編：《關於江寧織造曹家檔案史料》，中華書局，1975 年

4. 顧廷龍：《顧廷龍文集》，上海科學技術文獻出版社，2002 年

5. 郭味蕖：《中國版畫史略》，朝花美術出版社，1962 年

H

1. 胡海帆、湯燕編：《北京大學圖書館藏歷代金石拓本菁華》，文物出版社，1998 年

2. 黃惇：《中國書法史・元明卷》，江蘇教育出版社，2002 年

3. 黃丕烈、王國維等著：《宋版書考錄》，北京圖書館出版社，2003 年

4. 黃鎮偉：《坊刻本》，江蘇古籍出版社，2002 年

J

1. 姜澄清：《中國書法思想史》，河南美術出版社，1994 年
2. 江少虞：《宋朝事實類苑》，上海古籍出版社，1981 年
3. 金開誠、王岳川主編：《中國書法文化大觀》，北京大學出版社，1995 年

K

1. 卡德著、劉麟生譯：《中國印刷術源流史》，商務印書館，1938 年
2. 卡德著、吳澤炎譯：《中國印刷術的發明和它的西傳》，商務印書館，1957 年，1991 年再版

L

1. 劉國鈞：《中國的印刷》，上海人民出版社，1960 年
2. 劉國鈞：《中國書史簡編》，書目文獻出版社，1982 年
3. 李伯重：《江南的早期工業化》，社會科學文獻出版社，2000 年
4. 李際寧：《佛經版本》，江蘇古籍出版社，2002 年
5. 李明君：《中國美術字圖說》，人民美術出版社，1997 年
6. 李瑞良：《中國古代圖書流通史》，上海人民出版社，2000 年
7. 李書華：《中國印刷術起源》，（香港）新亞研究所，1962 年
8. 李致忠：《歷代刻書考述》，巴蜀書社，1990 年
9. 李致忠：《肩樸集》，北京圖書館出版社，1998 年
10. 李致忠：《古代版印通論》，紫禁城出版社，2000 年
11. 李致忠：《宋版書敘錄》，北京圖書館出版社，1994 年
12. 柳詒徵：《中國文化史》，吉林人民出版社，2013 年
13. 劉尚恒：《徽州刻書與藏書》，廣陵書社，2003 年
14. 劉國鈞：《中國的印刷》，上海人民出版社，1960 年
15. 劉正成主編：《中國書法鑒賞大辭典》，中國人民大學出版社，2006 年
16. 梁東漢：《漢字的結構及其流變》，上海教育出版社，1959 年
17. 林梅村：《漢唐西域與中國文明》，文物出版社，1998 年
18. 林梅村：《古道西風——考古新發現所見中西文化交流》，文物出版社，2000 年
19. 林申清編著：《宋元書刻牌記圖錄》，北京圖書館出版社，1997 年
20. 盧輔聖編：《中國書畫全書》，第二冊，上海書畫出版社，2009 年
21. 羅樹寶：《中國古代圖書印刷史》，嶽麓書社，2008 年

M

1. 馬衡：《凡將齋金石叢稿》，中華書局，1977 年

2. 毛春翔：《古書版本常談》，上海古籍出版社，2003 年

3. 明傑：《宋代版本學研究——中國版本學的發源及形成》，齊魯書社，2006 年

4. 莫友芝撰，傅增湘訂補：《藏園訂補邵亭知見傳本書目》，中華書局，2009 年

P

1. 潘天禎：《潘天禎文集》，上海科學技術文獻出版社，2002 年

2. 潘祖蔭著，潘宗周編：《滂喜齋藏書記 寶禮堂宋本書錄》，上海古籍出版社，2007 年

3. 潘吉星：《中國科學技術史》（造紙印刷卷），科學出版社，1998 年

4. 潘吉星：《中國古代四大發明——源流、外傳及世界影響》，中國科學技術大學出版社，2002 年

5. 潘美月：《宋代藏書家考》，（臺北）學海出版社，1980 年

Q

1. 錢存訓著，鄭如斯編訂：《中國紙和印刷文化史》，廣西師範大學出版社，2004 年

2. 錢存訓：《中國古代書籍紙墨及印刷術》，北京圖書館出版社，2002 年

3. 錢存訓：《書於竹帛：中國古代的文字記錄》，上海書店出版社，2004 年

4. 錢基博：《版本通義》，古籍出版社，1957 年

5. 錢泳：《履園叢話》，中華書局，1979 年

6. 啓功：《書法概論》，北京師範大學出版社，1986 年

7. 啓功：《論書絕句》，生活·讀書·新知三聯書店，1997 年

8. 啓功：《啓功叢稿·論文卷》，中華書局，1999 年

9. 啓功：《啓功叢稿·題跋卷》，中華書局，1999 年

10. 齊秀梅、楊玉良等：《清官藏書》，紫禁城出版社，2005 年

11. 邱振中：《書法的形態與闡釋》，重慶出版社，1993 年

12. 瞿冕良：《版刻質疑》，齊魯書社，1987 年

13. 瞿冕良編著：《中國古籍版刻辭典》，蘇州大學出版社，2009 年

14. 屈萬里、昌彼得：《圖書版本學要略》，（臺北）中華文化出版事業委員會，1953 年

S

1. 沙孟海：《印學史》，西泠印社，1999 年
2. 上海書畫出版社編：《歷代書法論文選》，上海書畫出版社，1979 年
3. 上海圖書館編：《上海圖書館藏宋本圖錄》，上海古籍出版社，2010 年
4. 宿白：《唐宋時期的雕版印刷》，文物出版社，1999 年
5. 宿白：《考古發現與中西文化交流》，文物出版社，2012 年
6. 蘇精：《馬禮遜與中文印刷出版》，（臺北）學生書局，2000 年
7. 孫毓棠編：《中國近代工業史資料》第 1 輯，科學出版社，1957 年
8. 孫毓修、陳彬龢、查猛濟撰《中國雕版源流考·中國書史》，上海古籍出版社，2007 年

T

田建平：《元代出版史》，河北人民出版社，2003 年

W

1. 王伯敏：《中國版畫史》，上海人民美術出版社，1961 年
2. 王澄編著：《揚州刻書考》，廣陵書社，2003 年
3. 王鳳陽：《漢字學》，吉林文史出版社，1989 年
4. 王國維：《王國維遺書》，上海書店，1983 年
5. 王國維等：《閩蜀浙粤刻書叢考》，北京圖書館出版社，2003 年
6. 王桂平：《家刻本》，江蘇古籍出版社，2002 年
7. 王河：《宋代圖書史論》，百花洲文藝出版社，1999 年
8. 王立軍：《宋代雕版楷書構形系統研究》，上海教育出版社，2003 年
9. 王寧：《漢字構形學講座》，上海教育出版社，2002 年
10. 王紹曾、杜澤遜編：《漁洋讀書記》，青島出版社，1991 年
11. 王元軍：《漢代書刻文化研究》，上海書畫出版社，2007 年
12. 王肇文：《古籍宋元刊工姓名索引》，上海古籍出版社，1990 年
13. 汪聖鐸：《兩宋財政史》，中華書局，1995 年
14. 魏隱儒：《中國古籍印刷史》，印刷工業出版社，1984 年

X

1. 向斯：《中國宮廷御覽圖書》，紫禁城出版社，2005 年
2. 蕭東發：《中國圖書出版印刷史論》，北京大學出版社，2001 年
3. 蕭東發主編：《中國編輯出版史》，遼寧教育出版社，1996 年

4. 謝水順、李珽:《福建古代刻書》,福建人民出版社,1997 年

5. 徐復觀:《中國藝術精神》,華東師範大學出版社,2001 年

6. 徐雁、王燕均編:《中國歷史藏書論著讀本》,四川人民出版社,1990 年

Y

1. 楊繩信:《中國版刻綜錄》,陝西人民出版社,1987 年

2. 楊殿珣:《石刻題跋索引》,商務印書館,1991 年

3. 楊嘉銘:《德格印經院》,四川人民出版社,2000 年

4. 楊永德:《中國古代書籍裝幀》,人民美術出版社,2006 年

5. 葉德輝著,李慶西校:《書林清話》,復旦大學出版社,2008 年

6. 葉昌熾著、王欣夫補正:《藏書紀事詩附補正》,上海古籍出版社,1989 年

7. 葉瑞寶編:《蘇州藏書史》,江蘇古籍出版社,2001 年

8. 余英時:《士與中國文化》,上海人民出版社,1987 年

9. 余英時:《中國知識階層史論》,(臺北)聯經出版公司,1980 年

10. 余英時:《中國知識人之史的考察》,廣西師大出版社,2004 年

Z

1. 曾毅公:《石刻考工錄》,書目文獻出版社,1987 年

2. 張岱年、方克立編著:《中國文化概論》,北京師範大學出版社,1994 年

3. 張靜廬輯:《中國近代出版史料初編》、《中國近代出版史料二編》,北京,1957 年

4. 張秀民:《中國印刷術的發明及其影響》,上海世紀出版集團,2009 年

5. 張秀民、龍順宜:《活字印刷史話》,中華書局,1963 年初版,1979 年第 2 版第 3 次印刷

6. 張秀民:《中國印刷術史論文集》,印刷工業出版社,1988 年

7. 張秀民著,韓琦增訂:《中國印刷史》,浙江古籍出版社,2006 年

8. 張秀民、韓琦:《中國活字印刷史》,中國書籍出版社,1998 年

9. 張秀民:《中國印刷史論叢》,(臺北)中國印刷學會,1997 年

10. 張樹棟、龐多益、鄭如斯:《簡明中華印刷通史》,廣西師範大學出版社,2004 年

11. 張麗娟、程有慶:《宋本》,江蘇古籍出版社,2002 年

12. 張秉倫、方曉陽、樊嘉祿:《中國傳統工藝全集》(造紙與印刷卷),大象出版社,2005 年

13. 鄭振鐸編著:《中國古代木刻畫史略》,上海書店出版社,2006 年

14. 鄭偉章、李萬健：《中國著名藏書家傳略》，書目文獻出版社，1986 年

15. 鄭士德：《中國圖書發行史》，高等教育出版社，2000 年

16. 朱關田：《中國書法史·隋唐五代卷》，江蘇教育出版社，2002 年

17. 朱關田：《初果集》，榮寶齋出版社，2008 年

18. 周榮寶：《宋代出版史研究》，中州古籍出版社，2003 年

19. 周肇祥：《琉璃廠雜記》，北京燕山出版社，1995 年

20. 中國國家圖書館、中國國家古籍保護中心編：《第一批國家珍貴古籍名錄圖錄》，國家圖書館出版社，2008 年

21. 中國國家圖書館、中國國家古籍保護中心編：《第二批國家珍貴古籍名錄圖錄》，國家圖書館出版社，2010 年

論文

B

白化文：《敦煌漢文遺書中雕版印刷資料綜述》，載《敦煌語言學研究》，1988 年

C

1. 昌彼得：《明藩刻書考》，載《版本目錄學論叢》，（臺北）學海出版社，1977 年第 1 輯

2. 昌彼得：《我國歷代版刻的演變》，載《中國圖書文獻學論集》，（臺北）明文書局，1983 年

3. 陳振濂：《楷書成形後書體演進史走向終結歷史原因初探——書法與印刷術關係之研究》，載《書畫世界》，2001 年第 3 期

4. 陳筱嬌：《金陵刻經處雕版印刷技藝傳承研究》，南京藝術學院設計藝術學碩士論文，2011 年

D

1. 鄧廣銘：《宋代文化的高度發展與宋王朝的文化政策》，載《歷史研究》，1990 年第 1 期

2. 鄧寶劍：《唐代楷書筆法問題辨正》，載《美育季刊》，2015 年第 3 期

F

1. 方彥壽：《朱熹學派刻書與版權觀念的形成》，載《文獻》，2000 年第 1 期，第 88～94 頁

2. 方彥壽：《閩北十八家刻書家生平考略》，載《文獻》，1994 年第 1、2 期

3. 傅永和：《淺析四種印刷字體》，載《語文建設》，1993 年第 5 期

G

1. 高文超：《文化價值：宋代編輯繁榮的原因》，載《河南大學學報》，1992年第 4 期

2. 顧全芳：《北宋科學文化發達的原因》，載《山西大學學報》，1986年第 3 期

H

1. 郝茂：《論唐代敦煌寫本中的俗字》，載《新疆師範大學學報》，1996年第 1 期

2. 郝茂：《三種楷體正字書的比較》，載《新疆大學學報》，1996年第 2 期

3. 何朝暉：《試論中國傳統雕版書籍的印數及相關問題》，載《浙江大學學報（人文社會科學版）》，2010年第 1 期

4. 胡昌健：《佛教傳入巴渝地區的時間和路線》，載《四川文物》，2004年第 3 期

5. 胡發強：《敦煌藏經洞出土雕版印刷品研究》，碩士學位論文，西北師範大學，2009 年

6. 黃顥：《敦煌莫高窟北區出土藏文文獻譯釋研究》（一），載《敦煌莫高窟北區石窟（第一卷）》，文物出版社，2000 年

7. 黃燕生：《元代版刻地圖考錄》，載《文獻》，1987年第 2 期，第 134～144 頁

J

1. 江曦：《清代版本學史稿》，博士學位論文，山東大學，2011 年

2. 金祥恒：《略論我國文字形體固定的經過》，載臺灣《中國文字》第二冊，1961年第 4 期

L

1. 盧中岳：《我國叢書刊刻始於佛藏辨》，載《文獻》，1982年第十一輯，第 11 頁

2. 李恩江：《書寫材料對漢字形體、結構的影響》，載《古漢語研究》，1991年第 1 期

3. 李國慶：《漫談古書的刻工》，載《藏書家》，2000年第 1 期

4. 李建國：《唐代的字樣之學》，載《中國語言學報》（第八期），1997年 4 月

5. 劉元堂：《宋代版刻書法研究》，南京藝術學院美術學（書法）博士論文，2012 年

6. 陸錫興：《唐代的文字規範與楷書正字的形成》，載《語文建設》，1992 年第 2 期

7. 呂永進：《書法與漢字異體字的形成》，載《營口師專學報》，1995 年第 2 期

N

1. 尼志強：《宋浙刻本對唐歐體書法的傳承與變異》，碩士學位論文，河南大學，2006 年

2. 念凡：《漢字印刷字體的傳統瑰寶──以楷書爲主的書法，以及古代印刷字體的風格與形態解析》，中國美術學院平面設計碩士論文，2009 年

R

榮新江：《五代洛陽民間印刷業一瞥》，載《文物天地》，1997 年第 5 期

S

1. 沈津：《美國所藏宋元刻佛經經眼錄》，載《文獻》，1989 年第 1 期

2. 施安昌：《唐代正字學考》，載《故宮博物院院刊》，1982 年第 3 期

3. 蘇寶榮：《論宋代理學對我國語言文字學研究的影響》，載《古漢語研究》，1997 年第 1 期

4. 孫向群：《尋找眞實的宋元》，載西泠印社編：《首屆孤山證印──國際印學峰會論文集》，西泠印社出版社，2005 年

T

臺心：《福建版本史述略》，載《福建文化》，1933 年第 2 期

W

1. 王星麟：《宋代的刻書業》，載《史學月刊》，1986 年第 1 期

2. 王志方：《試論漢字發展演變的社會政治因素》，載《上海師範大學學報》，1993 年第 4 期

X

1. 向達譯：《論印鈔幣》，載《圖書館學季刊》，1932 年 12 月，第 6 卷第 4 期，第 503～518 頁

2. 項弋平：《宋代杭州的刻書與畢昇發明活字印刷的地點》，載《文獻》，1983 年第 4 期，第 228 頁

3. 蕭東發：《建陽余氏刻書考略》（上、中、下），載《文獻》，1984 年第二十一、二十二輯，1985 年第二十三輯

4. 蕭東發：《中國古代的民間刻書業》，載《百科知識》，1984 年第 6 期

5. 蕭東發：《中國古代的刻書世家》，載《人民日報（海外版)》，1991 年 4 月 25 日

6. 蕭東發：《中國古代的刻書中心》（續），載《北京高校圖書館》，1993 年 第 3、4 期

7. 蕭東發：《宋元時期的活字印刷》，載《黃河文化論壇》第六輯，2001 年 1 月

8. 蕭東發：《坊刻的特點及貢獻——中國古代出版印刷史專論之四》，載《編 輯之友》，1990 年第 5 期

9. 徐光烈：《楷體和宋體的筆劃差異》，載《語文建設》，1995 年第 10 期

10. 徐吉軍：《論宋代文化高峰形成的原因》，載《浙江學刊》，1988 年第 4 期

Y

1. 楊晏平：《宋代的江西刻書》，載《文獻》，1996 年第 3 期，第 174～188 頁

2. 葉坦：《宋代社會發展的文化特徵》，載《社會學研究》，1996 年第 4 期

3. 菀公：《宋朝對於書報的管制》，載《文獻》，1979 年第一輯，第 268 頁

4. 袁逸：《清代的書籍交易及書價考》，載《四川圖書館學報》，1992 年第 1 期，第 73～74 頁

Z

1. 張富祥：《南宋館閣制度述略》，載《山東師大學報》，1986 年第 4 期

2. 張舜徽：《論版本》，載《版本學研究論文集》，書目文獻出版社，1995 年

3. 張書岩等：《宋體仿宋體字形比較》，載《語言文字應用》，1994 年第 3 期

4. 張季琦：《宋代紙幣及其現存印版》，載《中國印刷》，1994 年 4 月，第 44 期，第 34～37 頁

5. 趙子君：《揚州雕版印刷技藝調查與研究》，南京師範大學設計藝術學碩 士論文，2012 年

6. 祝尚書：《論宋代的圖書盜版與版權保護》，載《文獻》，2000 年第 1 期，第 77～87 頁

7. 周玉秀：《宋人正字理論述評》，載《北京師範大學學報》，1997 年增刊

外文譯著

1. 〔日〕島田翰：《宋槧本考》，日本明治三十七年刻《古文舊書考》本

2. 〔日〕中山久四郎：《世界印刷通史》，第 2 卷，1930 年

3. 〔日〕川瀨一馬：《古活字版之研究》，1967 年

4. 〔日〕金子和正：《中國活字版印刷法》，汲古書院，1981 年

5. 〔日〕川田久長：《活版印刷史》，印刷學會出版部，1981 年

6. 〔日〕尾崎康著，陳捷譯：《以正史爲中心的宋元版本研究》，北京大學出版社，1993 年

7. 〔日〕富谷至著，劉恒武譯，黃留珠校：《木簡竹簡述説的古代中國——書寫材料的文化史》，人民出版社，2007 年

8. 〔美〕魯道夫·阿恩海姆著，滕守堯、朱疆源譯：《藝術與視知覺》，四川人民出版社

9. 〔美〕牟復禮、朱鴻林著，畢斐譯：《書法與古籍》，中國美術學院出版社，2010 年

10. 〔美〕史華慈著，程鋼譯：《古代中國的思想世界》，江蘇人民出版社，2004 年

11. 〔美〕巫鴻著，李清泉、鄭岩等譯：《中國古代藝術與建築中的「紀念碑性」》，上海人民出版社，2009 年

12. 〔美〕周紹明著，何朝暉譯：《書籍的社會史：中華帝國晚期的書籍與士人文化》，北京大學出版社，2009 年

13. 〔美〕歐文·潘諾夫斯基著，戚印平、范景中譯：《圖像學研究：文藝復興時期藝術的人文主題》，上海三聯書店，2011 年

14. 〔美〕王靜芬著，毛秋瑾譯：《中國石碑：一種象徵形式在佛教傳入之前與之後的運用》，商務印書館，2011 年

15. 〔英〕羅森著，孫心菲等譯：《中國古代的藝術與文化》，北京大學出版社，2002 年

16. 〔英〕彼得·伯克著，楊豫譯：《圖像證史》，北京大學出版社，2008 年

17. 〔英〕亞歷山大著，章浩、沈楊譯：《藝術社會學》，江蘇美術出版社，2008 年

18. 〔德〕雷德侯著，張總等譯，黨晟校：《萬物》，生活·讀書·新知三聯書店，2005 年

19. 〔法〕羅傑·夏蒂埃著，吳泓緲、張璐譯：《書籍的秩序》，商務印書館，2013 年

20. 〔俄〕康定斯基著，羅世平等譯：《康定斯基論點線面》，中國人民大學，2003 年

外文

1. 祁小春：《中國古籍の板刻書法》，（東京）日本東方出版（株），1998 年

2. 竹村眞一：《明朝體の歷史》，（東京）思文閣出版，1986 年

3. 小林宏光：《中國の版畫》，（東京）東信堂出版，1995 年

圖版出處

1. 周心慧：《新編中國版刻史圖錄》，學苑出版社，2000 年
2. 周蕪：《徽派版畫史論集》，安徽人民出版社，1983 年
3. 《中華再造善本》，北京圖書館出版社，2002 年～2006 年
4. 《第一批國家珍貴古籍名錄圖錄》，國家圖書館出版社，2010 年
5. 《第二批國家珍貴古籍名錄圖錄》，國家圖書館出版社，2010 年
6. 《第三批國家珍貴古籍名錄圖錄》，國家圖書館出版社，2012 年
7. 《第四批國家珍貴古籍名錄圖錄》，國家圖書館出版社，2014 年
8. 《國立故宮博物院宋本圖錄》，（臺灣）國立故宮博物院，1977 年
9. 林柏亭編：《大觀——宋版圖書特展》，（臺灣）國立故宮博物院，2011 年